武蔵野大学
シリーズ
10

智慧の潮

親鸞の智慧・主体性・社会性

Shinshu Theology
から見えてくる
新しい水平線

ケネス・タナカ［編・著］

武蔵野大学出版会

尽十方無碍光の
大悲大願の海水に
煩悩の衆流帰しぬれば
智慧のうしほに一味なり

親鸞〈『高僧和讃』四二〉

目次

智慧の潮——親鸞の智慧・主体性・社会性

装丁・本文デザイン——田中眞一
カバー装画——平井哲蔵

序論

ケネス・タナカ

「目覚める宗教」としての親鸞思想

仏教は世界的に、特に先進国に広まっている。アメリカでは、仏教徒の数は全人口の一・一パーセントの約三五〇万人に達している。[*1] これは、一九七〇年代の半ばの二〇万人から約十七倍の増加である。[*2] また、フランス、ドイツ、英国、カナダ、オーストラリアなどでも似たような現象が見られる。[*3]

この仏教への関心は、主に瞑想《メディテーション》を中心とする禅、上座部、およびチベット仏教に際立って見られる。欧米での瞑想への関心の高さは目覚ましいものである。キリスト教が主流である欧米社会に住む人々にとっては、瞑想とは珍しい「宗教行為」(religious practice)であり、魅力的なものとなっている。従って、新しい宗教や精神性を求める人々にとっては、誰でも容易に行える瞑想を提供する仏教に惹かれる者が少なくないのである。

この現象は、新しい宗教形態の到来を象徴していると言える。この動きを筆者は、「信じる宗教」から「目覚める宗教」への移行と呼んでいる。[*4] ここで言う「信じる宗教」とは、神や仏という不確実なものを信じ込むことが中心となる宗教的営みを指すものである。このように信じ込むことを、比較宗教学者ウィルフレッド・C・スミッス（Wilfred C. Smith）教授は、「ビリーフ」（belief）と言い、神などが存在するという考えに固執し、理性的に同意する営みであると説明している。[*5] また社会宗教学者ウェイド・C・ルフ（Wade C. Roof）教授はここで言う「信じる宗教」を従来の宗教と見なし、その特徴を五つのキーワドで捉えている。それらは、神（God）、罪（sin）、信仰（faith）、懺悔（repentance）、道徳（morals）という従来の「宗教」を代表する用語である。

一方、「目覚める宗教」とは、仏教の開祖が「目覚めた者」（Buddha・仏陀）と成ったこと自体が示すように、不確実なものを安易に信じ込むのではなく、ある程度の求道の結果、心身全てをもって真実に目覚める体験に基づく宗教形態を指すものである。ここで言う「目覚める宗教」とは、ルフ教授が指摘する「新しいスピリチュアリティ」という宗教形態に匹敵し、教授はその特徴を、連結性（connectedness）、一体性（unity）、平和（peace）、調和（harmony）、落ち着き（centeredness）という五つのキーワードで説明している。[*6]

これらを、上記の「信じる宗教」のキーワードと比較すると、違いは明らかである。例えば、「目覚める宗教」を代表する瞑想という行為には、連結性、一体性、平和、調和、落ち着きという特徴が実践者によって体験されるが、一方、神、信仰、罪、懺悔、道徳などという「信じる宗教」の特徴とはほとんど無関係であると言えよう。

さてこの二つの宗教形態の中、親鸞思想を土台とする浄土真宗（以降、真宗）は、欧米社会ではどのように映っているのであろうか。まず、瞑想を主張しない真宗への関心は、禅、上座部、およびチベット仏教に比べると比較的低いのは事実である。また、親鸞思想のキリスト教との類似性も、興味を妨げていることも確かである。その類似性としては、阿弥陀と神（God）、浄土と天国（heaven）、信心と信（faith）などという教義の点がよく指摘される。また、真宗では「聴聞」が尊重されるが、それはキリスト教の「説教」（sermon）の重視と同じとして映るのである。そして、真宗と特にプロテスタントの教義では、修行や行いが救いや目覚めという最終目的に無効であるという考え、所謂《いわゆる》、無律法主義（antinomianism）という点でも似ていると見られるのである。

しかしそうは言っても、真宗に惹かれるアメリカ人がいないと言うことではない。キリスト教や仏教の他の宗派から真宗へ改宗する人々の数も以前より増えている。例えば、アメリカ本土の本願寺教団 Buddhist Churches of America（米国仏教団）の開教使・僧侶の約二〇パーセントは改宗者である。また、教団には、僧侶の助手役を務める約一〇〇人の開教使補佐がいるが、彼らの半分も改宗者なのである。また、最近、大都市から離れた地方の比較的小規模ないくつかのお寺では、従来の日系人メンバーズ（門徒）が減ってきたが、それに対応して改革が行われた結果、改宗者も増えつつあり組織には新しい体制の構築が始まっている。それらのお寺では、住職も白人の改宗者でメンバーズのほとんどが白人であるという変化が現れている。

ここで重要なのは、このようなお寺では、従来の「信じる宗教」としての浄土真宗の教えの説き方よりも、「目覚める宗教」を反映する説き方や実践が行われていることである。例えば、日曜礼拝では「メディテーション」（meditation、瞑想）と呼ぶ数分程度の簡単な静座も組み込まれている。教え自体も、人格的な阿弥陀様を「信じる」というより、阿弥陀とは智慧と慈悲の「はたらき」（the workings of wisdom and compassion）として理解され、それに「目覚める」ことが強調されている。このように真宗の教えを「目覚める宗教」と捉えるのは、改宗者に限らず、従来の日系三世や四世のメンバーズに関しても同様である。すなわち、アメリカやカナダの真宗寺院のメンバーズは、真宗の家に生まれた者も新しい改宗者も、「信じる」よりも「目覚める」という捉え方が主流となっているのである。

「信じる宗教」として見られる親鸞思想

しかし、親鸞思想は、浄土教一般と共に「信じる宗教」として理解されてきた。これは、西洋に限らず、日本でも同じであると言えよう。例えば、「他力本願」という言葉に関する一般社会に見られる誤解は、未《いま》だに根強く存在している。特に西洋では、真宗は正統な仏教に属さないとまで評価され、極端な場合、仏教から逸脱した異端なものであると見られてきた。

例えば、戦前大きな影響力をもったフランスの神学者・哲学者・医者であるアルベルト・シュヴァイツァー（Albert Schweitzer）は一九三六年に、「もちろん、親鸞の教えは仏教に対して侮辱的存在（outrage）である」と発言している。[*8] このような見解が、その後の西洋における親鸞のイメージと理解に影響を与えたことは否定できないであろう。そしてより近年、ドイツの仏教学者ハインズ・ベハート（Heinz Berchert）は一九八六年に、「それ（浄土教）は、『仏』という考えを真反対なものと捻って捉えた。この考えの代表者は、浄土真宗の宗祖である親鸞聖人である」と発言しているのである。その理由として「ただ阿弥陀の恩寵（grace）によってのみしか我々の救済がなりたたないのである、と考える」と指摘している。[*9]

似た見解は、西洋に限らず現代日本においてもうかがえる。例えば、近年最も注目される仏教学者の一人である佐々木閑教授は下記の見解を示している。

「このように日本仏教は、おおもとの『釈迦の仏教』からはるかに遠い、枝分かれの先端に位置しているのですが、さらにその後、日本国内でも多様化が進んで、端的に考え方の異なる宗派が多数できました。たとえば親鸞の作った浄土真宗は、『自力で苦しみから逃れようとしても、愚かなわれわれには無理だ。そんな私たちを哀れに思った阿弥陀というありがたい仏が、極楽という世界から救いの手をさしのべて下さっている。われわれがなすべきことは、その阿弥陀の力にすがって身を任すことだけだ』と説きます。親鸞の教えは間違いなく宗教としてすぐれていますし、自力で努力することのできない状態にある人にとっては非常に有り難い支えとなるのですが、「釈迦の仏教」とは全く別ものです。[*10]」（下傍線は筆者による）

佐々木教授は、親鸞の教えの宗教性を認めるものの、「阿弥陀の力にすがって身を任すことだけだ」と言い、努力することが否定され、極楽にいる阿弥陀仏の救いの手にただ身を任すという従来のイメージを襲踏しているのである。そして、親鸞の教えが「釈迦の仏教とは全く別もの」と見ることは、二つの宗教形態の範疇内では、「信じる宗教」であり「目覚める宗教」では無いということになるのである。

目覚める宗教としての「智慧・主体性・社会性」

以上のように親鸞の教えを「信じる宗教」と見るのは、一つの捉え方にすぎないものであるが、残念ながら上記のように、その見解が真宗内外に浸透しているのが現状である。しかし、親鸞の教えは非常に多面的で重層的であり、一つの見解に収めることは親鸞思想を大きく限定し、乏しいものにすることになる。これを防ぐためにも、多様な見解が必要なのである。

この中で本論文集では、初期仏教や大乗仏教で重要視されてきた智慧、主体性、社会性という三つの側面に焦点を当てることにする。これによって、真宗が仏教を逸脱した「異端」ではないこともより明らかになるのである。しかし、この三つの側面は、従来の親鸞思想研究の傾向として、特に伝統宗学では、[*11]軽視されてきたと言えるであろう。もちろん例外は存在する。その代表的な研究としては、信楽峻麿、安富信哉、池田行信、小川一乗に依るものが近年目立ち、特に信楽教授の研究成果には賛同するところが多くある。[*12]

この智慧、主体性、社会性の側面は、上記のアメリカ真宗者の間で顕著に現れていて、さらに、世界的に広まっている「目覚める宗教」としての仏教にも見られる重要な要素なのである。しかし、海外で魅力なものとなっているからというだけの理由で、この三つの要素を取り上げるならば、それは単に現代に迎合しているにすぎないということになる。そうではなく、親鸞思想自体がこの三つの側面を十分備えているのである。従って、本論文集は、親鸞思想に潜んでいるこの三つの側面を日蔭から取り出し、日光の下に照らし出すことを目指すのである。では、この智慧・主体性・社会性の三つがどのように本論文集では考えられているかを端的に説明しよう。

まず、「智慧」の重要性は、「仏陀」の本質と関係することで明らかである。言うまでもなく、「仏陀」とはブッダ（Buddha）の訳であり、「目覚めた者」という意味である。そして、この目覚めには、智慧が必然的に伴うのである。

相争う哲学的見解を超え、（さとりに至る）決定に達し、道を得ている人は、「われは智慧が生じた。もはや他の人に指導される要がない。」と知って、犀の角のようにただ独り歩め」。（『スッタニパータ五五』）

また、初期仏教の修行項目である「三学」では、「戒・定・慧」に含まれている。さらに、大乗仏教を代表する龍樹は、智慧が仏教の目的に適《かな》うことをかの有名な一句に述べている。

仏法の大海は信をもって能入とし、智をもって能度とす。（『大智度論』）

このように、智慧とは求道者側の智慧のことを指しているのである。伝統宗学では、求道者が阿弥陀仏からひたすら授かるという智慧が強調されるが、この「信心を授かる」ということが求道者の体験としての智慧についてほとんど明らかにされていない。従って本論文集では、求道者の体験としての智慧に焦点を当てることを目指すのである。

親鸞は、『高僧和讃』に「尽十方無碍光の大悲大願の海水に、煩悩の衆流帰しぬれば、智慧のうしおに一味なり」と述べ、求道者と本願の関係を万川（衆流）と智慧の潮に喩えている。それは、煩悩だらけの万川が大海に流れ込む時、煩悩に満ちた求道者が智慧と一味になることが示されている。このように求道者が智慧と一体になるということを表すが故に、本論文集の題名を、『智慧の潮』としたのである。

次に、「主体性」であるが、仏教教義において「主体性」に価する一つの仏教用語は、「智慧」のように存在しないことは認めざるを得ない。しかし、初期仏教を代表する『ダンマパダ』に、「自己こそ自分の主」（Attahi attano natho）という一句に主体性の根拠を見いだすことができると筆者は考える。

自己こそ自分（自己）の主である。
他人がどうして（自分の）主であろうか。
自己をよく調えたならば、得がたき主をえる。（『ダンマパダ』、一六〇）

ここでは、この自己が自分の主（natha）であるということは、自己の主体性が肯定されていると言える。そして、修行をもって自己を整えれば、さらに得難い主（natha）を得ると言うのである。この主とは、本来的に備わったものではなく獲得されるものであるので、努力無しで誰もが到達できる境地、または、獲得できるものでは無い。これこそ、主体性と言えるものである。

また、主体性が確立された聖者には、他によって左右されないという性質が顕著に備わるのである。

独り歩み、怠ることのない聖者は、非難と賞賛とに心を動かさず、音声に驚かない獅子のように、網にとらえられない風のように、水に汚されない蓮のように、他人に導かれることなく、他人を導く人、――種々の賢者は、かれを（聖者）であると知る。（『スッタニパータ、二一三』）

このように目覚めた者の状態は、仏教教義の発展において、徐々に「理想の自己」や「本当の自己」という表現が取られてきた。特に大乗仏教では、それが顕著に現れ、その代表的なものは、『涅槃経』の「真我」や「大我」という用語である。

三つ目の要素である「社会性」とは、自己を超えて存在する人々と他の生き物との関わりを指すのである。その関わり方には、「抜苦与楽」という仏教の目的に沿って、他者の「苦」の軽減と「目覚め」の手助けがその中核となるのである。すなわち、「利他行」のことである。

この利他行は、初期仏教のジャータカ物語の主なテーマであることは、言うまでもない。そこには、釈尊の前世に行われた利他行が描かれている。また、釈尊の生涯自体が利他行の精神を表しているとも言えよう。目覚めた直後には、悟りの内容が世間に受け入られないのではないかと思い、他者に伝えることを躊躇したが、その後、梵天勧請に答えて、八〇歳で亡くなるまでの四五年間は、全て他者のために尽くしたのである。この生き方こそ、本論文集が注目する「社会性」を表していると言える。

大乗仏教の興起の原動力となったのは、「菩薩行」であり、これは自己の目覚めにとどまっている阿羅漢と独覚の姿勢を批判したものでもあった。大乗仏教での菩薩行は、「自利利他」という教え、そして、「六波羅蜜」という実践項目では他者への「布施」が含まれている。

親鸞自身も「自利利他円満」と発言し、衆生の成仏を願い実行したのである（『浄土和讃』）。また、一件極端の教義とも言える「自未得度先度他」が示すように、自分が目覚めていなくても先に他者が目覚めるために尽くすという精神も説かれている。このように、社会性は仏教の重要な要素であることは明らかである。

「Shinshu Theology」の意味と目指すもの

親鸞思想に見られる智慧・主体性・社会性を照らし出すには、従来の伝統宗学的な視点からでは困難なことであったようである。それは、極端に言うと、このような三つの点は存在しないとまで見られていたからである。また存在すると見られても、求道者側に現れる要素としては軽視され、真剣に検討されなかったからである。例えば、智慧は阿弥陀の智慧として検討され認められてきたとしても、それは、求道者の体験において体得する性質の智慧としては積極的に認められてこなかったのが現状である。このように、主体的な智慧が欠落しているからこそ、親鸞思想が「目覚める宗教」である仏教とは「別なもの」というイメージが生じたのである。

このような従来の限界を少しでも是正するために、本論文集では、Shinshu Theology（真宗テオロジー）という方法を基本姿勢として採用することにする。Theologyとは、一神教の神（theo）の学問（logy）という意味が一般に知られている。そのために、キリスト教的な用語をこのように仏教に関して採用するのは奇妙と思う人も少なくないであろう。

しかし、theologyという用語は必ずしもそのような意味に限らないのである。アメリカの著名な神学者デービット・トレーシイ（David Tracy）教授は、Theologyという言葉を、「特定な宗教の伝統においての知性的解明」(intellectual interpretation within a religious tradition) であるという見解を主張している。そして、この特定な宗教の伝統が、「神に基づくものであってもなくても」良いことを強調している (whether that tradition is theistic or not)。[*13] この論文集では、この定義を採用し、親鸞思想と真宗を「特定な宗教の伝統」として扱い、それを知性的に解明していくことを目的とするので、「真宗テオロジー (Shinshu Theology)」と名付けることにしたのである。

実は、キリスト教や一神教以外の意味で、「Theology」が仏教に関して採用された前例が既に存在するのである。それは、二〇〇〇年にBuddhist Theology (仏教テオロジー) という論文集がアメリカで発行された。[*14] そこには、デービット・トレーシイ教授が説く「テオロジー」の意味に基づき、一九名の仏教学者が種々の課題に関して幅広い視点から論文を掲載している。その中には、「浄土教の救済論と倫理的考慮における他者への思い——浄土真宗の「常行大悲」について」と題する筆者の論文も含まれている。[*15]

このように、本論文集でこのShinshu Theologyを採用することによって、三つの点を心がけることにする。その三つとは、一、伝統宗学や従来の真宗学に限らない方法・視点、二、グローバル的視点、そして、三、求道者のニーズと体験である。

まず、課題を追求するに当たって伝統宗学や従来の真宗学に限らず、その範疇を超えた視点や方法論を認めることにする。それでもってこそ視野を広めることが可能となるからである。これは、親鸞思想の多様な要素を発掘することが目的である本論文集には当然なことであろう。ただ、だからと言って、伝統宗学や従来の真宗学の重要性を、否定したり拒絶したりするつもりはないということを強調しておきたい。それは、長い伝統を持つ学術の営みには、Shinshu Theologyにはない目的と価値があるからである。種々な方法論が協力することによってのみ、親鸞思想の深みと普遍性が国際社会にも通じるようになるのである。

第二として、この多様な視点を重視することは、日本語と文化を超えた視点を持つことも認めるということとである。親鸞は日本人であり、その後の真宗教団も一九世紀末までは日本国内にとどまっていた。従って、親鸞思想には日本語や日本文化の色彩が濃厚であることは当然である。しかし、今日グローバル化が進み、親鸞思想の普遍性が試され、日本人以外の多くの人々にも通用するかどうかということが問われる中では、日本的視点に限ることはもう許されない時代が訪れているのである。

第三として、求道者のニーズと体験の視点に重点をおくことにする。特に西本願寺系の伝統宗学では、阿弥陀を中心とした視点、所謂、「法徳論」に重点が置かれており、求道者、所謂、「機相論」の視点が軽視されてきたと思われる。もちろん、宗教である限り、「煩悩具足」の凡夫である求道者は、阿弥陀仏を理想とし尊重しなければならない。しかし、教えは、説得力が感じられてからこそ、人々の興味を引くのである。特に、現代人は「己」の視点と体験を以前より求めるようになっており、仏教も対応する必要がある。これは、伝統宗学が説く「伝統と己証」中の「己証」のニーズと体験を尊重するという意味である。

出版に当たって

本論文集は、上記の課題や問題意識を持ちながら、数年前始まった武蔵野大学仏教文化研究所の研究プロジェクトの成果の一角である。この期間、武蔵野大学以外の専門家にも声をかけ、このプロジェクトの趣旨に賛同してもらえた方々の参加を得ることができた。

集まった一三名の執筆者は、種々の経歴を持つバランスのとれた研究者群であると言える。大学としては、武蔵野大学、龍谷大学、大谷大学、および国立大学の関係者の参加があり、宗派的には、西本願寺系、大谷派系、および無所属の方が含まれている。また、地理的には、関西と関東も同じ割合で代表されている。年齢的にも、若手から中堅研究者、そして名誉教授の参加があり、幅広い年齢層となっている。そして、アメリカ国籍者が二人含まれていることで、Shinshu Theology の要素の一つであるグローバル視点を強化することもできたと言える。

出版に当たって、武蔵野大学による多額な出版助成金には、お礼と感謝の意を述べたい。この援助無しでは、出版を実現することは困難であったことは確かである。また、本論文集の執筆者でもある田中無量氏、渡邊了生氏および前田壽雄氏の事務的サポートなしには、この論文集プロジェクトを立ち上げることはできなかったであろう。また、武蔵野大学大学事務部の高橋宣子様と、武蔵野大学出版会の斎藤晃様には、出版に当たって大変お世話になりました。

◉註

＊1　二〇一二年 Pews Forum に依る数字である。三五〇万人とは、北米の仏教徒からカナダの仏教徒を引いた数である。http://www.pewforum.org/2012/12/18/global-religious-landscape-buddhist/

＊2　*2007 Encyclopedia Britannica: Book of the Year*, pp. 292-293. 一九七〇年代半ばは、仏教徒数は約20万人だった。

＊3　フレデリック・ルノワール（Frédéric Lenoir）、今枝由郎、富樫櫻子（訳）『仏教と西洋の出会い』トランスビュー、二〇一〇年、i頁。また、二〇一四年八月に武蔵野大学で行われたシンポジウムで、フランス極東学院教授ジラール・フレデリックは、四パーセントのフランス人が仏教徒であるという驚く数字を報告した。

＊4　ケネス・タナカ『目覚める宗教―アメリカに出会った仏教　現代化する仏教の今』サンガ新書、二〇一二年、二五五頁。

＊5　Wilfred Cantwell Smith. *Faith and Belief* (Princeton University Press, 1979), p. 12.

＊6　ケネス・タナカ『アメリカ仏教―仏教も変わる、アメリカも変わる』武蔵野大学出版会、二〇一〇年、二八五～二八六頁。

＊7　本願寺派では、「浄土真宗」が使用されるが、真宗十派等全体を指す名称としてここでは「真宗」を採用する。

＊8　Albert Schweitzer, Indian Thought and Its Development. Translated by Mrs. Charles E.B.Buswell (1936. Boston: The Beacon Press, 1957), p. 154.

＊9　Küng, Hans, et. Al. *Christianity and the World Religions* (Maryknoll, NY: Orbis Books, 1986), p. 373.

＊10　佐々木閑『ブッダ真理の言葉』NHK出版、二〇一二年、一一一～一一二頁。

＊11　「伝統宗学」とは、江戸時代を通して「宗乗」や「宗学」などと呼ばれたものを指す。

＊12　代表的な著書のみを挙げることにする。信楽峻麿『真宗学概論』法蔵館、二〇一〇年および『真宗求道学』法蔵館、二〇一一年。安富信哉『親鸞・信の構造』法蔵館、二〇〇四年。池田行信『現代社会と浄土真宗』法蔵館、二〇〇〇年。

＊13　David Tracy, "Comparative Theology," in *The Encyclopedia of Religion*, edited by Mircea Eliade (Macmillan, 1987), p. 446.

＊14　Roger Jackson and John Makransky. *Buddhist Theology: Critical Reflections by Contemporary Buddhist Scholars* (Curzon Press, 2000), p. 2.

＊15　Kenneth K. Tanaka, "Concern for Others in Pure Land Soteriological and Ethical Considerations: The Case of Jogyo-daihi in Jodo-Shinshu Buddhism," 同上, pp. 346-363.

I 智慧

［第一章］

釈尊の「証」から親鸞の「真実証」へ

愚の自覚を生む智慧

小川一乗

要旨

仏陀（目覚めた者）と成った釈尊を教主とする仏教は、「目覚めの宗教」であると同時に、私たちが「目覚めた者と成る宗教」である。神の真実在を前提にイエスの復活を信仰するキリスト教は「信じる宗教」であり、私たちが「神と成る宗教」ではない。

釈尊は、私たちの存在は「縁起的存在」であることに目覚めた。「縁起的存在」とは、すべての存在は、箇々の自我による独立した存在ではなく、様々な因縁によって成り立っている関係存在であるということである。分かりやすく表現すれば、「私が生きている」のではなく「生かされている私」であるということである。この釈尊の「目覚め」に同意して、自らも「目覚めた者」と成りたいと願って生きる者、それが仏教徒である。その「目覚め」によってもたらされるのが「智慧」であり、親鸞はそれを「証（覚り）」として解明している。それが『教行信証』「証巻」である。

私たちは人間に生まれたが故に、老・病・死に苦悩しているが、それは自己に対して強い執着を持っている自我的存在となっているからである。その自我的存在から縁起的存在への変換が「目覚め・智慧・証」である。自我に基づく自己から解放されて共に生きる自己となる。これが仏教における主体性であり、御同行・御同朋としての社会性である。そこに、自と他との孤立をこえた共生（共に相手によって生かされている）という相互関係が「目覚め」によって実現されていく。

この「目覚め」に立って生きようとするとき、それを阻害する自我による自己への執着に基づく煩悩を離れられないでいる私たちの現実がある。その煩悩をどうするか。煩悩を断ち切ろうとする道もあるが、その煩悩を機縁としつつ「目覚め」を深化させていく。それが親鸞における「愚」の自覚に基づく念仏道である。

▼▼▼キーワード▼ 智慧、滅度、釈尊、真実証、大般涅槃

本論

本稿では、仏教における最も基本的な「証」について論究する。このことによって、自ずと仏教に基づいて近代的自我への批判がなされるであろう。そして、親鸞聖人（以下「親鸞」）の「真宗」における念仏の信心こそが、仏道の正意であるという視点も鮮明になるであろう。

まず、仏教における「証」を概観したい。そのことについて、『仏説無量寿経』（以下、『大経』）に「成等正覚　示現滅度」（『真宗聖教全書』一、「三経七祖部」三頁）と説かれ、また、『大経』の異訳本である『無量寿如来会』（以下『如来会』）にも「成仏道　見入涅槃」（『真宗聖教全書』一「三経七祖部」一八五頁）と説かれていることに注目したい。この一文は、釈尊の最後の旅を綴った『大般涅槃経』などの諸経典（『大正新脩大蔵経』「阿含部」上）の所説に準じて、「釈尊は、三五歳のときに、等正覚を成し遂げて、八〇歳で入滅するときに、身をもって滅度を示された。」と解読されるべきであるからである。「等正覚（仏道）を成し」、『大経』では「滅度を示現す」と説かれ、『如来会』では「涅槃に入ることを見《あらわ》す」と説かれているが、滅度とは、そのサンスクリットは mahā-parinirvāṇa（大般涅槃）であり、大涅槃のことである。ここに、釈尊の等正覚（仏道）による「証」が成され、その「証」の内実である涅槃が入滅のときに完結・円満したことが説かれ、「証」と「証」の完成（証果）という、仏教における「証」から「証果」という「証」の二重構造が示されている。

この等正覚という「証」とは、釈尊によって知見された「縁起の道理」を基本としている智慧のことである。「縁起の道理」とは、『阿含経』（ニカーヤ）において、次のような定型句でしばしば表現されている。

此れあるとき、彼れあり。此れ生じるとき、彼れ生じる。
此れなきとき、彼れなし。此れ滅するとき、彼れ滅する。

このような定型句によって提示されている「縁起の道理」における「縁起」とは、「[他に]縁《よ》って生起していること」という意味である。「此縁生果」（ここに結果として存在しているものは、必ず他との関係において成り立っている）とも説かれている。このような「縁起」が原理となっているのが仏教の「証」である。釈尊が、等正覚を成し遂げたときの様子が、次のように語り伝えられている。

仏陀は、正覚の開発されるその前夜に、初夜、中夜、後夜という夜の経過の中で、「縁起の道理」ということを繰り返し繰り返し思惟《しゆい》観察し、もって、明星の輝く暁において、やがて大空に輝き出る太陽のごとく、黒闇を退散せしめた。

（『方広大荘厳経』第九「成正覚品」の要約）

ここに釈尊の等正覚は、「縁起の道理」を繰り返し思惟観察したことによって成し遂げられたことが端的に説かれている。このような「縁起の道理」が等正覚の基本原理として何故に説かれなければならなかったのか。それは、人間として生まれたが故に、老・病・死に苦悩する人間の宿業と、その宿業の中で、人間のみに随伴する愛憎違順《いじゅん》・喜怒哀楽の生活に呻吟しているその原因を究明し、同時にその苦悩から解放するための原理として説かれた。従って、釈尊によって提示された苦集滅道の四聖諦の考察による苦悩の原因の究明とその苦悩の寂滅のために説かれたのが「縁起の道理」である。ともすると、私たちは、「私がいて、私が生きている」と、それを当然のこととしている。これが他と関係なく独存している自分であると思い込んでいる自我による発想である。たとえ、自分が他者とのつながりの中で生きていると自覚したとしても、他者より独立した自我を前提とした自分である。この自我とは、曠劫《こうごう》よりこのかた人間を生死に流転せしめ苦悩せしめている人間の業の根源である。この自我のために人間のみが生・老・病・死に苦悩する存在となっている。釈尊はこの自我を問題とした。

なぜならば、第一には、当時のインドにおいて常識となっていた輪廻（生死）に転生しなければならないという、業報に束縛された流転輪廻という根源的な苦悩は、この自我を前提としてありえているからである。自我を前提とするかぎり、輪廻からの解放はありえない。

第二には、私たちは日常生活の中で、愛憎違順・喜怒哀楽に呻吟する煩悩は、人間の分別によってもたらされるが、その根源も自我による無明であると見極めたからである。人間のみが、自分の思い通りに生きようとして生老病死に苦悩するのは、どうしてなのか。その苦悩の原因は自我にあるのではないかと、釈尊は問うた。そして、自我は本当に存在するのであろうかという疑問を発した。

釈尊はこの問いを抱いて出家し、六年間の苦行という実験によって、自我の存在を確認しようとした。そして苦行を棄てた。苦行によって確認されるはずの自我は、本来的には存在しなかったからである。その結果、「私がいて、私が生きている」という自我によってもたらされている、輪廻に流転しなければならないという根源的な苦悩も、愛憎違順・喜怒哀楽という現実的な苦悩も、その立脚地が失われた。そして、「私が生きている」のではなく、生きとし生けるものはすべて、さまざまな因縁によって「生かされている私」として存在している因縁所生であるという事実に目覚めた。それが等正覚という自覚である。このような等正覚をもたらした原理が「縁起の道理」である。釈尊の等正覚は、理論的に自我の存在を否定した縁起の道理の上に成り立っている。この道理によって、必然的に、近・現代の私たちにとって常識となっている自我に基づいた理性も根拠を失う。理性を前提としている倫理・道徳も成り立たなくなる。ここに自我は崩壊し、因縁所生の自己が誕生する。私たちは、おのおの各自の因縁（業縁）のままにしか生きていない「生かされている私」を、業縁のままにしか生きられないと目覚めるとき、自我を根拠としない新たな自己存在の誕生である。かくして、自我によってもたらされていた輪廻転生や日常生活におけるすべての苦悩は根拠を喪失し、苦悩が寂滅《じゃくめつ》した涅槃への道が開かれてくる。それが仏教の三法印（諸行無常、諸法無我、涅槃寂静）の一つである「涅槃寂静」という法印である。

このことについて、初期経典では、次のように説いている。

仏教の真理に基づいて「等正覚」の智慧ある出家者が、［自我］の欲求による欲望から離脱して自由になるとき、不死、安穏にして、もはや死にゆくことのない涅槃の真実在を証得《しょうとく》する。

（『スッタニパータ』第二〇四偈）

この中で、等正覚の智慧（「証」）によって証得されるのが「証果」としての涅槃であると示されている。不死、安穏なる涅槃とは、人間の宿業に目覚めることなく、自我に基づく無明《むみょう》によって生死（輪廻）に流転していたが、生死に流転する「私」は存在しないと知見されたとき、生死のままで生死が流転でなくなった状態、生死に身を置きながら生死を超えた世界の発見である。それが、生死に生きながら、不生が知見され、不死が知見され、生死から解放された世界としての涅槃という寂滅・寂静の世界への覚醒である。

私たちの存在は、縁起的存在であり、私をして私たらしめている因縁とは別に「私」を支えている自我が実在しているわけではない。私たちは、この生死の世界に生きているが、それは縁起的存在としての仮の私を生きているのである。「私」は他と無関係に単独には如何なる存在としてもありえていない。ここに、他との関係なくして独存する自我はありえないことが明らかになった。それが三法印の一つである「諸法無我」である。これは、世間に存在するすべてのものに自我はないという確定である。「私がいて、あなたがいる。あなたがいて、私がいる。私がいなければ、あなたはいない。あなたがいなければ、私はいない。単独に存在する私はいない。単独に存在するあなたはいない。そのようにして、私とあなたは、現にいま存在している。」と。これが「縁起の道理」によって明らかになった自我を前提としない私たちの主体性である。私たちは相互に生き合っている関係性の中でしか在り得ていないという私たちの「いのち」の事実である。この事実が確認されてこそ、人間は人間の宿業に目覚め、そこに苦悩の原因を見極め、そこから解放されて生きる者となる新たな自己が顕現する。このように、私たちの「いのち」が相互に関係存在であることについて、龍樹菩薩は、具体的な譬えをもって、次のように説いている。

父は子ではなく、子は父ではなく、しかも、この両者は相互に存在しないのでもなく、また、この両者は同時に単独で存在するものでもない。
（『空性七十論』第一三偈）

この知見に出遇ったとき、私たちの胸中に、自らの「いのち」への感動が自ずと沸き上がってくる。いままで煩悩のままに生老病死に苦悩していた世界から解放され、安らかな世界へと身を置くことができる。相変わらず、「私が生きている」という自我に振り回されて苦悩していても、それが人間の宿業としての無明によるものであると気付かされることができる。煩悩に苦悩しつつも、その苦悩の原因を知り、その苦悩を引き受けていく縁起の世界に身を置くことができる。それをもっと宗教的に表現をすれば、その苦悩すらも私を私たらしめている因縁として、「生かされている私」の中に包み込まれている世界が、そこに開かれてくる。

さらに確認すれば、縁起的存在とは、諸々の因縁とは別個に私は独存していないということであり、それを「空（śūnya）」と説いた。この「空」については、初期経典に、例えば、次のように説かれている。

つねに瞬時をおかず、あるがままにこの存在を自覚しつつ自我に固執する見解を打ち破って、ここなる世間的存在は「空」であると観ぜよ。そうすれば、[私が死ぬという]死を乗り越えることができるであろう。このように世間的存在を観る人を、死の王は見つけることがない。

(『スッタニパータ』第一一一九偈)

また、この「空」について、龍樹菩薩は、極めて明快に、次のように説いている。

自性をもっていかなる存在も存在しない。この世には[自性をもっての]非存在も存在しない。実に、因と縁とより生起した存在と非存在とは「空」である。

(『空性七十論』第六七偈)

本質として「空」であるとき、そのお方について、「仏陀は入滅後に存在する」とか、「存在しない」とか、と考えることは道理に合わない。

(『根本中論偈』第二二章第一四偈)

以上、概観したように、釈尊の説く「縁起」とは、私たちの「いのち」は縁起的存在であり、本来的にはゼロ(空)である。そのことに基づいて、私は単独で存在しているのではなく、無我であると、縁起・空・無我が仏教の基本的な「証」である。

上記の説明で、仏教における「証」については、一応なりとも了解できるであろう。それでは次に問題となるのは、釈尊の説法を聞いて、「証」を知見した私たちが、その「証」を自らにおいてどのように体現していくかという課題である。実は、釈尊の説法を聞いて、それに同意した仏弟子たちは、「証」を知見したにもかかわらず、生涯をかけて修行に専心した。それは何のためであったのか。「証」を知見しながら、「証」

の通りには生きていない自分の現実があったからであろう。「縁起の道理」によって「生かされている私」(縁起的存在)に目覚めながら、「私が生きている」という自我の束縛から解放されずに煩悩に苦悩している自己が、いよいよ明らかになってくる。その煩悩との戦いこそが、仏弟子たちの修行であったと言ってよいであろう。このことに関して、仏弟子たちの修行は、「証」(等正覚)を得るための修行であると一般的に言われているが、「証」が知見されず不明のままでの修行は、たとえて言えば、ゴールが不明なままのマラソンのようなものとなるであろう。そうではなく、釈尊の説法によって「証」はすでに知見され得られている。それを自らに体現するための修行であったというべきである。

仏弟子たちの修行について、三十七覚支などの詳細な項目があるが、それを最も端的に表現しているのが、戒・定・慧の三学である。それについて、『阿含(ニカーヤ)』に説かれている所説が要約されて、次のように説かれている。

> 戒と共にあまねく修められた定は、結果も大きく利益も大きい。定と共にあまねく修められた慧は、結果も大きく利益も大きい。慧と共にあまねく修められた心は、愛欲の煩悩、生存への煩悩、見解に関する煩悩、無知の煩悩などのすべての煩悩から完全に解脱する。
> 智慧なき者に禅定なく、禅定なき者に智慧なし。
> 禅定と智慧とを具《そな》えたる者は、実に涅槃に近づけるなり。
>
> (山口益編『仏教聖典』(平楽寺書店)、二八九頁参照)

ここに、智慧(証)と禅定(修)によって、「証」が自らの上に体現される涅槃(証果)に近づこうとしている仏弟子たちの真摯な求道を見ることができる。ここには、禅定と智慧とを具えて涅槃に至ったとは説かれていない。「涅槃に近づける」と説かれている。涅槃を体現した者ではなく、涅槃に向かって歩む者となるのである。ここにうかがうことができるのは、禅定によって智慧が得られるというような禅定から智慧へという一方的な関係ではなく、智慧なき禅定はなく、禅定なき智慧もないという相互的関係である。智慧と禅定とが一体となっている関係である。

このことは、道元禅師によっても確認されている。その『正法眼蔵』の第一「辦道話」の中で、「修証一等、証上の修、本証妙修」ということを提示している。その一端を引用すると、次の如くである。

佛法には修證これ一等なり。いまも證上の修なるがゆえに、初心の辦道すなわち本證の全体なり。（中略）すでに證をはなれぬ修あり、われらさいわひに一分の妙修を単伝せる初心の辦道、すなわち一分の本證を無為の地にうるなり。（水野弥穂子校注『岩波文庫』第一巻二八〜二九頁）

ここには、釈尊の等正覚（証）の一端に目覚めた者であるからこそ修行すると、すでに覚証している者であるからこそ修行すべきであることが提示されている。

これらによって、仏教における「証」と「修」の真正な関係が示されている。釈尊の等正覚（証）に同意し、それを共有することなくして仏道は始まらない。親鸞もまた、同じように『弥陀如来名号徳』の中で、次のように解説している。

次に智慧光とまふす、これは无癡の善根をもてえたまへるひかり也。无癡の善根といふは、一切有情、智慧をならひまなびて、无上菩提にいたらむとおもふこゝろをおこさしめむがためにえたまへるなり。念仏を信ずるこゝろをえしむるなり。念仏を信ずるは、すなわちすでに智慧をえて、佛になるべきみとなるは、これを愚癡をはなるゝことゝしるべきなり。このゆへに智慧光佛とまふすなり。

（『真宗聖教全書』二「宗祖部」、七三五頁）

これは、親鸞による阿弥陀仏の仏名の一つである、私たちの愚痴を照らし出す「智慧光」に対する解釈であるが、この中でも、「智慧を習い学んで、無上菩提に至ろうと思う心が起こさしめられる」と、また「念仏を信じるということは、智慧を得て仏になるべき身となることである。」という解釈がなされている。ここにも、念仏における「証」の二重構造が示されている。言うまでもなく、ここに智慧というのは「証」の内実である。

その「証」が親鸞による「真実証」として顕示されているのが『教行信証』「証巻」である。単なる「証」ではなくして「真実証」として顕示されている。その「証」と「真実証」との関係は、どのようなものであるのか。このことについて、親鸞は「証巻」の劈頭《へきとう》に、次のように述べている。

謹んで真実証を顕さば、すなわちこれ利他円満の妙位、無上涅槃の極果なり。すなわちこれ必至滅度の願より出でたり。また証大涅槃の願と名づくるなり。しかるに煩悩成就の凡夫、生死罪濁の群萠、往相回向の心行を獲れば、即の時に大乗正定聚の数に入るなり。正定聚に住するがゆえに、必ず滅度に至る。

（『真宗聖教全書』二「宗祖部」一〇三頁）

この内容を簡単に敷衍《ふえん》すれば、次のようである。「真実証」とは、必至滅度の願・証大涅槃の願によって示され、その願とは、『大経』に説かれる四十八願の第十一願である。この願によって、仏になりたいと願うすべての人々を仏にならしめたいという阿弥陀如来の利他が円満し、すべての人々を無上なる涅槃という究極の証果に至らしめる。このように、釈尊の「証」から「証果」へが本願として動向しているのが「真実証」である。そうであるならば、「煩悩成就の凡夫」であり「生死罪濁の群萌」である私たちであっても、阿弥陀如来の本願によって回向されている往相（凡夫・群萌である私たちが仏陀に成っていくこと）のための信〈真実の信楽〉と行〈真実の称名〉を獲得したならば、その時即座に、仏に成るべく正しく定まった（正定聚の数に入った）者となり、その正定聚に住するが故に、必ず滅度（大般涅槃）に至る、と。

ここに、凡夫・群萌である私たちに「証」から「証果」へが可能となるのは、「往相回向の心行を獲れば」と、私たちの往相回向は阿弥陀如来の本願によってであり、そこに、本願に対する信心と、その信心の体現である念仏が獲得されることによって、私たちの往相が実現される。そのことによってのみ、私たち凡夫・群萌の「証」から「証果」へが自らの上に体現されることが可能となる。それが私たちにおける往相回向である。

このような親鸞による「真実証」の内容について、明確にされなければならないのは、第一には、この本願（必至滅度の願・証大涅槃の願）とは何を意味しているのか。第二には、凡夫・群萌が本願によって必ず滅度に至ることがどうして可能なのか。この二点である。

まず第一に、必至滅度の願・証大涅槃の願とは、何を意味しているのか。親鸞は、この願について、二経の願文を引証している。次のようである。

必至滅度の願文、『大経』に言わく、設い我仏を得たらんに、国の中の人天、定聚に住し、必ず滅度に至らずは、正覚を取らじ、と。已上

『無量寿如来会』に言わく、もし我成仏せんに、国の中の有情、もし決定して等正覚を成り、大涅槃を

証せずは、菩提を取らじ、と。已上

（『真宗聖教全書』二「宗祖部」一〇三～四頁）

ここに、必至滅度の願について、『大経』と『如来会』とから願文が引証されているが、その内容表現は相異している。このことの意味は、きわめて重要である。同じ誓願でありながら、『大経』では、「[正]定聚に住し、必ず滅度に至る」と表現され、その異訳本である『如来会』では、「等正覚を成し、大涅槃を証す」と表現されている。ちなみに『大経』に説かれている「滅度」とは、大般涅槃のことであるから、『如来会』のおける「大涅槃」と同意である。

従って、この二経の間で相異しているのは「正定聚《しょうじょうじゅう》」と「等正覚《とうしょうがく》」である。親鸞はこの相異を根拠に、念仏者が、往相回向の誓願によって、現生において正定聚の位に住して、必ず滅度に至ることは、釈尊が等正覚を現生において成し遂げ、入滅において大般涅槃を証したことと同じであるという自らの了解の根拠としている。そのことについて、親鸞は、性信坊に宛てた手紙の中で、次のように書き送っている。

信心をえたる人はかならず正定聚のくらいに住するがゆえに、等正覚のくらいともうすなり。いまの『大無量寿経』に、摂取不捨の利益にさだまるを正定聚となづけ、『無量寿如来会』には、等正覚とときのたまえり。

（『真宗聖教全書』二「宗祖部」六六一頁）

ここに、親鸞は「必至滅度の願・証大涅槃の願」の願文に基づいて、正定聚と等正覚とは、共に順次生に仏に成る一生補処の弥勒と同じように無上覚に至る位であると述べている。言うまでもなく、「無上覚」とは「滅度・大涅槃」のことである。このように、親鸞は、これらの願文の相異に基づいて、念仏者の正定聚と釈尊の等正覚とは「ひとつこころ、ひとつくらい」であるという確信を得た。これは親鸞による我田引水的な会通ではなく、これこそが仏道の正意である。正定聚とは、すなわち、正しく涅槃に至るべく定められた者である。それ故に、その正定聚に住する者は、すなわち、必ず滅度に至る者となる。私たちが正定聚に住する者となるのは、釈尊の等正覚と同じく現在世であり、大般涅槃なる滅度に至るのは、正定聚・等正覚にとっては必然とされている将来である。何故ならば、私たちは縁起的存在であるという「証」に目覚めたならば、それは必然的に必ず滅度・大涅槃という「証果」に至るのである。そのことを信楽する信心を往相回向によって獲た念仏者は、正定聚に住む者となり、必ず滅度に至る者となる。正定聚とは、いまはまだ滅度に至っていないが、必ず至らしめられる位である。また、滅度とは、すでに得られている正定聚の者によって必然される目的である。

このような関係に基づいて、凡夫・群萌の往相回向が実現される仏と成る念仏道は、本願に対する信心によってあり得ている。何故ならば、信心とは、現時点において実現されていない事柄ではあるが、必ずそれが我が身に実現されると信知せしめる本願を信じる心であるからである。さらに言えば、それは本願に出遇って開発された信心を獲得することでもある。

このことについては親鸞は、『一念多念文意』の中でも、詳しく解説しているが、その中で、まったく同様の内容をもって詳説している。そして、次のように、往生の意味を明示している。

往生すとのたまえるは、正定聚のくらいにさだまるを、不退転に住すとはのたまえるなり。このくらいにさだまりぬれば、かならず無上大涅槃にいたるべき身となるがゆえに、等正覚をなるともとき、阿毘抜致にいたるとも、阿惟越致にいたるとも、ときたまう。即時入必定ともうすなり。

ここには、正定聚の念仏者と不退転の菩薩と等正覚の釈尊とが同じ位であるという親鸞による仏道についての了解が端的に示されている。そしてそれらは、成仏が約束されている一生補処の弥勒菩薩と同じ位であるとも、親鸞はしばしば言及している。

（『真宗聖教全書』二「宗祖部」六〇六～六〇七頁）

第二に、「真実証」の内容において凡夫・群萌が本願によって必ず滅度に至ると述べられているが、それはどうして可能なのであろうか。まず、凡夫・群萌について、略説するならば、それらは「愚」の自覚によって成り立っている存在である。私たちは、釈尊によって知見された「証」に出遇ったとき、どのような感動を抱くであろうか。はからずも恵まれた遇縁に慶喜し、その未曽有の出遇に感涙せざるをえない。それがまさしく、三帰依文の前文における「人身受け難し、いますでに受く。仏法聞き難し、いますでに聞く」という感動である。そして、この感動を抱いて「この身今生において度せずんば、さらにいずれの生においてかこの身を度せん」という成仏への意欲をもって生きる者となる。ともすると、「人身受け難し」ということが人間の尊厳性という、欧米の理性信奉に基づく人間観のように理解されていることに何の疑念も抱かずに当然のこととしてそれを受け入れているが、それが近代合理主義の洗礼を受けた私たちにとって常識となっているのかも知れない。

しかし、欧米の近代合理主義によって主張されている人間の尊厳性とは、端的に言えば、他の生き物と異なって、人間には理性があり、それを信奉しているから尊厳であるという人間中心主義に基づくものである。従って、人間は知性を持った生きものとして自己の苦悩に目覚め、それを解決する能力があるから、人間として生きることの一大事に自らの洞察をもって目覚めることができる存在である。それ故に、人間は尊厳であると。しかしそこには、自己の苦悩に目覚め、それを解決する能力のないチンパンジーでなくてよかったという程度の人間であることへの尊大な自己満足があるのみであって、何のために人間として生まれ得たのかという、そのことへの感動は沸き上がってこない。そのような意味での人間の尊厳性は仏教には説かれていない。そうではなくして、人間として生まれたのは、仏法を聞くためであったという受け取りが仏教である。その意味で人間に生まれた縁を尊ぶのである。ちなみに、人間の苦悩は仏法に出遇う大きな機縁とはなるが、苦悩すれば必ず仏法に出遇うということではない。出遇うべき機縁がなければ、苦悩しても仏法には出遇えない。それなのに、はからずも仏法に出遇えたのは、人間としての生を受けたからであるという感動を遇縁として慶喜しているのが三帰依文《さんきえ》である。そこにこそ、「人身受け難し、いますでに受く。仏法聞き難し、いますでに聞く」という感動が必然される。

ところで、釈尊の「証」によって示された縁起・空という、すべての存在の真実に覚醒せしめられたとき、その「証」に向き合っている我が身の現実が照らし出されてくる。そこに自覚されるのが、「煩悩成就の凡夫、生死罪濁の群萌」という身の事実であり、それが「愚」の自覚である。仏教における「愚」の自覚とは、あくまでも、釈尊によって知見された「証」の真実に出遇うことによってしかありえない。親鸞も法然上人に出遇うに先立って、比叡山において「証」を知見していたはずである。そうであるからこそ、「証」を我が身に実現したいと願えば願うほど、「証」の実現は遠のき絶望していた親鸞は、「ただ念仏して弥陀にたすけられまいらすべし」(『歎異抄』二)という「よきひと」法然上人に出遇って「念仏もうさんとおもいたつこころ」(『歎異抄』一)、すなわち、信心が発ったのである。そうでなければ、念仏は仏法であるという根拠はないことになろう。

ともすると、私たちが、「愚」の自覚を口にするとき、自己肯定の上に成り立っている自我による近代理性主義によって、非理性的であることが「愚」とされてしまう。自分で自分を「愚」と自覚しても、そのように自覚している自分は「愚」ではない。「愚」とは、自我による自己反省とか自己批判のことではないと強調し、それを曉舌に語ろうとも、結局は、「証」という真実によって照らし出された身の事実を前提としない「愚」の自覚である限りは、所詮、理性的でない自己に対する弁護となり、「愚」の自覚を旗印にした自己肯定の域を出ない自己主張にしかすぎない。非理性的であった自己を「愚」と自覚する自分が別に存在するからである。そのためか、自らの不合理な部分を知ることを「愚」の自覚として居直ってしまう。自我に基づいて「愚」を語る者は、知らず知らずのうちに、賢善精進・自力作善という「善」を肯定する者となり、「自分は愚である」と、その「愚」の自覚を免罪符とし、「愚」の自覚を武器として、「世のため人のため」というヒューマニズムとなってしまい、仏道ではなく人道に陥っていかざるをえない。そのようにして「愚」を口にしながら、基本的には「善」に立つのである。それはもとより、仏法に出遇って自覚される「愚」ではなく、親鸞が悲嘆をもって吐露している「愚」とは全く別のものである。

この「愚」について痛切に語っているのが、善導大師の「機の深信《じんしん》」といわれている一文である。次のようである。

「自身は現にこれ罪悪生死の凡夫、曠劫より已来、常に没し常に流転して、出離の縁あることなし」と信ず。

（『真宗聖教全書』一「三経七祖部」五三四頁）

このような深信は、釈尊の「証」との対面なくしてはありえない。理性による自己洞察がどれほど深くても、それに基づいた「愚」の自覚ではない。「生死を出離する『証』に出遇いながら、如何ともしがたく自我に惑い、生死に没し、生死に流転している自身についての『出離』の縁あることなし」という深信である。それを「罪悪生死の凡夫」と言われたのである。「罪悪生死」とは、罪であり悪である生死という意味であろう。

それは、生死に流転する罪であり悪である。

ここに、「生死」とは、「流される生存の連続」という意味であるサンスクリットsaṃsāraの漢訳である。普通は、「輪廻」と漢訳されるが、その原意は「流転・連続・循環」であり、そこには直接的には「生死」という意味はない。それが時として「生死」と漢訳されるのは、生物として生まれ死ぬという生命的な事実のみを意味して「生死」と漢訳されているのではなく、生まれ死ぬ生老病死を苦として悩む人間の流転の世界を意味しているのである。具体的に言えば、「生きていたい、死にたくない」という人間の分別によって形成されている苦悩の世界である。その意味では、人間以外の生物には「生死」はないといえよう。その「生死」が「罪悪」であるとはどういう意味であろうか。もとより、この「罪悪」とは、人間社会における罪悪ではない。それは釈尊の「証」に同意し、その通りに生きようとして、それに背いて生きている自己の現実に対する悲嘆の表現である。生死を出離する「証」に出遇いながら、人間に生まれたが故の根源的な宿業に束縛され、生死に没し流転する「愚」の自覚は、釈尊の「証」に出遇うことによって開発されたのであり、「証」に背いて生きている自身の現実は、善導大師にとっては「罪悪」なのである。親鸞が「真実証」において吐露されている「煩悩成就の凡夫」も「生死罪濁の群萌」も、善導大師が深信する「罪悪生死の凡夫」も、同じ意味であることは言うまでもない。煩悩成就とは、私たちは生死に没し、「生きていたい、死にたくない」という煩悩のままに生死を流転する人間の宿業によってしかありえていないという身の事実への自覚である。「証」を知見する遇縁に恵まれながら、生死に束縛され、それを捨て難く生きている在り方は罪濁であり、それを善導は罪悪といっている。

その凡夫・群萌が本願によって必ず滅度に至ると。そのことはどうして可能なのであろうか。言うまでもなく、本願とは、仏になりたいと願うすべての人々を仏とならしめるという誓願である。従って、仏になりたいという欲求が私たちの身に湧き起こらなければ、本願は意味をなさない。釈尊の等正覚による「証」に同意して、大般涅槃を体現したいという仏法との出遇いなくして、それはありえない。

「証」によって明らかとなった縁起的存在という身の事実は、釈尊においても、私たちにおいても、共に平等の地平であり、仏凡一体である。『大経』には、法蔵菩薩が浄土を建立し、それが阿弥陀如来の極楽であると物語られているが、思想的には、この仏凡一体の事実の上に成り立っている物語である。私たち凡夫・群萌も、釈尊と同じ浄土に現に生きているという身の事実を菩薩たちは知見していたからである。私たちには、そのような身の事実は確認できないが、菩薩の誓願によってそれを信知せしめられ、釈尊と同じ浄土に生きている者であると目覚めさせられたとき、私たちは、その浄土を穢土《えど》にしている罪悪深重の身であることを思い知らされる。罪悪深重の身を生きる凡夫・群萌にとっては、自分が浄土に生きる者であることはいかにしても受け入れ難いが、本願によって、それが可能となる。そのことを、親鸞は誓願不思議と歓喜している。その誓願不思議については、例えば、『唯信鈔文意』において、次のようである。

具縛の凡愚、屠沽《とこ》の下類、無碍光仏の不可思議の本願、広大智慧の名号を信楽すれば、煩悩を具足しながら、無上大涅槃にいたるなり。具縛は、よろずの煩悩にしばられたるわれらなり。（中略）屠は、よろずのいきたるものを、ころし、ほふるものなり。これは、りょうしというものなり。沽は、よろずのものを、うりかうものなり。あき人なり。（中略）りょうし・あき人、さまざまなものは、みな、いし・かわら・つぶてのごとくなるわれらなり。如来の御ちかいを、ふたごころなく信楽すれば、摂取のひかりのなかにおさめとられまいらせて、かならず大涅槃のさとりをひらかしめたまうは、すなわち、りょうし・あき人などは、いし・かわら・つぶてなんどを、よくこがねとなさしめんがごとしとたとえたまえるなり。

（東本願寺『真宗聖典』五五二～五五三頁参照）

「いし・かわら・つぶて」をどれほど磨いても「こがね」になることはありえない。それと同じように、煩悩成就の凡愚・生活にのみ没頭している下類がどれほど自己を磨いても無上大涅槃に至ることはありえない。この比喩のように、私たちの常識においてはありえない事柄が、釈尊によって示現された大般涅槃を知見した菩薩の誓願において打ち破られている。私たちにとっては、それを「不思議」という感動をもって信愛する他はない。そのことを歓喜しつつ菩薩の誓願を信楽して生きる者となる。この誓願不思議がどこで成り立っているかについては、先に考察したように、仏凡一体と知見した菩薩によって誓願されているからである。

この中の「屠沽《とこ》の下類」に関して、蓮如上人は『御文』の中で、次のように述べている。

当流の安心のおもむきは、あながちに、わがこころのわろきをも、また、妄念妄執のこころのおこるをも、とどめよというにもあらず。ただあきないをもし、奉公をもせよ、猟、すなどりをもせよ、かかるあさましき罪業にのみ、朝夕まどいぬるわれらごときのいたずらものを、たすけんとちかいまします弥陀如来の本願にてましますぞとふかく信じて、一心にふたごころなく、弥陀一仏の悲願にすがりて、たすけましませとおもうこころの一念の信まことなれば、かならず如来の御たすけにあずかるものなり。

（『五帳御文』一の3）

これによっても明らかなように、屠沽の下類とは、社会的に虐げられた者のことではなく、朝から晩まで生活のためだけに没頭している者のことであり、それを蓮如上人は、「あさましき罪業にのみ、朝夕まどいぬるわれら」と述べている。キリスト教でも『バイブル』に「人はパンだけで生きるものではなく、神の口から出る一つ一つの言葉で生きるものである。」（『マタイによる福音書』4・4）とイエスによって語られているが、趣意は同じであろう。私たちは飲食を取らなければ生きていけない。そのために、「ただあきないをもし、奉公をもせよ、猟、すなどりをも」しなければならないが、ただそのためだけに生きることを蓮如上人は「罪業にのみ」と厳しく諭している。この「罪業」とは、いうまでもなく、善導大師のいう「罪悪」に通じるであろう。生死に生きるためだけの生き方は仏法に対する罪業であると、蓮如上人は言い放っている。そのような「罪業にのみ」に生きているのが私たちの現実生活である。

以上、釈尊の「証」と親鸞の「真実証」について管見した。そこには、「証」から「真実証」へという智慧から慈悲へという仏道体系が提示されている。これまでは、釈尊の仏教、大乗の仏教、浄土の仏教と、教理史的に個別に解釈されてきた。そのような常識は学問の進展とともに見直されつつある現在、親鸞の「真実証」において、釈尊に始まる「証」の正意（「証」から「証果」へという「証」の二重性）が明らかにされていることを、智慧から慈悲への動向という仏道体系に基づきながらさらに詳細に検証されていかなければならない。

◉付記

本稿は二〇一三年三月に脱稿したが、その後の「証の二重性」についての拙書・拙文は次の如くである。

・拙書『仏教のさとりとは―釈尊から親鸞へ―』（法蔵館、二〇一四年八月）

・拙書『『顕浄土真実証文類』解釈』（東本願寺、二〇一六年七月）

・拙文「「真実証」考―浄土経典における「証」の二重性」（安富信哉博士記念論文集『仏教的伝統と人間の生』法蔵館、二〇一四年六月）

・拙文「「証の二重性」と親鸞の念仏」（三友健容博士古稀記念論文集『智慧のともしび』三喜房仏書林、二〇一六年三月）

［第二章］

仏道としての浄土真宗

「信心の智慧」の意味

藤　能成

藤 能成◉

要旨

親鸞（一一七三〜一二六二）が開いた浄土真宗は、『仏説無量寿経』を真実の教として、衆生の行・信・証、そして往生していく先である真仏土・方便化身土のすべてが法藏菩薩の誓願成就によって成立する他力回向の仏道である。しかし同時に、衆生自身が「信心の智慧」を獲《え》て、主体的・自覚的に涅槃へ向かう仏道でもある。往生・成仏の因である智慧は、真実信心として阿弥陀仏より回向される。すなわち「信心の智慧」を因として、現生において正定聚に就き、臨終後、浄土に往生し、大般涅槃を証するのである。しかし、三業惑乱《さんごうわくらん》（一七九八〜一八〇六）以降、本願寺教団内において衆生の側の主体性と自覚という捉え方が弱まったため、智慧の理解に関する観念化が進み、「信心の智慧」が現実的・実態的に捉えられなくなった。その結果浄土真宗は、「救済道」としての性格をより強めることになった。今後、浄土真宗を現代社会に復興させ、人々のさまざまな苦悩に応えるためには、「信心の智慧」を現実的・実態的に捉え直し、親鸞思想の言葉や概念を体験に基づいて解釈していく必要がある。そこにこそ、ありのままの親鸞思想が現れるであろう。

親鸞は、「往生の道」を尋ねるために関東からやってきた門弟達に対して、「念仏のほかに往生の道を知りたければ、南都北嶺に優れた学生達が多くいらっしゃるので、その人々に往生の要をよくよく聞かれてください」と語った。これは体験や実践によらず、学問によって仏教を捉えようとする姿勢を問題にしたものである。そして親鸞は、法然の教えに従って「ただ念仏して阿弥陀仏に助けられまゐらす」仏道（『歎異抄』第二章）、あるいは「南無阿弥陀仏とたのむ」仏道（「自然法爾章」）を歩んだ。そこにこそ「信心の智慧」が獲得され、浄土へ往生し、成仏していく「他力の仏道」が開かれるであろう。

▼▼▼キーワード▼ 主体性、自覚、仏道、仏智不思議、無明

一、はじめに

■1　真実とは何か？

親鸞の主著『顕浄土真実教行証文類』は、親鸞自らが歩んだ浄土真宗の仏道を明らかにしたものである。この書名における「真実」とは一体何を指すのであろうか。筆者が考えるところでは、「真実」とは「ありのままの現実」のことである。

私たちは、現実に身を置き、現実を生きる存在である。しかし自らが抱く煩悩のために、「ありのままの現実」を捉えることができず、観念的認識に陥り、自らが作り出した観念の世界に閉じ込められてしまう。そのために苦悩を抱えることになり、本来的な生を生きることができないのである。

ありのままの現実を捉える力を「智慧」という。釈尊が説いた仏道は、智慧を獲《え》ることによって、煩悩を離れ、迷妄を超え、涅槃へと至る道である。それは、どこまでも行者にとって実践の道であった。浄土真宗も同じ意味で、念仏の行者にとって実践の道であるはずである。そうでなければ、我々が涅槃を証すると言うことが、実態を伴わない空虚なものとなってしまうであろう。

したがって『顕浄土真実教行証文類』は、「浄土真宗が真実の仏道であること」を体系的に論証した書であり、そこに展開されるのは、行・信・証のすべてが阿弥陀仏の誓願力によって回向成就されつつも、衆生自らが主体的・自覚的に歩むことによって涅槃を証するための仏道である。すなわち衆生自身が、本願の名号を聞き、信心の智慧を獲て、現生において正定聚《しょうじょうじゅ》の位に就き、浄土に往生し、涅槃を証した後、還相《げんそう》（利他）の働きに就く。衆生を涅槃へと導くところの、阿弥陀仏の誓願力、すなわち仏智の働きが「現実」としてあることを「真実」と呼ぶのではないだろうか。だからこそ、浄土真宗の仏道を解明するためには、体験を通す必要がある。

■2 智慧について─観念的思考からの脱出─

智慧とは、ものごとをありのままに捉える力、如実知見の力であり、仏道の中心概念である。なぜなら仏道とは、智慧を獲得し深化させることによって、苦悩を解決し、涅槃へと至る道であるからである。親鸞の説いた浄土真宗は、阿弥陀仏の誓願成就によって成立するという特徴を持つが、言うまでもなく、それも仏道の一つのあり方であり、智慧の獲得と深化がその中心にあると言わねばならない。

本論考は、親鸞が智慧をどう捉えたのかを明らかにすることを目的としている。浄土真宗の仏道において、衆生が阿弥陀仏の浄土に往生し、涅槃を証することができるのは、ひとえに「信心の智慧を獲得するから」である。

現在、真宗学の研究において、ある解釈が正当であることの論拠として「親鸞が著作において、そのように語った」と示されることが、しばしばある。「親鸞が語った」という事実が、その解釈の論拠とされる。しかしその場合、そこで思考停止に陥る危険性をはらんでいるのではないか。我々はさらに、親鸞が「そのように語ったのは、何故か？」について考える必要がある。そこにこそ本当の、転迷開悟への仏道の論理が内包されているからである。そのためには、親鸞の著作を文献的に解釈するだけでなく、親鸞が展開した仏道を現実のものと捉えて、研究者自らが実践的・体験的に解明していく必要があるのではないだろうか。何故なら、言葉は「象徴としての記号」であるため、あるものの実態・真実をありのままに説明することはできないからである。「象徴としての記号」である言葉を、現実に即して解釈するためには、その言葉を表した著者の精神的境地を体験的に推測できねばならないだろう。

筆者がこのような問題意識を持つのは、現在の真宗教学が観念化してしまうことを危惧するからである。真宗教学の観念化とは、親鸞思想について、個人の自覚と体験を通さずに、文献のみを手掛かりとして解明しようとする姿勢である。では教学の観念化が進むのは、なぜだろうか。その背景の一つとして、江戸時代に本願寺を揺るがせた三業惑乱（一七九八〜一八〇六）の影響を挙げることができよう。三業惑乱とは、蓮如（一四一五〜一四九九）の『領解文』等における「タノム」を「身口意の三業による帰命の意」とした本願寺学林側（三業派・新義派）に対し、大瀛等の在野側（信順派・古義派）が異義を唱え、「タノムは信順の意である」と主張したものである。教団を大きく揺るがせたこの論争は、幕府の裁定によってやっと終息した。その結果、本願寺を担ってきた学林側の教学は教団から一掃され、在野側の教学にすっかり入れ替えられた。

以後、本願寺においては、自力・他力の問題は非常に微妙で取り扱いが難しい問題となった。教団内から学林側（三業派）を排除したために、三業帰命的な解釈について神経質にならざるを得ない状況が生まれた。そのために浄土真宗の仏道を、阿弥陀仏による絶対的かつ一方的な救済道として捉える傾向が強まり、個人の信仰生活における、何らかの能動的・主体的な行為を「自力である」と批判する風潮も高まっていった。このことは教学を観念化させる方向へ導き、浄土真宗の仏道における衆生の主体性と自覚や行という視点を弱めることになったのではないか。

もし、教学の観念化が進むと、浄土真宗の仏道・阿弥陀仏による救済が、個人の自覚や体験を挟まずに言葉のレベルのみで解釈されるため、現実の問題や個人が抱く苦悩への対応力が弱まる。なぜなら「智慧あるいは仏智」という言葉（あるいは概念）が、実態を伴わない記号と化してしまうからである。言葉とは、共通の体験を持つ人の間でのみ通用する記号である。

浄土真宗の教えを現代に復興していくためには、教学を現実や個人の自覚や体験と結びつけることにより[*1]、浄土真宗を「衆生自らが主体的・自覚的に歩む仏道」として位置付けていかねばならない。このことは仏道の中心概念である「智慧」を正しく捉える上でも、重要な事柄である。なぜなら「智慧を現実的・実態的に把握し、体得していくこと」、すなわち「智慧の獲得・深化」こそが仏道だからである。筆者の理解するところでは「智慧」とは、「聞いた教えの言葉が、気づき、あるいは体験を通して現実と結びつくこと」である。その時に私たちは、観念的思考から脱出できる。

そのことは「信」の内容とも重なる。我々は体験しないものはわからず、信じることもできない。自らの内に手掛かりがないからである。信の確立のためには、仏智に対する気づき、もしくは体験が必要である。親鸞が「仏智は不思議である」と語ったのは、仏智は思議（はからい）・学問（学文）等の観念的思考によっては明らかにならないばかりでなく、体得もできないからである。

二、観念的理解・思考への警鐘

■1 釈尊における三学の仏道

釈尊は、菩提樹下の瞑想によって「ありのままの現実」、すなわち「諸法の実相」を体得した。「ありのままの現実」とは、すべてが一つに繋がり合っており、一体であり、個は全体の部分として存在し、個には我・我執がないあり方である。釈尊が示した八正道・三学（戒・定・慧）の仏道は、我々が観念を超えて、ありのままの現実、諸法の実相を基盤として生きるための道である。ここで観念とは、個において、自身が周囲から独立した存在であるとする認識を指す。すなわち「無我という、ありのままの現実」に反して、「自身は他から独立した個別的存在である」と認識することが「我・我執」であり、観念的思考の産物である。我・我執の意識こそが、無知・無明の内容なのである。

釈尊は、苦悩の原因を三毒の煩悩に求める。三毒とは、貪欲《とんよく》・瞋恚《しんに》・愚痴（無智・無明）である。では、三毒はどのようにして成立するのだろうか。我々は、身体を持って生まれるが故に、「自身は他から独立した個体である」と認識するようになる（愚痴、あるいは無智・無明）。そして、身体的存在としての個を維持することに資するもの、すなわち「快」を求め（貪欲）、身体的存在としての個を脅かすもの、すなわち「不快・苦」を遠ざけようとする（瞋恚）ようになる。ここに「愚痴、貪欲、瞋恚」の三毒が成立する。

釈尊は、煩悩を離れて「ありのままの現実（無我・無我執の世界・諸法の実相）」という視点に立ちかえる方法として定（瞑想）を説いた。定（瞑想）に入ることによって、無我・無我執の世界・諸法の実相としての「ありのままの現実」を体得し、それを基盤として自身や世界の相を認識していくことが慧（智慧）なのである。このように、釈尊が説いた仏道とは、衆生をして観念を脱し、現実へと向かわせるものであった。

■2 親鸞における他力の仏道

親鸞も、釈尊と同様に、観念的認識方法に警鐘を鳴らしている。親鸞は、学問を中心とする仏道を自力、すなわち観念的認識方法だと見なした。

ここで親鸞の語録である『歎異抄』第二条を見てみよう。そこには「往生の道」を尋ねるために関東から親鸞のいる京都へ、身命を顧みずにやってきた門弟達と親鸞との対話が記されている。

一　おのおの十余箇国のさかひをこえて、身命をかへりみずして、たづねきたらしめたまふ御こころざし、ひとへに往生極楽のみちを問ひきかんがためなり。しかるに念仏よりほかに往生のみちをも存知し、また法文等をもしりたるらんと、こころにくくおぼしめしておはしましてはんべらんは、おほきなるあやまりなり。もししからば、南都北嶺にもゆゆしき学生たちおほく座せられて候ふなれば、かのひとにもあひたてまつりて、往生の要よくよくきかるべきなり。親鸞におきては、ただ念仏して弥陀にたすけられまゐらすべしと、よきひと（法然）の仰せをかぶりて信ずるほかに別の子細なきなり。*2（傍線は筆者）

親鸞は、当時の南都北嶺の学生たちが行っていた（論議を中心とする）仏教は観念化しており、そこには「智慧がない」、すなわち「無明である」と看破していた。学問・観念によっては、智慧が獲られないからである。親鸞が選び取ったのは、「南都北嶺のゆゆしき学生たち」の行う学問仏教ではなく、法然が説いた「ただ念仏して弥陀にたすけられまゐらすべし」という専修念仏の道であった。「阿弥陀仏を信じ、ただ念仏する」ところに「智慧」が獲得される。だからこそ浄土へ往生し、成仏していく「他力の仏道」が開かれるのである。親鸞において智慧とは、阿弥陀仏から回向される「信心と念仏」に備わるものであり、阿弥陀仏の本願力・仏智不思議の働きであった。

では、なぜ信心・念仏によって智慧が獲得できるのであろうか。それは、信心・念仏の機能が、釈尊の仏道における定・慧に対応しているからだと考えられる。定は意識の集中である。近年、脳神経科学の分野で、定（瞑想・丹田式呼吸法）と念仏（短い言葉の繰り返し）に同じく「集中、直感、共感、自己意識」を高める効果があることが実証されている。[*3] また、親鸞は「信の深まりが念である」と語っている。[*4]

これは、法然が自らを「三学の非器」と述べたことと矛盾するものではない。阿弥陀仏の誓願力である「他力」に対する「信心と念仏」が、結果として定・慧の機能を持つのである。それは、自身の力ではなく「他力」によるものだと見ることができる。自らを超えた阿弥陀仏の本願力である「他力」を信じ、念じ（称《とな》え）、（わが身を）まかせ、ゆだねるところに智慧が獲得されるのである。

3 自力と他力

親鸞において「信心と念仏」が「他力」であるのに対して、「はからひ」、「沙汰」、「義」などは「自力」と看做《みな》され、観念的認識方法を指す。親鸞は「自然法爾章」において、「他力」を「自然」という言葉で表現した。親鸞八六歳の時であった。

「自然」といふは、もとよりしからしむるといふことばなり。弥陀仏の御ちかひの、もとより行者のはからひにあらずして、南无阿弥陀仏とたのませたまひて、むかへんとはからはせたまひたるによりて、行者のよからんともあしからんともおもはぬを、自然とは申すぞときゝてさふらふ。〈中略〉この道理をこゝろゑつるのちには、この自然のことは、つねにさたすべきにはあらざるなり。つねに自然をさたせば、義なきを義とすといふことは、なほ義のあるべし。これは仏智の不思議にてあるなり。＊5（傍線は筆者）

親鸞の語るところを現代語に訳すならば、〈「自然」と言うのは、もとよりそのようにさせるという言葉である。弥陀仏の御誓いが、もとより行者のはからいではなく、（阿弥陀仏が行者に）南無阿弥陀仏とたのませられて、（その行者を浄土へ）迎えようとおはからいになるので、行者が善くあろうとも、悪くあろうとも思わないのを、自然と申すのだと（法然聖人より）お聞きしました〉となろう。これは、「阿弥陀仏は、善悪の判断を離れて、南無阿弥陀仏と信じ、念仏して、阿弥陀仏の本願の働きにまかせようとする行者を、浄土へと往生させようと働いておられる」と解釈できよう。ここで「自然」とは、仏智の働き、阿弥陀仏の本願力を指す。

親鸞においては、仏智は不思議であった。すなわち思議する（思いはかる）ことによっては、理解し、把握し、体得することができないのである。言葉や概念によって、知的には理解・把握できないものだということである。『正像末和讃』の末尾には、法語「自然法爾章」に続けて二種の和讃が置かれている。そのうちの一首は次の如くである。

よしあしの文字をもしらぬひとはみな
まことのこころなりけるを
善悪の字しりがほは
おほそらごとのかたちなり[*6]

この内容を解釈するならば、〈善悪の文字をも知らない人は、誰もが「まことの心」（真実信心を獲ている）であるのに　善悪の字を知っていると自負している人は、大そらごとの生き方をしている〉となろう。「善悪」という表現は、前に置かれた「自然法爾章」において「自然（他力）」の心持を表す「行者のよからんともあしからんともおもはぬ」の内容に対応している。

では、ここで〈善悪の文字をも知らない人は、誰もがまこと「まことの心」である〉のは、なぜなのか考えてみたい。まず、善悪の判断をするのは、知的に仏道を学ぼうとする態度であって、「はからひ・沙汰・うたがひ」に当たり、いわゆる「自力」である。それは「不思議である仏智」を思議する（思いはかる）ことによって、知ろうとする姿勢である。善悪の文字を知らない人は、仏智を文字・言葉を通して知ろうとはしないので、素直に〈仏智を信じ、念じ、ひたすらそれにまかせること〉ができるため、「真の心」すなわち真実信心を獲ることができやすい。

これに対して、善悪の字を知っていると自負している人は、仏智を文字や概念を通して知的に理解しようとするため、〈仏智を信じ、念じ、（わが身を）まかせ、ゆだねること〉ができにくい。仏教に関する知識はあっても、真実信心、すなわち智慧を体得することができないことになる。「自然法爾章」と後に続く「和讃」の内容を整理するならば、次のようになろう。

他力＝南无阿弥陀仏とたのむ
・行者のよからんともあしからんともおもはぬ
・よしあしの文字をもしらぬ＝まことのこころ
自力＝思議、沙汰、はからひ
・善悪の字しりがほ＝おほそらごと

「自然法爾章」と同様の内容が、『末灯鈔』第二通（建長七年〈一二五五〉・親鸞八三歳、『親鸞聖人御消息』第六通）にも示されている。ここでは、義は「はからひ」、「自力」と言い換えられる。また、「自然法爾章」で「自然」

と語ったところを「他力」と言い換えている。

如来のおんちかひなれば、「他力には義なきを義とす」と、聖人（法然）のおほせごとにてありき。義といふことは、はからふことばなり。行者のはからひは自力なれば、義といふなり。他力は本願を信楽して往生必定なるゆへに、さらに義なしとなり。[*7]

この文から、「自然」と「他力」は同じ意味で使用されていることがわかる。さらに『御消息集』（善性本）第七通（『親鸞聖人御消息』第三十四通、執筆年不詳）には、義（はからひ・自力）の内容について、善・悪、浄・穢の判断をすることだと示している。

行者のはからひのなきゆゑに、義なきを義とすと他力おば申すなり。善とも悪とも、浄とも穢とも、行者のはからひなき身とならせたまひて候へばこそ、義なきを義とすとは申すことにて候へ。（中略）他力と申すは行者のはからひのちりばかりもいらぬなり。かるがゆゑに義なきを義とすと申すなり。このほかにまた申すべきことなし、ただ仏にまかせまゐらせたまへと、大師聖人（源空）のみことにて候へ。*8（傍線は筆者）

親鸞はここで、他力とは「義なきを義とす」ということであり、行者が善・悪、浄・穢について（知的な）判断をしないこと、そのような（知的な）判断はまったく必要ない、法然聖人の「ただ仏におまかせしなさい」とのお言葉の通りだと語っている。ここで「ただ仏にまかせまゐらせたまへ」は、「自然法爾章」の「南無阿弥陀仏とたのませたまひて」に対応するものと考えられ、「仏にまかせる」とは「阿弥陀仏を信じ、念じ、南無阿弥陀仏を称《とな》え、仏にまかせ、ゆだねていく」行為と態度を指すものと解釈できる。つまりそのことが「義なきを義とす」、「はからひなき身」の内容である。

ここまで取り上げた親鸞の文章は、そのすべてが師・法然から聞いた内容として語られている。『末灯鈔』第六通（文応元年〈一二六〇〉・親鸞八八歳、『親鸞聖人御消息』第一六通）には法然の言葉が、さらに直接的な表現で引かれている。

まづ善信（親鸞）が身には、臨終の善悪をばまふさず、信心決定のひとは、疑なければ正定聚に住することにて候なり。さればこそ愚痴無智の人も、をはりもめでたく候へ。如来の御はからひにて往生するよし、ひとびとまふされ候ひける、すこしもたがはず候なり。としごろおのおのに申し候しこと、たがはずこそ候へ、かまへて学生沙汰せさせたまひ候はで、往生をとげさせたまひ候べし。

故法然聖人は、浄土宗の人は愚者になりて往生すと候しことを、たしかにうけたまはり候しうへに、ものもおぼえぬあさましきひとびとのまいりたるを御覧じては、往生必定すべしとて、笑ませたまひしをみまゐらせ候き。ふみざたして、さかさかしきひとのまいりたるをば、往生はいかゞあらんずらんと、たしかにうけたまはりき。いまにいたるまでおもひあはせられ候なり。[*9]（傍線は筆者）

前半の段落を現代語に訳すならば、親鸞自身の仏道の内容として「まず善信の身においては、臨終における善悪を語ることなく、信心が決定した人は、（仏智の働きに対する）疑いがないので、（信心が決定したときに）正定聚に住するのである。だからこそ、愚痴無智の人であっても、素晴らしい臨終を迎えることができるのである。如来のはからいにて往生するのだと、人々が申されていることと、少しも違うことがない。長年、あなたがたに申してきたことと、違っていない。是非とも、学生のように仏教を学問せずに、往生をお遂げになってください」となる。これを要約するならば、「信心が決定した人は正定聚に住するので、どのような形で臨終を迎えようと、往生できる。往生は、如来のはからいによってなされるからだと、人々が申しておられるのと、少しも違うところがない。これまで私が語ってきたように、学生がするように仏教を学問せずに往生なさってください」となろう。図示するならば、次のようになる。

信心の決定＝疑いがない→現生正定聚に就く
　→（臨終の迎え方にかかわらず）必ず往生する
愚痴無智の人であっても、如来のはからいによって往生できる
学生沙汰（仏道を知的に求めること）＝往生を妨げる

後半の段落は、親鸞が聞いたところの、法然の言葉と態度とを記している。法然は「浄土宗の人は愚者になりて往生す」と語り、「ものおぼえぬあさましき人々」がお参りになると「往生必定すべし（往生は必定で

ある）」と語り、「ふみざたして、さかさかしきひと（書物を通して仏教の教理を学んだ、理知的な人）」に対しては、「往生はいかがあらんずらん（往生はできるであろうか）」と語っていたという。ここでも、仏教の教理（教え）を書物によって知的に学ぶ人は往生できないと、示されている。

これらは、法然の法語「一枚《いちまい》起《き》請文《しょうもん》」に同様の内容を確認することができる。次の通りである。

もろこし（中国）・我が朝に、もろもろの智者達の沙汰し申さるる観念の念にもあらず。また、学文をして念の心を悟りて申す念仏にもあらず。ただ往生極楽のためには南無阿弥陀仏と申して疑なく往生するぞと思ひとりて申すほかには別の子細候はず。ただし三心・四修と申すことの候ふは、みな決定して南無阿弥陀仏にて往生するぞと思ふうちに籠り候ふなり。このほかにおくふかきことを存ぜば、二尊のあはれみにはづれ、本願にもれ候ふべし。念仏を信ぜん人は、たとひ一代の法を学すとも、一文不知の愚鈍の身になして、尼入道の無智のともがらにおなじくして、智者のふるまいをせずして、ただ一向に念仏すべし。[*10]（傍線は筆者）

法然はまず「もろもろの智者達の沙汰し申さるる観念の念にもあらず。また、学文をして念の心を悟りて申す念仏にもあらず」と、中国・日本の多くの智者達が行ってきた「観念の念」と「学文によって念の心を悟った後で申す念仏」を否定している。そして「ただ往生極楽のためには南無阿弥陀仏と申して疑なく往生するぞと思ひとりて申すほかには別の子細候はず」と、往生極楽の方法を提示している。これは『歎異抄』第二条と「自然法爾章」の内容に一致している。

・親鸞においては、ただ念仏して弥陀にたすけられまゐらすべしと、よきひと（法然）の仰せをかぶり

て信ずるほかに別の子細なきなり。（傍線は筆者、『歎異抄』第二条）

・弥陀仏の御ちかひの、もとより行者のはからひにあらずして、南无阿弥陀仏とたのませたまひて、むかへんとはからはせたまひたるによりて（傍線は筆者、「自然法爾章」）

『歎異抄』の「別の子細なきなり」は、「一枚起請文」の「別の子細候はず」と同じ文末表現を用いている。さらに、ここに語られる内容は、以下に示す『末灯鈔』第十一通（覚信房に宛てた返事、建長八年〈一二五六〉・親鸞八四歳、『親鸞聖人御消息』第七通）における、信と行の関係についての記述の内容に重なるものである。親鸞も文中に「きさて候ふ」と、法然から聞いた内容であることを記している。

さては、仰せられたること、信の一念・行の一念ふたつなれども、信をはなれたる行もなし、行の一念をはなれたる信の一念もなし。そのゆゑは、行と申すは、本願の名号をひとこゑとなへて往生すと申すことをききて、ひとこゑをもとなへ、もしは十念をもせんは行なり。この御ちかひをききて、疑ふこころのすこしもなきを信の一念と申せば、信と行とふたつときけども、行をひとこゑするとききて疑はねば、行をはなれたる信はなしとききて候ふ。また、信はなれたる行なしとおぼしめすべし。これみな弥陀の御ちかひと申すことをこころうべし。行と信とは御ちかひを申すなり。*11（傍点は筆者）

ここに示される内容を整理すると次のようになる。

親鸞『末灯鈔』第十一通：

行の一念＝本願の名号をひとこゑとなへて往生す（御ちかひ）と申すことをきさて、

ひところゑをもとなへ、もしは十念をもせん
信の一念＝この御ちかひをききて、疑ふこころのすこしもなき
行信一如＝信と行とふたつときけども、行をひところゑするときゝて疑はねば、行をはなれたる信はなしとききて候ふ。また、信はなれたる行なしとおぼしめすべし。これみな弥陀の御ちかひと申すことをこころうべし。行と信とは御ちかひを申すなり

法然「一枚起請文」：
御ちかひ＝ただ往生極楽のためには南無阿弥陀仏と申して疑なく往生するぞと
信＝思ひとりて
行＝申す

阿弥陀仏のちかひの内容である「本願の名号をひところゑとなへて往生す」を聞きて、疑いがないのが信であり、念仏申すのが行であり、行も信も、阿弥陀仏のちかひの働きである。親鸞が「ききて候ふ」と語るように、その内容は、「一枚起請文」の内容と異なるところがなく、同様の構造を示している。

三、親鸞における智慧―疑いを超える道―

親鸞における「はからひ」、「沙汰」、「義」の語は、仏智に対する「うたがい」、「自力」を意味する。親鸞は、〈「信」はうたがひなきこゝろなり、すなわちこれ眞實の信心なり、虚仮はなれたるこゝろなり〉[*12]と語っており、「うたがひ」は「仏智不思議に出遇う体験」によって超えるべきものである。親鸞はまた、「信心・

念仏は智慧である」と語る。だから「なぜ往生できるか」の問いに対する答えは、「信心・念仏」が、現実を生きる衆生に智慧として働くからである。親鸞『正像末和讃』（高田派専修寺蔵国宝本）に、「信心の智慧」と表現する部分がある。

釈迦・弥陀の慈悲よりぞ《オムススメヨリマコトノシンジムヲタマ　トシルベシ》
願作仏心はえしめたる《ホトケニナラムトチカヒヲシンズルコヽロナリ》
信心の智慧にいりてこそ《ミダノチカヒハチヱニテマシマスユヘニシンズルコヽロノイデクルハチヱノオコルトシルベシ》
仏恩報ずるみとはなれ*13（傍線は筆者）

と、信心（願作仏心）を獲るのは、釈迦・弥陀の慈悲の働き（オムススメ）によるものであり、「信心の智慧にいりてこそ　仏恩報ずるみとはなれ」と、信心の智慧としての働きを表現している。「信心の智慧」の左訓に「ミダノチカヒハチヱニテマシマスユヘニシンズルコヽロノイデクルハチヱノオコルトシルベシ」と「弥陀の誓いが智慧であり、信じる心が出でくるのは、智慧が起こることだと知らなければならない」と語っている。さらにこの和讃に続けて次の和讃では、

智慧の念仏うることは

ミダノチカヒヲモテホトケニナルユヘニチヱノネムブツトマフスナリ
法蔵願力のなせるなり
信心の智慧なかりせば
いかでか涅槃をさとらまし
マコトノホトケニナルヲマフスナリ*14（傍線は筆者）

と、ここでは智慧の念仏も「獲る」ものだと語り、それが法蔵菩薩（因位の阿弥陀仏）の願力によるものであり、信心の智慧がなかったならば、どうして涅槃をさとることができようかと結んでいる。念仏も信心も、同じく阿弥陀仏の誓いの働きにより成立し、智慧として働くものであり、「信心の智慧なかりせば　いかでか涅槃をさとらまし」、すなわち「信心の智慧がなければ、どうして涅槃を悟ることができようか」と語る。つまりここでは、信心が智慧として働くからこそ、涅槃を悟ることができるのだと述べるのである。

『末灯鈔』第二〇通（建長四年〈一二五二〉・親鸞八〇歳、『親鸞聖人御消息』第二通）には、阿弥陀仏の誓いを聞き始めると、無明《むみょう》の酒の酔いが少しずつ醒めて、阿弥陀仏の薬を好むようになると、述べられている。

もとは无明のさけにゑひふして、貪欲・瞋恚・愚痴の三毒をのみこのみめしあふてさふらふつるに、仏のちかひをききはじめしより、无明のゑひもようようすこしづつさめ、三毒をもすこしづつこのまずして、阿弥陀仏のくすりをつねにこのみめす身となりておはしましあふてそうふらふぞかし。*15

これを現代文に訳すと、「もとは無明の酒に酔い伏して、貪欲・瞋恚・愚痴の三毒をのみ好み召し合っていましたが、仏の誓いを聞き始めてから、無明の酔いもだんだん少しずつ醒めて、三毒をも少しずつ好まなくなり、阿弥陀仏の薬を常に好み召す身となっていらっしゃるでしょう」となる。親鸞はここで、信心・念仏が、衆生《しゅじょう》において智慧として働き、念仏者自身の三毒の煩悩（貪欲・瞋恚・愚痴）を客観的に捉え、そのことによって三毒に流されない生き方へと導かれていくと語っている。これらのことは、親鸞が示した浄土真宗の仏道が、阿弥陀仏の誓いの働きとしての智慧によって、衆生が、自らの煩悩を客観視し、煩悩の束縛から自由になっていく涅槃への道を、具体的に歩むものであることを示している。このような歩みは、阿弥陀仏の誓願の働きに支えられるものである。その仏道とは「阿弥陀仏を信じ、念じ、称名《しょうみょう》し、ゆだね、まかせる」という実践の道だと言ってよいであろう。

智慧には如実知見の働きがある。浄土真宗の仏道を歩む衆生は、どこまでも煩悩具足・罪業深重であることを離れることはないが、智慧によって自身の心を束縛する煩悩を客観視した時点で、その煩悩の鎖は切られるのである。智慧とは、そのような構造を持つものである。妙好人・浅原才市が、「慚愧歓喜《ざんぎかんぎ》の南無阿弥陀仏」と詠ったのは、そのことを表している。[*16] すなわち念仏の智慧によって、自身の煩悩を如実知見するとき、慚愧の思いが起こり、それがそのまま歓喜となる。何故なら、煩悩は如実知見された時点で、それ以前と同じではあり得ないからである。少なくとも、その煩悩による苦しみは低減されるからである。

四、結びにかえて――言葉と体験を繋ぐ――

三業惑乱が三業帰命説を排除する形で終息したために、それ以降、仏道を歩む衆生の主体性と自覚が語りにくい状況が生まれ、それが現在にまで続いている。そしてそのことが、信心と念仏の「智慧としての機能」をも弱めることになった。その中で浄土真宗は、阿弥陀仏の一方的な救済道として語られる傾向を持つようになったのではないか。

浄土真宗の言葉が、私たち自身の体験と接点を持たないままで使われると、その言葉の本来的な意味がわからなくなり、教義の形骸化を招いてしまうことは、大峯顕がすでに指摘したところである。[*17]

現代人の苦悩に応えられる教学を構築するためには、教義の言葉を私たち自身の体験に基づいて、再解釈していく努力が続けられなければならない。そのことによって「智慧」の内実と意味が明らかになり、浄土真宗は、衆生自らが主体的・自覚的に歩む仏道として、再生されてゆくだろう。

＊本論考は、二〇一四年三月二二日、ハワイ本派本願寺仏教研究所において開催された、第五回龍谷大学シンポジウムにおいて「親鸞と智慧―なぜ往生できるのか？―」(Shinran and Wisdom: Why Can We Be Born in the Pure Land?) のテーマで口頭発表した内容をもとに執筆したものである。

◉註

＊1　大峯顕は、教学研究における宗教経験の重要性について次のように指摘している。「祈りと浄土真宗の真の関係を明らかにするには、従来の教学の内部だけでの形式的論議の射程では不十分である。すでに出来上がった真宗教義の概念を破って、それらの概念がそこから生まれて来た宗教経験の次元にまで還って、諸概念をもう一度捉えなおすという態度がどうしても必要である。そのことを実行しないかぎり、教学は人々の現実的な感受性とのあいだのギャップを克服することはできない。〈中略〉人間精神の深部に入って、人間の心に祈りというものが起こってくるところの「深因」を探る態度が必要なのである。そしてこのような自由な思索が同時に、現代ややもすると形式的に固定している真宗の教義そのものを活性化することにも役立つことにもなる。〈中略〉従来の真宗教義上の論議は、徒《いたず》らに、知性主義や形式主義に陥って、如来と衆生とを分別することにこだわり過ぎている傾向があるように思われる。如来の本願にまかせる信心が浄土真宗であるという教義は正しいけれども、その教義が生まれた根源にある宗教経験そのものを忘れると、教義は生きた力を失ってしまうのである」〈傍線は筆者〉（大峯顕の講演「浄土真宗と『祈り』―祈りとは何か―」より、浄土真宗本願寺派北米開教区開教使研修会、２００４年８月17日、アメリカ合衆国ネヴァダ州リノにて）。

＊2　『浄土真宗聖典全書』〈以下、『聖典全書』と略す〉二―一〇五四頁。

＊3　有田秀穂（脳神経科学）は「坐禅瞑想はセロトニン神経を活性化し、脳内にセロトニン分泌が増えると、覚醒時の大脳の働きに変容が出現し、情動面ではポジティブな気分が出現するようになる。さらには前頭局の血流が増えて、集中、直感、共感、自己意識などの脳機能に影響を与える」こと、さらにそれらが「御真言を唱えながらひたすら歩く修験道の修行」や、浄土宗や浄土真宗の「称名念仏」においても同じ効果が得られることを実証している（有田秀穂「仏教と脳神経科学」、『親鸞とは何か』講談社MOOK、二〇一一年、九一～九三頁）。

＊4　親鸞は『一念多念文意』において、『大経』「第十八願成就文」における「乃至一念」の「一念」について、「一念といふは、信心をうるときのきはまりをあらはすことばなり」と語り、さらに『法事讃』の文を解釈して「念」と「信」の関係を〈「致使凡夫念即生」（法事讃・下）といふは、「致」はむねとすといふ。むねとすといふはこれを本とすといふことばなり、いたるといふ。いたるといふは実報土にいたるとなり。「使」はせしむといふ、「凡夫」はすなはちわれらなり、本願力を信楽するをむねとすべしとなり、「念」は如来の御ちかひをふたごころなく信ずるをいふなり〉と、「念」を「如来の御ちかひをふたごころなく信ずる」こととする。念ずることによって、実報土に往生する、即ち涅槃を証すると語っている。親鸞は「念」と「信」は「不離なる一つのもの」と捉えていたのである。

＊5　『浄土真宗聖典全書』〈以下、『聖典全書』と略す〉二―七八六頁。

＊6　『聖典全書』二―五三一頁。

＊7　『聖典全書』二―七七九～七八二頁。

＊8　『聖典全書』二―八六六頁。

＊9　『聖典全書』二―四二九頁。

＊10　『浄土真宗聖典 註釈版』一四二九頁。

＊11　『聖典全書』二―七九三～七九四頁。

＊12　『聖典全書』二―六八三頁。

＊13　『聖典全書』二―四八五頁中段。

＊14　『聖典全書』二―四八六頁中段。

＊15　『聖典全書』二―八一一頁。

＊16　浅原才市の詩に「わたしゃつみ（罪）でもろくじ（六字）のざんぎ（慚愧）わたしゃつみ（罪）でも　ろくじ（六字）のくわんぎ（歓喜）なむ（南無は）わざんぎで　あみだは（阿弥陀は）くわんぎ　ざんぎくわんぎのなむあみだぶつ」とある（鈴木大拙『妙好人浅原才市集』法蔵館、一九六七年一四五―一四六頁）。
＊17　本稿、註1参照。

［第三章］

親鸞における智慧

前田壽雄

要旨

親鸞における智慧とは、仏土、行、信心によって概念づけることができる。親鸞は真仏真土を、一切苦悩の衆生《しゅじょう》に活動しつづける光明であるとし、その光明を智慧であるといい、無礙《むげ》と遍満によって規定している。微塵世界に活動する無礙の光明とは、一切衆生の心に阿弥陀仏の誓願を信楽するよう現れた「智慧のかたち」である。それはあらゆる虚妄の滅尽《めつじん》をもって、真実と顕すのである。

真実とは、阿弥陀仏自身のみをいうのではなく、阿弥陀仏が一切衆生に回向する本願力によって成立する。衆生に回施される念仏と信心はいずれも智慧に基づいているが、その根柢《こんてい》には法蔵菩薩の発願と菩薩行が示されている。そのため法蔵菩薩が如何なる境地において至徳の尊号を成就したのか、如何なる理由によって衆生に回向するのか、そして回向された衆生のうちに、回向とは如何なる意味を有し、衆生を如何に転換せしめるのかを明らかにしようと思う。

法蔵菩薩の菩薩行は、三昧常寂で智慧無礙の境地によるものであり、虚仮諂曲の心がなく、清浄の真心であるが、それは清浄の真心の全くない衆生を救済することを根源としている。阿弥陀仏の誓願は智慧であるから、この願心を領受した者は、信心の智慧を獲得することとなる。

獲信とは、煩悩を断じえずに、涅槃を得る身になり得ているという事実を知ることである。これによって凡夫の心には常に浄土に根差した心が開かれ、平等心が得られ、阿弥陀仏の願心である智慧を習い学ぶこととなる。智慧を習い学ぶことで、念仏を信じる心が得られ、愚痴を離れる自覚を持つようになる。また、少欲知足《しょうよくちそく》や和顔愛語、先意承問は、煩悩具足の凡夫の行として徹底することはできないが、智慧を獲得した者の心にはたらきつづけ、自身の生きる指針として繰り返し省みることになると考えられる。

▼▼▼キーワード▼ 智慧のかたち、転成、信心の智慧、不断煩悩得涅槃、智慧を習い学ぶ

はじめに

親鸞の主著である『顕浄土真実教行証文類』（『教行信証』）は、初めに「総序」を設け、次の一節から始まっている。

ひそかにおもんみれば、難思の弘誓は難度海を度する大船、無礙の光明は無明《むみょう》の闇を破する恵日なり。*1

親鸞はまずこれから顕そうとする浄土真宗とは、阿弥陀仏の本願（難思の弘誓）と、それを成就した無礙の光明による救済であると表明している。何故、「難思の弘誓」「無礙の光明」を明らかにしようとしているのか。それは「難度海」「無明の闇」を「度する」「破する」ことに主眼を置くからである。「難度海」「無明の闇」は、そのまま自己存在とその在所を意味している。親鸞における自己とは、「難思の弘誓」「無礙の光明」との関係によって見いだされる。難度海が難度であると知ることは、自身こそ果てしなく生死流転してきた存在であり、その生死海を渡るための意志や行為があるからである。「度する」すなわち浄土往生が自身の問題となることで、難度であることを知る。

ところが、親鸞が生死海を難度であると知ったのは、生死海を渡るための万策がすべて尽き果てた身である事実を知ったからである。*2 たとえわずかでも渡ろうとする意志や行為が残されているのであれば、阿弥陀仏の本願が「難思の弘誓」とはなり得ない。難思であるとは、弘誓がわれわれの思慮や分別では思議できないことを意味している。それは「難度海を度する」という弘誓のはたらきそのものが、われわれの思議を超越しているからである。この超越とは、価値判断をわれわれの経験や知識に置かないということである。むしろ、われわれの器量によって把握できるものではなく、われわれを超越したはたらきがわれわれを把捉《はそく》するという構造をもって顕さなければ、一切衆生を「度する」こと、すなわち成仏不可能なわれわれを浄土に往生させる「大船」とはならない。それが明白になるのは、難度海である自己存在そのものの根源に難思の弘誓を領受したからである。難思の弘誓を領解した者は、生死の根源である無明を知る。それは「無明の闇を破する」光明によって知らされる。無明の闇を破すのは、無碍の光明であるが、闇を闇であると知らなかった自己存在が、闇であると知ることにおいて初めて破闇が成立する。*3 したがって、親鸞は阿弥陀仏のみによってその真実を顕そうとしているのではなく、無明の衆生を救済する無碍の光明によって阿弥陀仏の本願力を明らかにしているのである。そして、この無碍の光明を「恵日」、すなわち夜の闇を破る太陽に譬えて、智慧と表すのである。

このように本論では阿弥陀仏と衆生との関係に着目しながら、親鸞における智慧の概念を究明することによって、智慧が自己存在を如何に示しているのかを考えたい。

一　光明と智慧

如来が光明であり、その光明が智慧であることを組織体系的に述べているのが、『教行信証』「真仏土巻」である。親鸞は「真仏土巻」の劈頭《へきとう》に、真仏とは「不可思議光如来」、真土とは「無量光明土」であり、その仏身仏土が「大悲の誓願に酬報するが故に、真の報仏土と曰ふなり」と示して、光明無量・寿命無量の二願（第十二願・第十三願）の名を挙げている。*4 親鸞における真仏真土とは、光明無量・寿命無量の誓願に酬報して成就された「不可思議光」「無量光」である。光明が真の仏身仏土である根拠は、『無量寿経』によっている。『無量寿経』には、無量寿仏を「無量光仏・無辺光仏・無礙光仏・無対光仏・炎王光仏・清浄光仏・歓喜光仏・智慧光仏・不断光仏・難思光仏・無称光仏・超日月光仏と号す」と、十二光仏を挙げた後、それ衆生ありて、斯の光に遇ふ者は、三垢消滅し、身意柔軟なり、歓喜踊躍し、善心生ず。若し三塗懃苦の処に在て、此の光明を見ば、皆休息を得て、復苦悩無けむ。寿終への後、皆解脱を蒙る。[*5]

と説かれている。親鸞はこの文を「真仏土巻」に引用し、真仏真土を表す「光明」に衆生が遇うことを主題としている。つまり、阿弥陀仏の光明に遇う者は、貪欲《とんよく》・瞋恚《しんに》・愚癡の三毒の煩悩が消え去って身も心も和らぎ、よろこびに満ちあふれて善心が生じる。もし三塗懃苦の処である地獄・餓鬼・畜生の苦悩の世界にあって、阿弥陀仏の光明を見るならば、みな安らぎを得て、ふたたび苦悩なく、命終の後にすべて解脱を蒙るとしている。

この「真仏土巻」では、『無量寿経』とは直接的関係を見いだすことができない『涅槃経』も引文している。しかも一三文にわたって引用していることから、『涅槃経』が非常に重要な位置にある。親鸞は『涅槃経』を引用することで真の涅槃とは何かを問い、それによって真仏土の本質を明らかにしているが、光明について重ねて説明を加えている。

光明は不羸劣《ふるいれつ》と名づく。不羸劣とは名づけて如来と曰ふ。又光明は名づけて智慧となす。[*6]

真仏土の光明とは漠然たるものではなく、「不羸劣」と示すように劣えることのない如来、すなわち智慧である。また『涅槃経』には、諸仏如来を次のように規定している。

諸仏如来は煩悩起らず、是を涅槃と名づく。所有の智慧、法に於て無礙なり、是を如来と為す。如来は是凡夫《ぼんぶ》・声聞《しょうもん》・縁覚・菩薩に非ず、是を仏性と名づく。如来は身心智慧、無量無辺阿僧祇の土に遍満したまふに、障碍《しょうげ》する所無し、是を虚空と名づく。如来は常住にして変易有こと無れば、名づけて実相《じっそう》と曰ふ。是の義を以の故に、如来は実に畢竟《ひっきょう》涅槃にあらざる、是を菩薩と名づく。[*7]

つまり、所有の智慧が法において無礙なるを「如来」とし、凡夫・声聞・縁覚・菩薩とは異なる存在として、これを「仏性」と規定している。さらに、所有の智慧(身心智慧)は無量無辺阿僧祇の土に遍満し、障礙される所がない。このような側面を捉えて「虚空」と名づけるとしている。智慧を無礙と遍満という性質において諸仏如来を存在規定している。また、如来が常住なるが故に「実相」といい、真仏土が単なる空寂なる涅槃ではなく、涅槃にとどまらず、迷いのこの世界で菩薩として活動することから「畢竟涅槃にあらざる、是を菩薩と名づく」と示されている。

以上のように、光明が智慧であるという規定は、これまで見てきた『涅槃経』以外にも龍樹の『十住毘婆沙論』「易行品」[*8]、曇鸞の『讃阿弥陀仏偈』[*9]や『往生論註』[*10]にすでに説かれているとし、「行巻」「信巻」「真仏土巻」に引用して、阿弥陀仏の衆生救済を成立させる概念としている。

二　智慧のかたち

さて、智慧の遍満性は次の『尊号真像銘文』の文にも述べている。

光如来とまふすは阿弥陀仏なり、この如来はすなわち不可思議光仏とまふす、この如来は智慧のかたちなり、十方微塵刹土にみちたまへるなりとしるべしとなり。[*11]

ここでは如来とは、「智慧のかたち」であり、「十方微塵刹土にみちたまへる」と示している。「智慧のかたち」という記述は、『一念多念文意』や『唯信鈔文意』にも見ることができる。

この如来は光明なり、光明は智慧なり、智慧はひかりのかたちなり。[*12]無礙光仏の御かたちは智慧のひかりにてましますゆへに、この仏の智願海にすすめいれたまふなり、一切諸仏の智慧をあつめたまへる御かたちなり、光明は智慧なりとしるべしとなり。[*13]

このように「智慧はひかりのかたち」「無礙光仏の御かたち」「一切諸仏の智慧をあつめたまへる御かたち」と表現されている。なかでも『唯信鈔文意』では、善導の『法事讃』にある「極楽無為涅槃界」を解釈して、曇鸞は「安養」と讃え、『浄土論』は「蓮華蔵世界」「無為」ともいうとして、「涅槃界といふは、無明のまどひをひるがへして、無上涅槃のさとりをひらくなり」と述べた上で、

涅槃をば滅度といふ、無為といふ、安楽といふ、常楽といふ、実相といふ、法身といふ、法性といふ、真如といふ、一如といふ、仏性といふ、仏性すなわち如来なり。この如来微塵世界にみちみちたまへり、すなわち一切群生海《いっさいぐんじょうかい》の心なり、この心に誓願を信楽するがゆへに、この信心すなわち仏性なり、仏性すなわち法性なり、法性すなわち法身なり。法身はいろもなし、かたちもましまさず、しかればこころもおよばれず、ことばもたえたり。この一如よりかたちをあらはして、方便法身とまふす御すがたをしめして、法蔵比丘となのりたまひて、不可思議の大誓願をおこしてあらわれたまふ御かたちをば、世親菩薩は尽十方無礙光如来となづけたてまつりたまへり。この如来を報身とまふす、誓願の業因にむくひ

たまへるゆへに報身如来とまふすなり。報とまふすはたねにむくひたるなり、この報身より応化等の無量無数の身をあらはして、微塵世界に無礙の智慧光をはなたしめたまふゆへに尽十方無礙光仏とまふすひかりにて、かたちもましまさず、いろもましまさず、無明のやみをはらひ悪業にさえられず、このゆへに無礙光とまふすなり。無礙はさわりなしとまふす、しかれば阿弥陀仏は光明なり、光明は智慧のかたちなりとしるべし。[*14]

と説いている。まず涅槃を、「滅度」「無為」「安楽」「常楽」「実相」「法身」「法性」「真如」「一如」「仏性」といい、「仏性すなわち如来なり」と規定している。そして微塵世界に遍満し、一切衆生《いっさいしゅじょう》を救済する阿弥陀仏のはたらきを、「法身」「報身」「応化等の無量無数の身」の仏身によって論じている。すなわち、「いろもなし、かたちもましまさず」「こころもおよばれず、ことばもたえたり」という法身（法性法身）と、「かたち」として現れる方便法身との関係性を問題としている。この「かたち」とは、「尽十方無礙光仏とまふすひかりにて、かたちもましまさず、いろもましまさず」と無形無色として捉えていることから、われわれが認識するような固定的実体的な有を言っているわけではない。では、「かたち」は何を意味しているのであろうか。それは「報身より応化等の無量無数の身をあらはして、微塵世界に無礙の智慧光をはなたしめたまふ」と述べている「無礙の智慧光」である。この智慧光によって、「一切群生海の心なり、この心に誓願を信楽する」と規定することができる。一切群生海の心とは、一切衆生の心である。そして一切衆生の心に「誓願を信楽する」ことこそ、阿弥陀仏が法蔵菩薩と名のり、不可思議なる誓願を発した目的である。つまり、衆生の信楽開発によって、「智慧のかたち」の意味を見いだしている。このように智慧によって、「微塵世界」「一切群生海」という阿弥陀仏と衆生との関係を示すことができ、阿弥陀仏の光明が無礙であり、遍満であるというはたらきによって衆生の救済を提示しているのである。

ところで阿弥陀仏を、法性法身と方便法身という二種の法身として理解したのは曇鸞である。この二種法身説が説かれている『往生論註』浄入願心章を「証巻」に引用して、三厳二十九種の荘厳浄土相が一法句に広略相入することを述べ、一法句が清浄句であり、清浄句が「真実の智慧無為法身」であることを明かしている。[*15] そして真実の智慧は実相の智慧であり、実相は無相であるが故に、実相なる智慧は「無知」であるとしている。この無知とは、単に知を否定する概念ではない。無相や無知という概念によって現そうとしていることとは、対象的・実体的に固執した規定からの解放を意味する無分別智である。それは「能く知らざることなし」といわれる知であり、「一切種智即真実の智慧なり」である。このような構造をもった智慧とは、「非作非非作（作に非ず非作に非ざること）」を明かしている。さらに詳説して、「非に非ざれば、あに非の能く是なるに非ざらむや。蓋し非なきこれを是と曰うなり。自ずから是にして復是に非ざることを待つことなきなり。是に非ず非に非ず、百非の喩へざる所なり」という。「非是」「非非」「百非」と非を重ねることで、あらゆる虚妄を滅尽《めつじん》させる意として「真実の智慧」を顕している。[*16]

また、親鸞において「真如」「一如」とは、法蔵菩薩の菩薩行とその成就による願心との関連によって示されていた。これについて『教行信証』では「行巻」大行釈に「真如一実の功徳宝海[*17]」とし、「信巻」大信釈に「真如一実の信海[*18]」と述べ、「証巻」真実証釈に「然れば弥陀如来は如より来生《らいしょう》して、報・応・化種種の身を示し現じたまふなり[*19]」と自釈を結んでいる。如から来生する仏が阿弥陀如来であり、如来は一切衆生を救済するために「報・応・化種種」の仏身を現す。それは衆生が弥陀の回向によって必ず至る「滅度」と、そこへ至らしめる阿弥陀仏の本願力とが同一であることを示している。これらより、行・信・証の三法は同一の「真如」「一如」によって性格づけられているといえる。

さらに、「行巻」には「然るにこの行は、大悲の願より出たり[*20]」、「信巻」には「この心即ち是れ念仏往生の願より出たり[*21]」、「証巻」には「即ち是れ必至滅度の願より出でたり[*22]」と述べている。これらより、大行も大信も真実証も法蔵菩薩の誓願（第十七願・第十八願・第十一願）から出てきたものであるから、阿弥陀仏の本願なくして、行・信・証の三法は展開しないと理解することができる。

三　行と智慧

では、法蔵菩薩の発願と菩薩行によって成就した行信とは、智慧によって如何に論じているのであろうか。まず「行巻」に見られる智慧の表現で注目すべきは、「弘誓一乗海」が「無礙無辺最勝深妙不可説不可称不可思議の至徳」を成就しているとして、誓願不可思議である理由を、二八種の譬喩《ひゆ》によって表現していることである。その第一番目に「猶涌泉の如し、智慧の水を出して窮尽なきが故に」といわれている。*23 智慧の水を出して窮尽なき涌泉を「悲願」に譬えられている。つまり、智慧を出す源泉こそ阿弥陀仏の本願なのである。これは一乗海釈の「海」を解釈するにあたって、「本願大悲智慧真実恒沙万徳の大宝海水」と譬えている内容と重なっている。

海と言ふは、久遠《くおん》より已来、凡聖所修の雑修雑善の川水を転じ、逆謗闡提恒沙無明の海水を転じて、本願大悲智慧真実恒沙万徳の大宝海水と成る、これを海の如きに喩るなり。*24

つまり「海」というのは、久遠の昔からこれまで、凡夫や聖者の修したさまざまな川水である雑修雑善を転換させ、また五逆罪・謗法罪《ほうぼう》・一闡提《いっせんだい》の大海の水の如く数限りない無明煩悩の濁水を転換させて、本願によって成就された慈悲と智慧の真実なる無量功徳の宝の海水に成らせることである。この転成のはたらきを海に譬えている。親鸞における転とは、「逆謗闡提恒沙無明」の悪のみならず、「凡聖所修雑修雑善」の善をも転じて、「大悲智慧真実恒沙万徳」とするのである。それは阿弥陀仏の救済に衆生の善が全く必要のないことを意味している。善も悪も等しく転ぜられる功徳が、阿弥陀仏の本願である。これを『正像末和讃』に、

弥陀智願の広海に　凡夫善悪の心水も
帰入しぬればすなはちに　大悲心とぞ転ずなる[*25]

と讃えている。「大悲心とぞ転ず」とは、如何なる意味であるのか。それは決して罪を消滅して功徳になるわけでも、新たな性格に変わったり、病気が治ったりするわけでもない。親鸞は『唯信鈔文意』に、

転ずといふは、つみをけしうしなはずして善になすなり、よろづのみづ大海にいればすなはちうしほとなるがごとし。[*26]

と述べている。罪業は消し失われることなく善になすことが転である。そもそも「罪業もとよりかたちなし　妄想顛倒のなせるなり[*27]」であるから、罪それ自体に有無を見ているわけではなく、われわれの妄想顛倒によって罪業を生起させているのである。つまり、妄想顛倒するわれわれが「智願の広海」「大海」と総称される「本願大悲智慧真実恒沙万徳」へ帰入することが主題であるといえる。『高僧和讃』には、

名号不思議の海水は　逆謗の屍骸もとどまらず
衆悪の万川帰しぬれば　功徳のうしほに一味なり[*28]
尽十方無礙光の　大悲大願の海水に

煩悩の衆流帰しぬれば　智慧のうしほに一味なり[*29]

と讃えているように、名号不思議（尽十方無礙光の大悲大願）の海水によって、如何なる逆悪の川水であろうとも「智慧の潮」に平等なる一味とされる。これが転成である。この名号不思議とは、『教行信証』「総序」で述べている「円融至徳の嘉号は、悪を転じて徳を成す正智[*30]」を示している。

したがって、名号が転悪成徳であるから、『正像末和讃』に「智慧の念仏うることは　法蔵願力のなせるなり[*31]」と、法蔵菩薩の願力によって、衆生は「智慧の念仏」を得ると示すことができる。また『唯信鈔文意』では、「南無阿弥陀仏は智慧の名号[*32]」であるといい、釈迦如来が五濁悪世に出現して難信の法を説かれた意義を、「智慧の名号を濁悪の衆生にあたえたまふ[*33]」と述べている。

四　信心と智慧

次に信心と智慧の関係について考えることとする。[*34]『末燈鈔』第十四通には、

信心といふは智也、この智は、他力の光明に摂取せられまいらせぬるゆへにうるところの智也、仏の光明も智也[*35]

と述べている。信心を「智」であると明確に規定し、この智とは衆生が阿弥陀仏の光明によって摂取されることから得られるものであると示している。光明という智によって信心の構造を明らかにし、衆生救済を成立させている。また、親鸞は『正像末和讃』に「信心の智慧」と表現している。

釈迦・弥陀の慈悲よりぞ　願作仏心はえしめたる
信心の智慧にいりてこそ　仏恩報ずる身とはなれ[*36]
智慧の念仏うることは　法蔵願力のなせるなり
信心の智慧なかりせば　いかでか涅槃をさとらまし[*37]

この二つの和讃は、「釈迦・弥陀二尊の慈悲によって、仏に作ろうと願う心が得られる。この信心の智慧に入ってこそ、仏恩を報じる身となる」「智慧の念仏を得ることは、法蔵菩薩の願力によってなされるものである。信心の智慧がなかったならば、どうして涅槃をさとることができようか」という意である。親鸞において、念仏も信心も本来、自身に存在するのではなく、阿弥陀仏から回施されるのであるから、智慧も阿弥陀仏から獲得するものである。そのため「信心の智慧」には、次の左訓が付されている。

ミダノチカヒハチエニテマシマスユヘニシンズルコヽロノイデクルハチエノオコルトシルベシ[*38]

つまり、阿弥陀仏の誓願が智慧であるから、信心が出てくるのは智慧が発ることだと知るべきであると語っている。この智慧が発る信心は、法蔵菩薩の願力なくしては成立しない。

親鸞は選択本願である第十八願に誓われた「至心・信楽・欲生」の三心釈を展開する中、法義釈の至心釈で『無量寿経』を引用して、至心が疑蓋無雑である根拠づけを行っている。すなわち、法蔵菩薩の「勇猛精進にして、志願倦きことなし」に専ら求めた「清白の法」こそ「至徳の尊号」にほかならず、それを体とするのが至心である。これについて法蔵菩薩が如何なる境地において「清白の法」を成就したのかを、『無量寿経』では次のように説かれている。

欲覚・瞋覚《しんかく》・害覚を生ぜず、欲想・瞋想・害想を起さず、色・声・香・味の法にも著せず。忍力成就して衆苦を計らず。少欲知足にして染・恚・癡なし。三昧常寂にして、智慧無礙なり。虚仮諂曲の心あることなし。和顔愛語にして、意を先にして承問す。勇猛精進にして志願倦きことなし。専ら清白の法を求めて、以て群生を恵利しき。三宝を恭敬し、師長に奉事しき。大荘厳を以て衆行を具足して、諸の衆生をして功徳成就せしむとのたまへり。*39

つまり、法蔵菩薩の菩薩行とは、貪りや怒りや害を与えようとする心を生じることがなく、また、そのような思いさえ起こすことがなかった。あらゆるものに執着せず、いかなる苦にも忍耐力をそなえ、少欲知足して、染・恚・癡の三毒の煩悩を離れ、常に三昧の境位にあった。このような境地に開示されるのが「智慧無礙」である。この智慧無礙によって、「虚仮諂曲の心あることなし」といえる。虚仮諂曲の心がないからこそ、「清浄の真心」なのである。そしてこの心は、「和顔愛語、先意承問」を具足している。これによって法蔵菩薩は「清白の法」を専ら求めたのであり、その菩薩行を衆生が信知することによって、「群生を恵利し、「諸の衆生をして功徳成就せしむ」ことの意味が明らかになると考える。

さて、至心釈の自釈*40には、一切の群生海は「無始より已来、乃至今日今時に至るまで、穢悪汚染《えあくわぜん》にして清浄の心なし、虚仮諂偽にして真実の心なし」であるから、如来は「一切苦悩の衆生海を悲憫」して、不可思議兆載永劫において、菩薩行を行じたことが説かれている。その行とは、身・口・意の三業の所修は、一念一刹那も清浄でなかったことも、真心でなかったこともない。衆生は「清浄の真心」を領受することで、永遠なる過去から自身には「清浄の真心がない」ことが今、明らかになる。また、この「清浄の真心」によって成就されたのが、「円融無礙不可思議不可称不可説の至徳」である。そして「至徳の尊号」を体として、清浄の真心である「如来の至心」が、「諸有の一切煩悩悪業邪智の群生海」に回施され、「利他の真心」を彰《あら》わしている。これが阿弥陀仏の救済の根源である。これら「清浄の真心」「円融無礙不可思議不可称不可説」「至心」は、すべて智慧無礙による表現である。なお、この至心釈は法蔵菩薩の修行を説いたものであり、衆生の機相をいうものではないという解釈が従来の通説である。[*41] しかし、至心は「群生海に回施」され、「利他の真心」であるから、如来自身のみの行為において解釈するのではなく、必ず衆生存在を必要とし、衆生自身の意志や行為において「穢悪汚染にして清浄の心なし、虚仮諂偽にして真実の心なし」と自覚され、三業所修の一念一刹那に行じられた法蔵菩薩行が衆生自らの生き方の基準になるところに至心を「智慧」と語る意義があると考える。

次に信楽釈[*42]では、信楽とは「利他回向の至心」を体とし、「如来の満足大悲円融無礙の信心海」であると規定している。この心は「如来の大悲心」であるから、「報土の正定の因と成る」と帰結することができる。阿弥陀仏は、この報土往生の正因である「無礙広大の浄信」を、「苦悩の群生海を悲憐して」、「諸有海に回施したまへり」と述べている。つまり、無礙広大の浄信とは如来の大悲心にほかならない。親鸞は、これを「利他真実の信心」と名づけている。この信心は、『涅槃経』を引用して「一切衆生において平等心を得た」る「一子地」「仏性」「如来」であるとし、『華厳経』の引用によって「諸の如来と等し」とも語っている。[*43] なお、「信巻」では信楽の一念転釈において、「仏道の正因」となるのは如来が大慈悲であるが故に、この心は平等であり、「無量光明慧」によって生じると説いている[*44]。衆生が如来の大悲心である平等心を得ることができるのは、衆生に智慧が生起するからである。

そして欲生釈[*45]では、欲生を「真実の信楽」を体とし、「諸有の群生を招喚したまふの勅命なり」と定義づけている。如来は、「一切苦悩の群生海を矜哀して、菩薩の行を行じたまいし時、三業の所修、乃至一刹那も、回向の心を首として大悲心を成就することを得たまへる」が故に、「利他真実の欲生心」を「諸有海に回施したまへり」としたのである。この欲生心とは、如来の回向心であり、大悲心である。親鸞は、如来が一切苦悩の衆生を回向するはたらきにおいて利他真実を語っている。つまり、利他真実は至心・信楽と同様に欲生もまた如来自身のみにおいて示されるものではなく、必ず衆生存在が必要とされる。そのため回向された衆生のうちに、回向とは如何なる意味を有し、衆生を如何に転換せしめるのかを問うとき、「転ず」という事柄の意味が明らかになる。

五　不断煩悩得涅槃

これを導き出す語が「不断煩悩得涅槃」ではないかと考える。[*46] 通常、仏教における修行上の究極は、煩悩を止滅した涅槃にあるが、阿弥陀仏の本願力回向を救済とする親鸞は「不断煩悩得涅槃」を説いている。「不断煩悩」でありながら、「得涅槃」の事態が矛盾するかのようで、決して矛盾なく成立するのは、自力の心を翻し、自力の心を捨てるという「回心」によってなされるからにほかならない。『唯信鈔文意』には、自力の心を捨てることについて次のように規定している。

自力のこころをすつといふは、やうやうさまざまの大小聖人善悪凡夫の、みづからがみをよしとおもふこころをすて、みをたのまず、あしきこころをかへりみず、ひとすぢに具縛の凡愚・屠沽《とこ》の下類、無礙光仏の不可思議の本願、広大智慧の名号を信楽すれば、煩悩を具足しながら無上大涅槃にいたるなり。具縛はよろづの煩悩にしばられたるわれらなり、煩はみをわづらはす、悩はこころをなやますといふ。[*47]

これによると、自力の心を捨てるとは、自らの身を絶対視する心を捨てることであり、自らの身をたのみとせず、悪しき心を省みないということである。それは、「無礙光仏の不可思議の本願、広大智慧の名号」と讃えられる阿弥陀仏の本願名号を信楽することであり、この信楽によって「よろづの煩悩にしばられたるわれら」が、煩悩を具足したまま無上大涅槃に至ることを説いている。つまり、自己存在を「具縛の凡愚・屠沽の下類」と語りながら、煩悩成就の凡夫の身このままで智慧の名号を信楽することが、「不断煩悩得涅槃」なのである。しかも煩悩具足は「われら」である。親鸞は、「煩悩成就のわれら」[48]「五濁悪世のわれら」[49]「われらが無上の信心を発起せしめたまひけり」[50]などと語っている。「われら」という地平が開かれることで、阿弥陀仏の願心によって結ばれた十方の衆生存在を見いだすことができる。それ故に回向とは、「本願の名号をもて十方の衆生にあたへたまふ御のりなり」[51]と示されている。

ところで「不断煩悩得涅槃」の解釈は、『尊号真像銘文』に次のように述べている。

「不断煩悩得涅槃」といふは、不断煩悩は煩悩をたちすてずしてといふ、得涅槃とまふすは、無上大涅槃をさとるをうるとしるべし。[52]

親鸞は「不断煩悩得涅槃」を、「不断煩悩」と「得涅槃」に二分して解釈している。特に注視すべき点は、「得涅槃」を「無上大涅槃をさとるをうる」ではなく、「無上大涅槃をさとるをうるとしるべし」と註釈していることである。すなわち、煩悩を断じえずに、苦悩の迷妄なる生死に埋没するこの自身の現実のうちに、「涅槃を得る」ことが可能となる道が開かれたことを知らなければならないと述べている。そして煩悩を断じえないが故に、涅槃を得る身になり得ているという、われわれにとっては思議し難いことが、真実信心であり、智慧の獲得である。「不断煩悩得涅槃」とは、「得涅槃」という事態が「不断煩悩」のまっただ中において生起していることにほかならない。
　ここで「しるべし」と語られていることから、親鸞における「知」の概念を窺うこととする。親鸞には、信心と合わせた「信知」という用例がある。『一念多念文意』には、善導の『往生礼讃』の「今信知弥陀本弘誓願及称名号」の語を註釈する中で、以下のように定義づけを行っている。

「知」といふはしるといふ、煩悩悪業の衆生をみちびきたまふとしるなり。また「知」といふは観なり、こころにうかべおもふを観といふ、こころにうかべしるを知といふなり。[*53]

　ここでいう「知」の内容とは、「弥陀本弘誓願及称名号」によって、「煩悩悪業の衆生」が導かれることであり、如来の誓願を心に浮かべ思うという観であり、また心に浮かべ知ることである。しかし、心に浮かべられるよう求めなければならないのか、知らなければならないのかといえば、そうではない。親鸞は、「安楽浄土の不可称不可説不可思議の徳を、もとめずしらざるに、信ずる人にえしむとしるべしとなり」[*54]「金剛心のひとは、しらずもとめざるに、功徳の大宝その身にみちみつ」[*55]と述べていることから、誓願を領受するという意が信知であり、それは真実信心の人の知である。また如来の誓願は、衆生の分別知である「智愚の毒」[*56]を除滅するともいう。言い換えれば、如来招喚の勅命として衆生に対し「知るべし」ということである。

六　智慧を獲得した衆生存在

　では、信心の智慧を獲得した衆生の存在を如何に表すことができるのであろうか。『末燈鈔』第三通には、善導の『般舟讃』の文として、

　信心のひとはその心すでにつねに浄土に居すと釈したまへり。居すといふは、浄土に信心のひとのこころつねにゐたりといふこころなり。[*57]

と述べている。つまり、信心獲得した人の心とは常に浄土にあるという意であり、阿弥陀仏の光明の内に抱かれた存在である。この消息には、

　浄土の真実信心の人は、この身こそあさましき不浄造悪の身なれども、心はすでに如来とひとしければ、如来とひとしとまふすこともあるべしとしらせたまへ。[*58]

とも記されている。すなわち、真実信心の人は、不浄造悪の身でありながら、心はすでに「如来とひとし」と断言している。われわれの身と心は不可分であるが、わざわざ身と心とを二分して「浄土の真実信心の人」として捉えているのは、如何なる意味があるのであろうか。それを解明するのが「如来とひとし」である。「如来とひとし」は、信楽釈で『華厳経』を引用する中で示された語[*59]であり、必至滅度である正定聚と同意である。それは真実信心の徳を表明するにとどまらず、信心が智慧であり、大慈悲心であるから、阿弥陀仏の「清浄の真心」が煩悩具足の凡夫の心に回向され、「如来とひとし」と帰結しているのである。そして「如来なり」ではなく、「如来とひとし」とするのは、如来と全く異なる凡夫が「ひとし」とされるからである。これは如来と凡夫とを同一視することではない。凡夫は如来ではないが、凡夫の心には常に浄土に根差した心が開かれるということである。

　また、信心とは同じく信楽釈で引用している『涅槃経』の「平等心[*60]」の自覚である。「如来とひとし」で

ある衆生とは、あらゆる差別や拒絶、比較によってでしか生きられない「世をいとふしるし」[61]となり、現実の世界を「みなもてそらごとたわごと、まことあることなき」[62]火宅無常と認識するまなざしを有することである。そして、この平等心を得ることは「一子地」を得ることであり、これを「仏性」といい、「如来」ともいうと説いている。一子地とは、一切衆生を平等にわがひとり子として憐れむ心をおこす位をいう。何が起こるのかわからないこの世において、阿弥陀仏が常に衆生をかけがえのないわが子として摂取していること、つまり衆生は大きな安心に包まれていることを、智慧の光明に照らされた人生の中でいただいていることである。

　このことは『弥陀如来名号徳』で「智慧光」を註釈する中で述べている内容に通底している。

　一切有情、智慧をならひまなびて、無上菩提にいたらむとおもふこころをおこさしめむがためにえたまへるなり。念仏を信ずるこころをえしむるなり。念仏を信ずるは、すなわちすでに智慧をえて、仏になるべきみとなるは、これを愚癡《ぐち》をはなるることとしるべきなり[63]

　この文は、智慧光によって得られる「無痴の善根」を規定するにあたって、智慧光のうちに摂在された一切衆生の思いが如何に展開されているかを述べたものである。つまり、無上菩提に至ろうという心を発させているのは、「智慧をならひまなびて」である。智慧を習い学ぶとは、阿弥陀仏の誓願が智慧であるから、阿弥陀仏の願心を習い学ぶと同意となる。『唯信鈔文意』には、「持」の註釈として「ならいまなぶことをうしなわずちらさぬ」[64]と述べているから、智慧を習い学ぶとは、「智慧を持つ」こととなる。

　では、阿弥陀仏の願心を習い学ぶことで、衆生に如何なる転換をもたらせるのであろうか。それが「念仏を信ずるこころをえしむるなり」である。念仏を信じることによって、智慧を得て必ず仏に成るべき身である正定聚に住することを説いている。そして正定聚の者は、「愚癡をはなるる」ことを知る。愚癡を離れるという自覚は、「不断煩悩」を認識しているからこそ持つこととなると考える。

これと同様の内容が『末燈鈔』第二十通に示されている。すなわち、かつて阿弥陀仏の本願も知らず、念仏することもなかった者が、「釈迦・弥陀の御方便」によって、「弥陀のちかひをもききはじめておはします身にてさふらふなり」と、阿弥陀仏の本願を聞き始めるようになったことが述べられている。また、かつて無明の酒に酔って、貪欲・瞋恚・愚癡の三毒を好んでいた者が、「三毒をもすこしづつこのまずして、阿弥陀仏のくすりをつねにこのみめす身となりておはしましあうてさふらふ」と、少しずつ三毒の煩悩を好まないようになり、阿弥陀仏の薬である念仏を好むようになったことが記されている。[*65] 何故ならば、「煩悩成就の凡夫[*66]」「不断煩悩」と認識した者は、智慧の光明に出遇ったからであり、また至心釈の『無量寿経』引文にあった「欲覚・瞋覚・害覚を生ぜず、欲想・瞋想・害想を起さず」という法蔵菩薩の願心を習い学んだからである。この消息は智慧を獲得した者の生き方を示すものであるが、至心釈との対応関係によって読みこむこととしたい。

すなわち、少欲知足や和顔愛語、先意承問は、煩悩具足の凡夫の行として徹底することはできないが、法蔵菩薩の発願と菩薩行は、生死の衆生界においてなされたものであるから、これらは信心の智慧を獲得した者の意志にはたらきつづけ、自身の生きる指針として繰り返し省みることになると考えられる。[*67]

おわりに

親鸞は真仏真土を、現実の一切苦悩の衆生に活動しつづける光明であるとし、その光明を智慧であるといい、無礙と遍満によって規定している。微塵世界に活動する無礙の光明とは、一切衆生の心が阿弥陀仏の誓願を信楽するよう現れた「智慧のかたち」である。それはあらゆる虚妄の滅尽をもって、真実と顕すのである。

真実とは、阿弥陀仏自身そのものではなく、阿弥陀仏が一切衆生に回向する本願力によって成立する。衆生に回施される念仏と信心はいずれも智慧に基づいているが、その根柢には法蔵菩薩の発願と菩薩行が示されている。この法蔵菩薩が成就した至徳の尊号（南無阿弥陀仏の名号）とは、三昧常寂で智慧無礙の境地によるものであった。

したがって、阿弥陀仏の誓願が智慧であるから、無礙光如来の名を称えることによって衆生の無明は破せられ、衆生は報土往生の正因である信心の智慧を獲得することとなる。獲信とは、煩悩を断じえずに、涅槃を得る身になり得ているという事実であり、それは転成の意味が明確になることである。これによって衆生は智慧を習い学ぶこと、すなわち法蔵菩薩の願心を自身の生き方の指針に据えた歩みを進めることになると考える。

◉註

＊1　『真宗聖教全書』（以下、『真聖全』）二、一頁。
＊2　親鸞は、「いづれの行もおよびがたき身なれば、とても地獄は一定すみかぞかし」（『歎異抄』第二条、『真聖全』二、七七四頁）と告白している。
＊3　武田龍精「教行信証の哲学―親鸞の「組織真宗学」序説―」（『真宗学』第一〇五・一〇六合併号、二〇〇二年）参照。
＊4　『真聖全』二、一二〇頁。
＊5　『真聖全』二、一二〇～一二一頁。『無量寿経』（『浄土真宗聖典全書』（以下、『聖典全書』）一、三三～三四頁）。
＊6　『真聖全』二、一二四頁。『涅槃経』「四依品」（『大正新脩大蔵経』（以下、『大蔵経』）一二、四〇二頁上）。

＊7　『真聖全』二、一二七頁。『涅槃経』「徳王品」(『大蔵経』一二、五一四頁下～五一五頁上)。

＊8　『真聖全』二、一二頁。『十住毘婆沙論』「易行品」(『聖典全書』一、四一二頁)。西方の善世界の仏を無量明と号し、身光智慧明であると述べている。

＊9　『真聖全』二、一三五頁。『讃阿弥陀仏偈』(『聖典全書』一、五三五頁)。智慧の光明が不可量であるが故に、仏を無量光と号すと規定している。

＊10　『真聖全』二、一五頁、五〇頁。『往生論註』巻上(『聖典全書』一、四五三頁)、巻下(『聖典全書』一、四八九～四九〇頁)。『往生論註』には、「仏の光明はこれ智慧の相」であり、その光明は「十方世界を照らすに障礙あることなし、能く十方衆生の無明の黒闇を除く」と述べ、天親の『浄土論』「如彼名義欲如実修行相応」を「彼の無礙光如来の名号は、能く衆生の一切の無明を破し、能く衆生の一切の志願を満てたまふ。然るに称名《しょうみょう》憶念あれども、無明なほ存して所願満てざる」と註釈して、「称名破満」や「三不三信」の教説を成立させている。これら教説の根柢には、光明が智慧の相であると語られている。なお曇鸞は、「無礙光如来の名号が衆生の無明の闇を破し、志願を満足させる。しかし、無礙光如来の名を称《とな》え憶念しても、無明があって志願が満たされない者もいる」としているが、親鸞は「然るに称名憶念あれども、無明なほ存して所願を満てざるはいかん」と読み替えることで、「無礙光如来の名を称え憶念しても、無明はあり志願が満たされないのはどうしてか」という意となり、一切衆生に無明があることを示している。玉木興慈「『教行信証』行巻の行―称名破満釈を中心に」(『龍谷大学論集』第四七四・四七五号、二〇一〇年)参照。

＊11　『真聖全』二、五八五頁。

＊12　『一念多念文意』(『真聖全』二、六一六頁)。

＊13　『唯信鈔文意』(『真聖全』二、六四〇頁)。

＊14　『真聖全』二、六四七～六四八頁。

＊15　『真聖全』二、一一一～一一二頁。『往生論註』巻下(『聖典全書』一、五一五～五一六頁)。

＊16　武田龍精「親鸞浄土教における「真実」の概念」(『真宗学』第八八号、一九九三年)参照。

＊17　『真聖全』二、五頁。

＊18　『真聖全』二、四八頁。

＊19　『真聖全』二、一〇三頁。

＊20　『真聖全』二、五頁。
＊21　『真聖全』二、四八頁。
＊22　『真聖全』二、一〇三頁。
＊23　『真聖全』二、四二頁。
＊24　『真聖全』二、三九頁。
＊25　『真聖全』二、五二〇頁。
＊26　『真聖全』二、六二三頁。
＊27　『正像末和讃』悲嘆述懐讃（『真聖全』二、五二八頁）。
＊28　『真聖全』二、五〇六頁。
＊29　『真聖全』二、五〇六頁。
＊30　『真聖全』二、一頁。金子大栄「智慧の念仏」（『親鸞教学』第十九号、一九七一年）には、「智慧の念仏と呼ばれる所以は、特に転成の用あるからであろう」と指摘している。「転成」に関する論考は、石田充之「親鸞における転成の意味」（『印度学仏教学研究』第二〇巻第一号、一九七一年）、浅井成海「宗祖の転成思想について」（『真宗研究』第一六号、一九七一年）などがある。
＊31　『真聖全』二、五二〇頁。
＊32　『真聖全』二、六四〇頁。
＊33　『真聖全』二、六五一頁。
＊34　「信心と智慧」に関する論考には、信楽峻麿『親鸞における信の研究　上巻』（永田文昌堂、一九九〇年）二二八〜二九四頁、嬰木義彦「親鸞教学における信心と智慧の問題」（『真宗学』第五四号、一九七六年）、鷲原知康「親鸞教義に於ける信心と智慧に対する一試論」（『印度学仏教学研究』第二八巻第二号、一九八〇年）、同「親鸞教義に於ける信心の智慧（二）」（『印度学仏教学研究』第二九巻第一号、一九八〇年）、内藤知康「親鸞教義に於ける信心の智慧（三）」（『印度学仏教学研究』第三〇巻第二号、一九八二年）などがある。
＊35　『真聖全』二、六七八〜六七九頁。
＊36　『真聖全』二、五二〇頁。

＊37　『真聖全』二、五二〇頁。
＊38　『聖典全書』二、四八五頁中段（高田派専修寺蔵国宝本）。
＊39　『真聖全』二、六〇頁。『無量寿経』（『聖典全書』一、三一頁）。金子大栄『教行信証講読―信証巻』（春秋社、一九八一年）には、「特に注意せしめらるゝものは、経説が不生欲覚瞋覚害覚といふことから始まることである」（一七八頁）と述べていることに注目したい。
＊40　『真聖全』二、五九～六〇頁。
＊41　『大江淳誠和上宗学院講義録　教行信証講義録　上巻』（永田文昌堂、一九八四年）には、「三心即一の「安心論題」では至心を機相でいういい方もあるが、ここでは機相でいわない」（四八七頁）と述べている。また、岡亮二『教行信証』口述50講　第二巻　信の巻〈上〉』（教育新潮社、一九九七年）には、「「至心釈」は、阿弥陀仏と衆生の関係が述べられるのではなくて、あくまでも阿弥陀仏自身の、真実で清浄なる心が明かされているのだと解さねばなりません」（二五一頁）と講じている。
＊42　『真聖全』二、六二～六五頁。
＊43　『真聖全』二、六三頁。『華厳経』「入法界品」（『大正蔵』九・七八八頁上）に示されている普賢菩薩の偈の最後の一句が「聞此法歓喜、信心無疑者、速成無上道、与諸如来等」である。
＊44　『真聖全』二、七二頁。
＊45　『真聖全』二、六五～六六頁。
＊46　「不断煩悩得涅槃」に関する論考は、星野元豊「『不断煩悩得涅槃』の論理」（『龍谷大学論集』第四〇〇・四〇一合併号、一九七三年）、小野蓮明「不断煩悩得涅槃―親鸞における宗教的実存の生」（『大谷学報』第五五巻第一号、一九七五年）、臼井元成「仏智不思議の世界―不断煩悩得涅槃」（『大谷学報』第六一巻第一号、一九八一年）、曽我量深「不断煩悩得涅槃」（『親鸞教学』第四三号、一九八三年）、玉木興慈「煩悩成就と不断煩悩得涅槃」（『真宗学』第一二八号、二〇一三年）などがある。
＊47　『真聖全』二、六四六頁。
＊48　『高僧和讃』（『真聖全』二、五〇二頁、五〇五頁）。
＊49　『高僧和讃』（『真聖全』二、五一〇頁）、『末燈鈔』第二通（『真聖全』二、六五九頁）。
＊50　『教行信証』「信巻」『般舟讃』引用（『真聖全』二、五七頁）、『入出二門偈』（『真聖全』二、四八四頁）、『高僧和讃』（『真

聖全』二、五一〇頁)、『末燈鈔』第十三通(『真聖全』二、六七四頁)。
＊51 『一念多念文意』(『真聖全』二、六〇五頁)。
＊52 『真聖全』二、六〇一頁。
＊53 『真聖全』二、六一九頁。『往生礼讃』(『聖典全書』一、九一二頁)。
＊54 『真聖全』二、六〇八頁。
＊55 『真聖全』二、六一七頁。
＊56 『真聖全』二、六八頁。
＊57 『真聖全』二、六六二頁。『般舟讃』(『聖典全書』一、一〇〇七頁)の文を、『教行信証』「信巻」に引用している(『真聖全』二、七四頁)。
＊58 『真聖全』二、六六一〜六六二頁。
＊59 信楽峻麿「親鸞における『如来と等し』の思想」(『真宗学』第四一・四二合併号、一九七〇年)には、「この『華厳経』の文は、信楽釈における大信の利益について、それが必ず報土仏果の正因を円満することを証するための引文であって、それは直ちに信心の人を「如来と等し」と領解する根拠として引用されたものではない」と、『教行信証』信楽釈(『真聖全』二、六三頁)と『末燈鈔』とでは、引用意図に違いがあることを指摘している。
＊60 『真聖全』二、六三頁。『浄土和讃』には、「平等心をうるときを　一子地となづけたり　一子地は仏性なり　安養にいたりてさとるべし」(『真聖全』二、四九七頁)と示している。
＊61 『真聖全』二、六八三頁、六八八頁、六九一頁。
＊62 『真聖全』二、七九二〜七九三頁。
＊63 『真聖全』二、七三五頁。この文は『西方指南抄』上本「法然聖人御説法事」(『真聖全』四、七三〜七四頁)の中の光明功徳の釈を継承しながら、親鸞独自の理解を示したものであるという指摘がある(梅原真隆「親鸞聖人の徳号釈義」〈『顕真学報』第六号、一九三一年〉、嬰木義彦「親鸞教学における信心と智慧の問題」〈『真宗学』第五四号、一九七六年〉、武田晋「明信仏智と不了仏智—親鸞における「智慧」理解—」〈『日本仏教学会年報』第七三号、二〇〇七年〉など)。法然は、智慧光が無智の念仏者を摂取することを説いているが、親鸞は「智慧をならひまなびて」にその独自性を見ることができる。藤能成「親鸞における智慧—自力と他力—」(『印度学仏教学研究』第六三巻第一号、二〇一四年)参照。

＊64　『真聖全』二、六四五頁。

＊65　『真聖全』二、六九〇頁。霊山勝海『末燈鈔講讃』（永田文昌堂、二〇〇〇年）は、「煩悩の存在は認められつつ、恣意性が否定されなければならぬとすれば、いったいそこに何が考えられるであろうか。わたくしはそこに「自己を悲しむ心」を置きたいと思う」（三一三頁）と、悲歎を強調している。

＊66　『教行信証』「証巻」（『真聖全』二、一〇三頁）。

＊67　浅野教信「信心と疑惑と知恵」（『真宗学』第二九・第三〇号、一九六三年）には、「「信心の智慧」「智慧の念仏」とは往生成仏即ち転迷開悟の因の立場に於いて語るものであり、それは涅槃をさとる智慧であり、涅槃に通ずる智慧」としつつ、「しかもそれは信後に於ける現実生活を実際に指導し、方向づけるものとしての智慧ではないだろうか」と指摘している。本論では、この「現実生活を実際に指導し、方向づけるものとしての智慧」の根拠を至心釈や消息にあることを論じた。実際、そうあるよう行動しようとするが、常に葛藤や慚愧の念が生じてくることとなる。その連続ではないかと考える。

［第四章］

親鸞における「智慧」の構造の原点

世親・曇鸞の浄土教における「智慧」

田中無量

要旨

親鸞は、「信心の智慧」「智慧の信心」を語るだけでなく「阿弥陀如来」や「真仏土」を「智慧」であると説示し、「弥陀身土」と「智慧」を関連付けている。かかる構造の原点をたずねれば、世親と曇鸞の浄土教における「智慧」の了解、解釈に見いだすことができる。

仏教において、「般若」は悟りの真実を見抜く「智慧」であり、「方便」とは衆生を悟りに導くための方法・手段である。「般若」は名教（言説・観念）の外の領域にあり、「方便」は名教内の領域に位置づけられる。世親の「智慧」の場合、「般若」（名教外）と「方便」（名教内）の構造によって語られ、約理の二諦の立場に立つものである。それに対し、曇鸞の「智慧」の場合、名教内において「智慧」と「方便」が語られる構造となり、約教の二諦の立場である。

そして親鸞は、「いろもなし、かたちもましまさず」という「色・形」を超克した、名教外の「法身」（法性法身・かたちなき智慧）と、「色・形」で示される、名教内の「阿弥陀仏」（方便法身・智慧のかたち）の二種を示している。これは世親の約理の二諦の思想構造と共通する。さらに親鸞は、仏身仏土について「報身報土」（真仏土）と「応化身応化土」（方便化身土）を説示するが、その二種の関係は、名教内（智慧のかたち）であるから、曇鸞の「智慧」の論理にある約教の二諦の立場と共通している。

ゆえに親鸞の「智慧」の構造は、世親の約理の二諦と、曇鸞の約教の二諦の両者が相まって成立している。まさに親鸞浄土教は、一般仏教と異質のものではなく、大乗仏教のTheologyの一つといえる「智慧」の思想構造を、仏身仏土論のうえに還元して説示するものである。そして、世親・曇鸞から親鸞へと連なる、約理・約教の二諦説を基調とする「智慧」の構造と、それに基づく仏身仏土論の思潮に、「智慧のうしほ」をみることができよう。

▼▼▼キーワード▼ 智慧・仏身仏土・二諦・約理・約教

はじめに

親鸞は、自身の著作に数多くの「智慧」を語っている。『高僧和讃』「曇鸞讃」（第四二首）には、

尽十方無碍光の　大悲大願の海水に
　煩悩の衆流帰しぬれば　智慧のうしほに一味なり（『浄土真宗聖典（註釈版）』〔以下、『註釈版聖典』と称す〕五八五頁）

と著し、阿弥陀如来の大悲大願の海水において、煩悩の様々な流れは「智慧のうしほ」に一味であることを示している。また、親鸞は「信心の智慧」[*1]、「智慧の信心」[*2]とも明かし、信心の内実として「智慧」を語っている。かかる親鸞にいうところの「智慧」の構造を論考していく場合、親鸞が「阿弥陀如来」や「真仏土」を「智慧」と説示することに、着目することができよう。

すなわち、親鸞は、『唯信鈔文意』において、

阿弥陀仏は光明なり、光明は智慧のかたちなりと知るべし。（同前・七一〇頁）

と語り、阿弥陀仏は「光明」であり、「智慧のかたち」であると示している。また、主著となる『顕浄土真実教行証文類』（以下、『教行信証』と称す）「真仏土巻」において、

つつしんで真仏土を案ずれば、仏はすなはちこれ不可思議光如来なり、土はまたこれ無量光明土なり。

しかればすなはち大悲の誓願に酬報するがゆゑに、真の報仏土といふなり。（同前・三三七頁）

と示し、ここで「真の仏土」が「光明」（智慧）であることを明かしている。さらに、

真仏といふは、『大経』（上）には「無辺光仏・無碍光仏」とのたまへり、また「諸仏中の王なり、光明中の極尊なり」（大阿弥陀経・上）とのたまへり。以上『論』（浄土論）には「帰命尽十方無碍光如来」といへり。真仏土といふは、『大経』には「無量光明土」（平等覚経・二）とのたまへり、あるいは「諸智土」（如来会・下）とのたまへり。（同前・三七二頁）

とも述べ、「諸智土*3」の語をもって、真の仏土が「光明」であるだけでなく、「智慧」でもあることを説示する。また『一念多念文意』には、

方便と申すは、かたちをあらはし、御なをしめして、衆生にしらしめたまふを申すなり。すなはち阿弥陀仏なり。この如来は光明なり、光明は智慧なり、智慧はひかりのかたちなり、智慧またかたちなければ不可思議光仏と申すなり。（同前・六九一頁）

と明かしている。親鸞は、ここで「方便」とは、「かたち」を現して、御名を示し、衆生《しゅじょう》に知らせるものであり、これを、「阿弥陀仏」であるとする。そしてこの「如来」は、「光明」であり、「智慧」であり、「智慧」は「ひかりのかたち」であるとし、さらに、かかる「智慧」に「かたち」がなければ、「不可思議光仏」であるともする。このように、親鸞は「智慧」を「阿弥陀如来」や「真の仏土」として語り、「弥陀身土」と「智

慧」を関連付けていくのである。

この右に示した親鸞の「智慧」の構造の原点をたずねてみたい。そこで親鸞が自らの思想を展開していくなかで、特に重視した七人の高僧、インドの龍樹《りゅうじゅ》・世親《せしん》、中国の曇鸞・道綽《どうしゃく》・善導、日本の源信・法然（源空）の、いわゆる「真宗七祖」にその原点をみるならば、第二祖世親（五世紀）と第三祖曇鸞（四七六〜五四二）における浄土教の「智慧」の了解、解釈に注目することができよう。世親の浄土教の書物は、『無量寿経優婆提舎願生偈』（以下、『論』と称す）であり、曇鸞は、これに註釈を加え、『無量寿経優婆提舎願生偈註』（以下、『論註』と称す）を著している。世親は『論』に、曇鸞は『論註』に、「智慧」の思想を明かし、それに基づいて、自身の弥陀身土論を構築していく。ゆえに、かかる世親・曇鸞の「智慧」の思想は、親鸞が「智慧」を「弥陀身土」に関連づけていく一原点と考えられよう。本章では、世親・曇鸞と親鸞との「智慧」の構造についての思想的関連性を指摘することで、親鸞における「智慧」の構造の原点を明らかにしたい。そしてその論考を通してみえてくるShinshu Theology[*4]について考えてみたい。

一　世親『論』における「智慧」

仏教において、一般に、「般若」とは諸法の道理（真実）を見抜く「智慧」であり、「方便」とは衆生を真実に導くための方法・手段・教化のことをいう。親鸞は、『教行信証』「方便化身土巻」に、「真宗七祖」第一祖の龍樹（一五〇〜二五〇頃）の著作とされる『大智度論』を引用して、

> 義は語にあらざるなり。人指をもつて月を指ふ、もつてわれを示教す、指を看視して月を視ざるがごとし。（中略）語は義の指とす、語は義にあらざるなり。これをもつてのゆゑに、語に依るべからず。（『註

釈版聖典』四一四頁）

と示す。つまり、教法の本質的意味内容（真実）は、言説ではなく、それを超えたものである。仮に誰かが指（言説）をもって月（真実）を指して、我自身にそれを教える場合、指を見て月を見ないようなものである。言説（語）は、真実をさす指であり、言説自体が真実そのものではない。だからこそ、言説（語）に依るべきではないのである。親鸞は、このように『大智度論』から真実と方便の関係を語っているが、そもそも大乗仏教では、「不二」が説かれ、相対的に区別し、対立にとらわれる我々の分別を否定する。分別を否定するから、これを無分別智ともいい、この分別を超える智慧そのものは不二であり、空ともいえる。そして龍樹は、世間における言説そのものを否定するのではなく、むしろ世間の言説を真理に達するための手立てとして認めていく。なぜなら仏陀もこの世間の言説をもって教えを説かれたからである。しかし、我々の日常的な言葉や思考（分別・概念）が直ちに究極の真理を明らかにするのではない。究極の真理を悟るためには、言葉や思考は徹底的に否定し尽くさなければならない[*5]。つまり真実は、あくまで分別（言説・概念）を超えたものであり、言説そのものではない。したがって、真実を見抜く「般若」は、無分別智であり、真実に導く「方便」（言説・分別）を超えるものといえる。これを、「名教」（名称や教説）の内と外に分類すれば、「真実」（般若）は「名教外」に、「方便」は「名教内」に位置づけられる。

さて世親は、『論』において、「智慧」をいかに説示するであろうか。まず『論』「解義分・離菩提障」において、「智慧」・「慈悲」・「方便」について、

菩薩かくのごとくよく回向を知りて成就すれば、すなはちよく三種の菩提門相違の法を遠離す。なんらか三種。一には智慧門によりて自楽を求めず。我心の自身に貪着《とんじゃく》することを遠離するがゆゑなり。二に

は慈悲門によりて一切衆生の苦を抜く。衆生を安んずることなき心を遠離するがゆゑなり。三には方便門によりて一切衆生を憐愍する心なり。自身を供養し恭敬する心を遠離するがゆゑなり。これを三種の菩提門相違の法を遠離すと名づく。（『浄土真宗聖典七祖篇（註釈版）』〔以下、『註釈版七祖』と称す〕三九～四〇頁）

と語る。ここで、智慧門を「自楽を求めず」、「我心の自身に貪着することを遠離す」とし、慈悲門を「一切衆生の苦を抜く」、「衆生を安んずることなき心を遠離す」と示し、方便門を「一切衆生を憐愍する心なり」、「自身を供養し恭敬する心を遠離す」と述べている。ゆえに、『論』当面の「智慧」等の三種門は、内容的に全て一致しており、三種門は、一つの門に収まり、「智慧」・「慈悲」を、「方便」に収めて解釈することができる。そして世親は、『論』「解義分・名義摂対」に、

向に説く智慧と慈悲と方便との三種の門は般若を摂取し、般若は方便を摂取す、知るべし。（同前・四〇頁）

と示し、先の文と合わせれば、「智慧」等の三種門全てを収める「方便」（「智慧」等の三種門）が「般若」を摂取し、「般若」は「方便」（智慧等の三種門）を摂取することを明かす。つまり『論』は、「智慧」等の三種門を全て収める「方便」と「般若」が互いに相摂取し合う、「方便」（智慧等の三種門）と「般若」の相即関係を語っていると考えられる。[*6] 以上の構造を、(a)「真実」（言説・観念の超克となる名教外）と(b)「方便」（言説・観念の内となる名教内）の領域に分けて配当して図示すれば、次頁の図の通りである。

この図のように、『論』の場合、「智慧」は(a)「般若」にも(b)「方便」にも該当することになり、その意味で不明確な概念といえる。それに対し曇鸞は、自身の学系の立場から、「智慧」を「智」と「慧」に分釈し、「智慧の智」を「方便」に、「智慧の慧」を「般若」に配釈することで、「智慧」を明確な概念としていくの

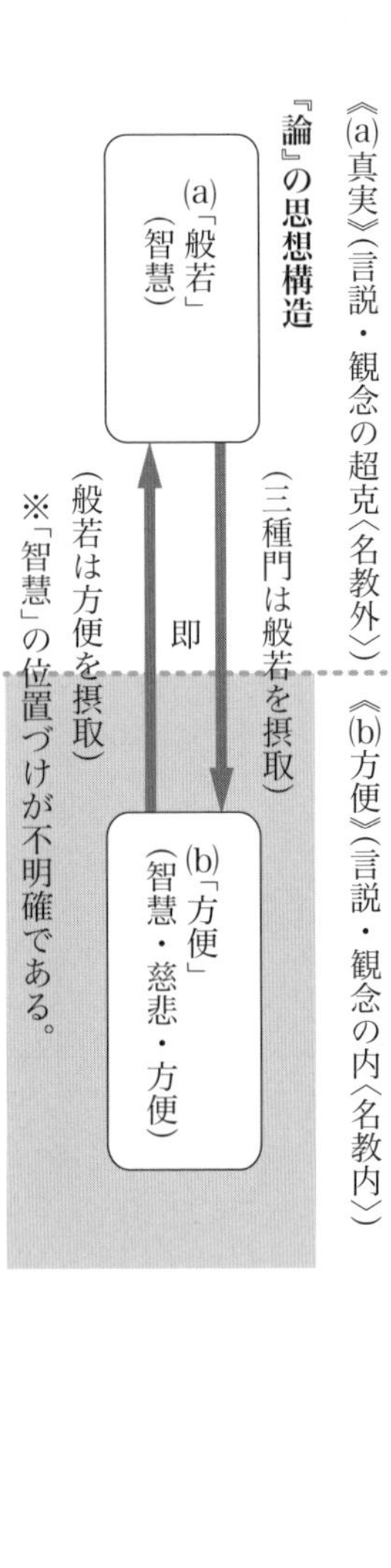

だが、まずはその背景を論じたい。

二　曇鸞の「智慧」の思想背景

曇鸞は、北朝の人であり、鳩摩羅什（三四四～四一三、一説に三五〇～四〇九）の門下で解空第一と呼ばれた僧肇（三八四、一説に三七四～四一四）の般若学の影響を受けながら、世親の『論』を註釈し、『論註』を著している。筆者は主に『論註』の思想構造を研究してきたが、*7 筆者の『論註』理解は、従来とは異なる視点を持つので、最初にそのことを明かしておきたい。従来の曇鸞研究は、龍樹の二諦（二種類の真理）を、原理的な側面によって明らかにした「約理の二諦」の立場に基づいて解釈している。二諦とは、世間慣行としての真理（世俗諦）と、最高真実としての真理（第一義諦・勝義諦）を説く。そして「約理の二諦」とは、インド中観派などにも見られるもので、「俗なる領域」（世俗諦・妄見・名教内）と「聖なる領域」（勝義諦・第一義諦・正見・名教外）を、明確に区別する二諦説のことである。*8 従来の曇鸞研究は、この約理の二諦説に立って行われてきた。約理の二諦の立場に立つ、従来の曇鸞解釈は、次の通りである。

《約理の二諦》		《従来の曇鸞解釈》			
(a)真諦・般若	↓	般若（智慧）法性法身	略	法	空
(b)俗諦・方便	↓	方便（慈悲）方便法身	広	名	有

しかし、曇鸞の思想的基盤は、以前にも論じているように、[*9]僧肇の「約教の二諦」であると考えられよう。この「約教の二諦」とは、龍樹の大乗空説から生まれるものである。分別を否定し、無分別智を説く龍樹は、羅什訳青目釈『中論』「観四諦品・第二十四」の第八偈に、

諸仏は二諦に依りて、衆生の為に法を説く。一には世俗諦を以てし、二には第一義諦なり。（『大正大蔵経』〔以下、大正と称す〕三〇・三二下）

と述べる。ここで龍樹は、諸仏が二諦に基づいて衆生のために法を説くこと、そしてその二諦とは、「世俗諦」と「第一義諦」であることを、明かしている。そして「第九偈」・「第十偈」に、

若し人、二諦を分別するを知ることを能はずんば、則ち深仏法に於いて真実義を知らず。（第九偈。同前・三二下）

若し俗諦に依らざれば、第一義を得ず。第一義を得ざれば、則ち涅槃を得ず。（第十偈。同前・三三上）

と説示する。ここにいう二諦は、「諸仏が二諦によって、衆生の為に法を説く」とあることから考えれば、

教説について二種の真理（諦）があるとするものである。これを「約教の二諦」ともいい、龍樹は、教説（名教内）における二諦とその言説（教説の二諦）を超える真実を明かすのである。[*10] いま示した「約教の二諦」と先に述べた「約理の二諦」は、大乗仏教の一つのTheology（教義の理論）といえる。そのうち僧肇は、龍樹の「約教の二諦」を次のように継承していく。まず僧肇は、『不真空論』において、

夫れ物を以て物を物とすれば、則ち物とする所而も物なるべし。物を物とするに物に非ざるを以て故に物とすと雖も而も物に非ず。是を以て物は名に即して真を履まず。然れば則ち真諦独り名教之外に静なり。（中略）摩訶衍論に「諸法は亦有相に非す、亦無相に非す」と云ひ、中論に「諸法は有ならず、無ならず」と云ふは、第一真諦なり。（大正四五・一五二上〜中）[*11]

と述べる。ここで僧肇は、「名教」（世俗・言説・概念）の外に独り静かにある、「名教」を超えた「真実」を(a)「第一真諦」（真諦）とし、存在（事物）の本質が、『中論』にいうところの「非有非無」であることを明かす。そして、この「第一真諦」について、

放光に云く、「第一真諦は成ずること無く、得すること無し。世俗諦の故に、便ち成ずること有り、得することと有り」と。夫れ有得は即ち是れ無得の偽号にして、無得は即ち是れ有得の真名なり。真名なるが故に、真なりと雖も而も有に非す、偽号なるが故に、偽なりと雖も而も無に非す。（中略）二言未だ始より一にあらず、二理未だ始より殊るにあらず。故に経に云く、「真諦と俗諦とは異なり有りと謂ふや。答へて曰く異り無きなり」と。（同前。傍線は引用者による）[*12]

と述べる。ここで僧肇は、傍線部にあるように、「名教」（言説・概念）の外にある〝無成無得〟の(a)「第一真諦」とは別に、〝有成有得〟の(b)「世俗諦」を表し、その(b)「世俗諦」（有成有得・名教）の内において(b)①「名教の真諦」（非有・無得・真諦）と(b)②「名教の俗諦」（非無・有得・俗諦）を示して、「異なり無き」相即の関係（不二不異）を語っていく。さらに、

直だ真諦を弁ずるには以て非有を明し、俗諦には以て非無を明す。豈に諦の二を以て物に二あらんや。然れば則ち萬物は果して其の有ならざる所以有り、其の無ならざる所以有るなり、其の有ならざる所以有るが故に有なりと雖も而も有に非す、其の無ならざる所以有るが故に無なりと雖も而も無に非す。（中略）然れば則ち有無称を異にするも、其の致一なり。（同前）*13

と説示する。ここに僧肇は、改めて(b)①「名教の真諦」＝「非有」、(b)②「名教の俗諦」＝「非無」を示し、その二諦は不一不異・相即の関係にあることを明かしている。要するに僧肇は、「名教」（世俗諦・方便）において「真諦」（非有）と「俗諦」（非無）の二諦を表し、さらに、それら名教内（方便）の真俗二諦の関係を相即であるとも示しながら、その両者を否定する非有非無の論理によって、言説を超克した名教外の(a)「真実」（第一真諦・無相真諦）を明かすのである。曇鸞の『論註』においても、この僧肇の「非有非無」の論理と同様の論理が語られており、*14 曇鸞は、僧肇思想を継承していくものであろう。つまり、後に詳論するが、僧肇から曇鸞への思想構造の展開は、

《僧肇の約教の二諦の説示》　　**《曇鸞の思想**（筆者の立場）**》**

(a)　第一真諦・真実　→　般若（慧）

(b)①名教（言教）の真諦　↓　智慧（「智」＝「方便」・「慧」＝「般若」）

(b)②名教（言教）の俗諦　↓　方便（智）

と三種に理解できるものであろう。しかし従来の『論註』解釈は、(a)「般若・真諦」と(b)「方便・俗諦」

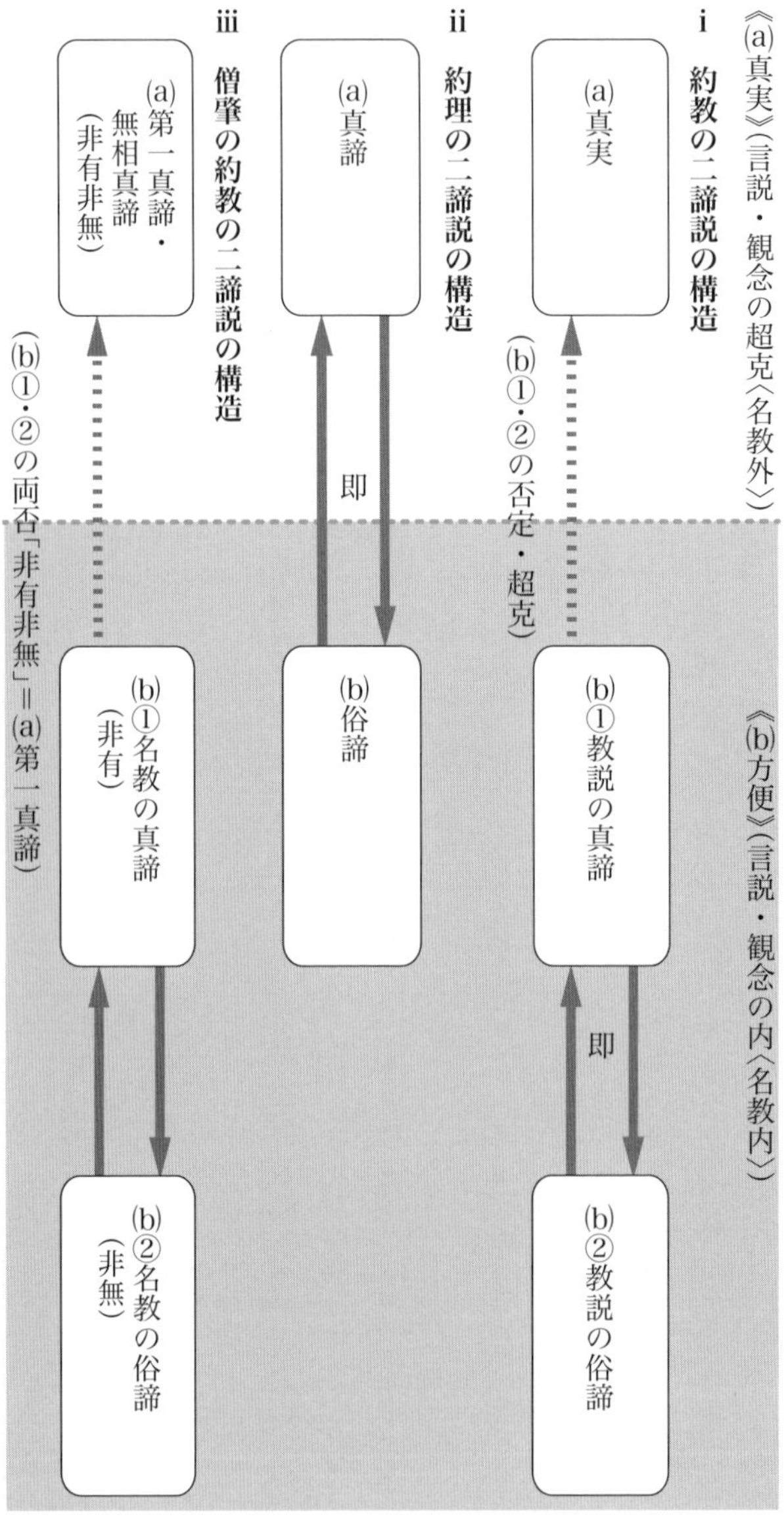

の二種の概念グループに配当するものであり、僧肇に説示される「約教の二諦」の立場とは異なるものである。すなわち、僧肇思想を踏まえ曇鸞の「智慧」の構造を考えるならば、(a)「真実」・(b)①「名教の真諦」・(b)②「名教の俗諦」の三種のグループに分類すべきであろう。そこで、以下の論考においては、各概念を(a)「真実」（言説・観念の超克〈名教外〉）・(b)「方便」（言説・観念の内〈名教内〉）だけでなく、(b)①「名教の真諦」・(b)②「名教の俗諦」の四種のグループに配当して論じていきたい。約教の二諦説（i）、約理の二諦説（ii）、僧肇の約教の二諦説（iii）を図示すれば、前頁の通りである。

三　僧肇思想の影響下にみる曇鸞の「智慧」の思想構造

曇鸞が「智慧」について明かす箇所は、『論註』「巻下・障菩提門」と「巻下・名義摂対」にある。まず曇鸞は、『論註』「巻下・障菩提門」に、『論』所説の「智慧」を次のように解釈している。

> 障菩提門とは、菩薩かくのごとくよく回向を知りて成就すれば、三種の菩提門相違の法を遠離す。なんらか三種。一には智慧門によりて自楽を求めず。我心の自身に貪着することを遠離するがゆゑなり。進むを知りて退くを守るを「智」といふ。空・無我を知るを「慧」といふ。智によるがゆゑに自楽を求めず。慧によるがゆゑに、我心の自身に貪着することを遠離す。二には慈悲門によりて一切衆生の苦を抜く。衆生を安んずることなき心を遠離するがゆゑなり。苦を抜くを「慈」といふ。楽を与ふるを「悲」といふ。（中略）三には方便門によりて一切衆生を憐愍する心なり。自身を供養し恭敬する心を遠離するがゆゑなり。正直を「方」といふ。外己を「便」といふ。正直によるがゆゑに一切衆生を憐愍する心を生ず。外己によるがゆゑに自身を供養し恭敬する心を遠離す。これを三種の菩提門相違の法を遠離すと

名づく。（『註釈版七祖』一四五～一四六頁。傍線は、「智」と「慧」の箇所。引用者による。）

ここで曇鸞は、「智慧」を「智」と「慧」に分釈し、「慧」について「空・無我を知るを慧といふ。」「慧によるがゆゑに、我心の自身に貪着することを遠離す。」と述べる。その他、「智」「慈・悲」「方・便」についても同様に一字ずつ解釈するが、曇鸞は、「慧」のみを(a)「般若」（空・無我を知る）の意味に解釈し、「慧」以外の「智・慈・悲・方・便」については、『論』当面と同様に、(b)「方便」の意味で明かしている。

次に、曇鸞は、『論註』「巻下・名義摂対」において、

名義摂対とは、向に説く智慧と慈悲と方便との三種の門は般若を摂取し、般若は方便を摂取す、知るべし。（同前・一四七頁）

と示し、「名義摂対」を主題に掲げつつ、『論』所説の「智慧・慈悲・方便」の三種門と「般若」の関係を再解釈していく。そして曇鸞は、改めて「智」と「慧」に分釈し、「障菩提門」と同様に、「智慧の智」を(b)「方便」に「智慧の慧」を(a)「般若」に配釈し、以下のように解釈していく。なお、内容上、「名義摂対」を前半と後半に分け、前半となる「智」と「慧」の分釈の箇所をIとし、後半となる「智慧」と「方便」の箇所をIIとする。

Iの箇所（「智慧」の説示、「智」と「慧」の分釈の箇所。傍線は引用者による。）

「般若」といふは、如に達する慧の名なり。「方便」といふは、権に通ずる智の称なり。如に達すればすなはち心行寂滅なり。権に通ずればすなはちつぶさに衆機を省みる。機を省みる智、つぶさに応じてし

かも無知なり。寂滅の慧、また無知にしてつぶさに省みる。

IIの箇所（「智慧」と「方便」の説示。傍線・波線は引用者による。）

しかればすなはち智慧と方便とあひ縁じて動じ、あひ縁じて静なり。動の静を失せざることは智慧の功なり。静の動を廃せざることは方便の力なり。このゆゑに智慧と慈悲と方便とは般若を摂取し、般若は方便を摂取す。「知るべし」といふは、いはく、智慧と方便とはこれ菩薩の父母なり。もし智慧と方便とによらずは、菩薩の法、すなはち成就せずと知るべしとなり。なにをもつてのゆゑに。もし智慧なくして衆生のためにする時は、すなはち顛倒に堕す。もし方便なくして法性を観ずる時は、すなはち実際を証す。このゆゑに「知るべし」といふ。（同前・一四七～一四八頁）

右のI・IIの箇所について、従来では、『論』当面と同様に考え、「智慧」等の三種門が「方便」に収まり、「方便」（三種門）と「般若」が互いに摂取し合うと理解する。この説を説く学者は、香月院深励、是山恵覺、福原亮厳の三師[*15]などを挙げることができる。三師の解釈に共通して見られる理解は、曇鸞の示す「智慧」が、「方便」（権智・俗智）と「般若」（根本智）のどちらに配当すべきかを考察し、「般若」に相待する場合の「智慧」の意味は(b)「方便」（後得智・権智）に、「方便」に相待する場合の「智慧」の意味は(a)「般若」（根本智・実智）に配当して理解する。例えば、「般若」に相対する〈「智慧」等の三種門〉は、『論註』「障菩提門」に、「智に由るが故に自楽を求めず、悲に由るが故に衆生の苦を抜く」とあることを根拠にして、「方」は智相に、「便」は悲相にあたるとして、悲智二門を合したところの(b)「方便門」であると考える。[*16] 次に「名義摂対」のIIの箇所の「智慧と方便あひ縁」ずるの場合の「智慧」は(a)「般若」と解釈し、「般若」と「方便」が互いに相摂する関係であると理解する。そして、『論註』の「智慧と慈悲と方便との三種の門は般若を摂取し、般若は方便を摂取す。」（波線部）の意味は、悲智二門を合した(b)「方便門」が(a)「般若」を摂取し、その(a)「般若」は(b)「方便」（三種門）を摂取する意であるとする。ゆえに、「智慧等の三種門」と「般若」の関係は、『論』の説示内容と同様のものであると解釈する。[*17] しかしかかる理解は、曇鸞の明かす「智慧」を、「方便」とする場合や、「般若」とする場合があり、一定していない。これは、『論』当面の場合と同様である。

このような『論』と『論註』を同様に理解する学説に対し、筆者は、『論』と『論註』では、異なる理解であると考える。まずⅠの箇所に、曇鸞は「智・慧」を、一貫して「智」と「慧」に分離し、「智慧の智」を「方便」、「智慧の慧」を「般若」に配釈している。これは、先の『論註』「障菩提門」と共通する。そしてこれを前提として、Ⅱの箇所において、「智（方便）・慧（般若）」と「方便」の関係を明かしたうえで、『論』所説の「智慧等の三種門は般若を摂取し、般若は方便を摂取」することを語る。したがって『論』の場合には、従来の学説の通り、「方便」に「智慧等の三種門」を摂《おさ》めて、その「方便」（三種門）と「般若」の相即を語ると考えられるが、『論註』の場合には、「智・慧」自体に、「慈悲・方便・般若」を全て包摂させている。ゆえに、「智慧等の三種門」は「智慧」（智＝方便、慧＝般若）に全て摂まるから「般若」を摂取し、「般若」は「智慧」に摂まるから「方便」を摂取するのである。すなわち曇鸞の場合、全てが「智慧」に収まる構造なのである。この構造の背景には、僧肇思想の影響が考えられることから、その影響下に基づき、「名義摂対」の構造を論考したい。

まず曇鸞は、Ⅰの箇所で「智慧の智」を「方便」と示しながらも、Ⅱの箇所に「智慧」（智＝方便・慧＝般若）と「方便」について明かしている。これにより、(a)「般若」を完全に包摂する(b)「方便」（言説・名称）を(b)①「智慧」（言の般若・如に達する慧の名）とし、(a)「般若」を包摂していない(b)「方便」（言説・名称）を、単に(b)②「方便」（言の方便・権に通ずる智の称）としている。これは、僧肇が、方便（言教・言説）の内に二諦を説示することを受けて、曇鸞も、(b)「方便」（言説・言教）における二諦（(b)①「智慧」と(b)②「方便」）を語っているのであろう。つまり、先の僧肇思想と対応させるならば、「般若」を摂取する「智慧」（言の般若）は、僧肇にいう(b)①「名教の真諦」に対応し、完全には「般若」を摂取していない、「方便」(言の方便)は、僧肇にいう(b)②「名教の俗諦」に対応するといえよう。まさに、僧肇の約教の二諦説を受けて、曇鸞が独自に(b)①「智慧」と(b)②「方便」の思想として受容したと考えられる。「名義摂対」の冒頭に、(a)「般若」を、「如に達する慧の名」として、「般若」の言説(名称)について語るのは、そのためであろう。寂静である(a)「般若」は、(b)①「智慧」に摂取され、言説となることによって、はじめて「動」となり、(b)「方便」(智)として展開することになるのである。さらにこの(b)①「智慧」と(b)②「方便」を菩薩の法であるとし、『論註』全体にわたってこの「智慧」と「方便」の論理に基づく浄土思想を構築していくのである。

　僧肇思想を介して、右のように理解することで、曇鸞の「智・慧」の解釈は一定する。つまり、曇鸞の場合、僧肇思想の影響により、(b)①「智慧」において、「慈悲・方便・般若」は全て収まる。そしてその(b)①「智慧」と(b)②「方便」を、菩薩の法と位置づけ、〝方便〟において二種を立て、(b)①「智慧」(「慈悲・方便・般若」を全て包摂)と(b)②「方便」(慈悲)の相即を語るものである。ゆえに、「智慧の智」を「方便」、「智慧の慧」を「般若」として一貫した説示であり、従来の学説のように、「智慧」を「方便」・「般若」のどちらか一方のみに配当すべきではないといえよう。

　この曇鸞の(b)①「智慧」と(b)②「方便」に対して、さらに「慈悲」の観点を加えるならば、(b)①「智慧」は「大悲」、(b)②「方便」は「小悲・中悲」を意味するであろう。曇鸞は、『論註』「巻上・総説分・観察門」に、

　大慈悲はこれ仏道の正因なるがゆゑに「正道大慈悲」といへり。慈悲に三縁あり。一には衆生縁、これ小悲なり。二には法縁、これ中悲なり。三には無縁、これ大悲なり。大悲はすなはち出世の善なり。(同前・六一～六二頁)

と述べて、「大慈悲」(大悲)は仏道の正因であること、「慈悲」には「衆生縁」(小悲)・「法縁」(中悲)・「無縁」(大悲)の三縁があることを述べている。この「大悲」は、出世の善であるから、(a)「般若」(慧)を摂取する(b)①「智慧」に、「小悲・中悲」は、未出世の慈悲であるから、いまだ(a)「般若」(慧)を包摂していない(b)②「方便」(智)に該当すると考えられる。

この曇鸞の「智慧」に類する言説としては、「第一義諦」の語がある。曇鸞は、『論註』「巻下・観察体相」に、

「第一義諦」とは仏(阿弥陀仏)の因縁法なり。この「諦」はこれ境の義なり。このゆゑに荘厳等の十六句を称して「妙境界相」となす。(同前・一二三頁)

と明かしている。「第一義諦」を「仏因縁法」、「諦」を「境義」であるとすることで、「第一義諦」そのものに、「諦」という「境」(有相・対照)の義を語るのである。*18 まさに、約教の二諦が示されているといえよう。しかもその構造は、阿弥陀仏の浄土荘厳の構造と関連付けて語られているのである。以上、『論』の構造(i)、従来の理解による『論註』の構造(ii)、僧肇思想の影響下で考察した場合の『論註』の構造(iii)を図示すると、次頁図の通りとなる。

この図に示したように、『論』では、「智慧」の位置は、(a)「般若」の場合や(b)「方便」の場合があり、必ずしも一定していない。それに対し、『論註』では、「智」=(b)「方便」、「慧」=(a)「般若」として一定している。かかる解釈は『論』の了解となる(a)「般若」(真諦)と(b)「方便」(俗諦)の〝約理〟の二諦の相即を、僧肇思想に基づき、(b)①「智慧」(名教の真諦)と(b)②「方便」(名教の俗諦)の〝約教〟の二諦相即として再

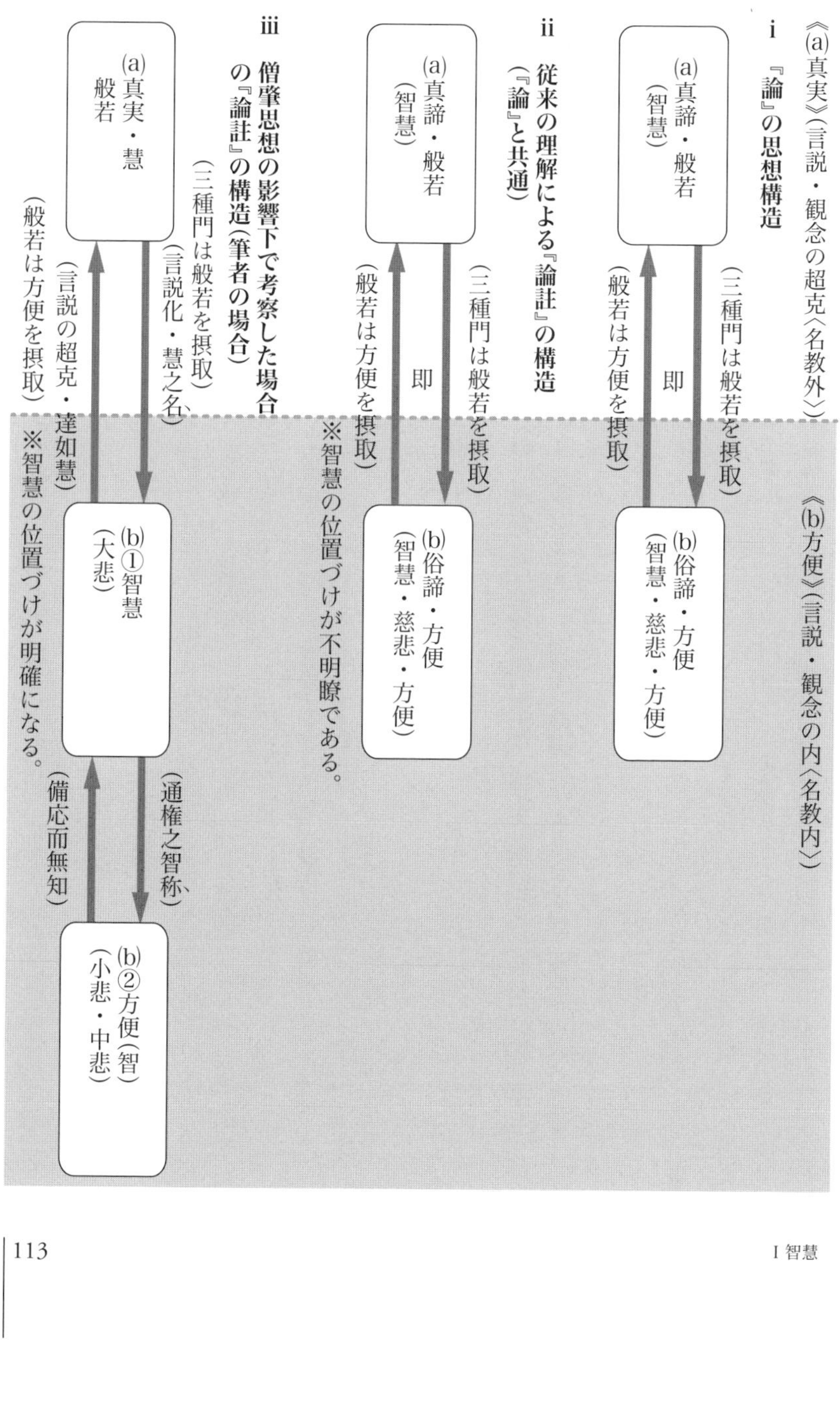
《(a)真実》(言説・観念の超克〈名教外〉)
《(b)方便》(言説・観念の内〈名教内〉)
i 『論』の思想構造
(a)真諦・般若
(智慧)
(三種門は般若を摂取)
即
(般若は方便を摂取)
(b)俗諦・方便
(智慧・慈悲・方便)
ii 従来の理解による『論註』の構造
(『論』と共通)
(a)真諦・般若
(智慧)
(三種門は般若を摂取)
即
(般若は方便を摂取)
(b)俗諦・方便
(智慧・慈悲・方便)
※智慧の位置づけが不明瞭である。
iii 僧肇思想の影響下で考察した場合の『論註』の構造(筆者の場合)
(a)真実・慧
般若
(三種門は般若を摂取)
(言説化・慧之名)
(言説の超克・達如慧)
(般若は方便を摂取)
(b)①智慧
(大悲)
(通権之智称)
(備応而無知)
(b)②方便(智)
(小悲・中悲)
※智慧の位置づけが明確になる。

解釈していくことによるといえよう。つまり曇鸞は、僧肇にみられる約教の二諦を受容していくのであり、ここに、僧肇思想の約教の二諦から、曇鸞の「智慧」の思想への展開をみることができる。そして世親は〝約理の二諦〟の「智慧」の構造を、曇鸞は〝約教の二諦〟の「智慧」の構造を、それぞれ基調として自らの浄土思想を構築したのである。世親と曇鸞において「智慧」の了解、解釈自体は異なるものであるにせよ、「智慧」の思想自体が、自身の浄土教の基調となる点では共通している。したがってかかる浄土教は、大乗空説の「約理」―真理についていう―と「約教」―教説についていう―の二諦を基調とする「智慧」の構造に基づくものであるから、一般仏教と異質のものではなく、大乗仏教の Theology を基底とする浄土思想であるといえる。そして世親・曇鸞と親鸞との思想的関連性を指摘するとき、一般仏教と異質のものではない、「Shinshu Theology」とその思潮を明かしていくことができよう。

四　親鸞の「智慧」の構造とその原点

先に論じたように、世親は約理の二諦の立場から、曇鸞は約教の二諦の立場から、「智慧」を理解し、その論理に基づき、浄土思想を構築している。このような「智慧」の論理から浄土思想が構築される立場は、親鸞にも継承されていくと考えられよう。

まず親鸞は、冒頭にも引用した『一念多念文意』に、

一実真如と申すは無上大涅槃なり。(中略)この一如宝海よりかたちをあらはして、法蔵菩薩となのりたまひて、無碍のちかひをおこしたまふをたねとして、阿弥陀仏となりたまふがゆゑに、報身如来と申すなり。(中略)この如来を、南無不可思議光仏とも申すなり。この如来を方便法身とは申すなり。方便と

申すは、かたちをあらはし、御なをしめして、衆生にしらしめたまふを申すなり。すなはち阿弥陀仏なり。この如来は光明なり、光明は智慧なり、智慧はひかりのかたちなり、智慧またかたちなければ不可思議光仏と申すなり。（『註釈版聖典』六九〇～六九一頁）

と語る。ここで親鸞は、「一実真如」（「無上大涅槃」）なる「一如宝海」より「かたち」を現し、法蔵菩薩となのり、無碍の誓いをおこし、阿弥陀仏と成るから、「報身如来」といい、この「如来」を「南無不可思議光仏」とも「方便法身」とも明かしている。さらにこの「方便」とは、「かたち」を現し、「御名」を示して、衆生に知らせるものであり、それが「阿弥陀仏」であると示す。この「如来」（阿弥陀仏）は「光明」であり、「智慧」であり、「智慧」は「光のかたち」であるとし、さらに、「智慧」に「かたち」なければ、「不可思議光仏」というと明かす。また、『唯信鈔文意』には、

法性すなはち法身なり。法身はいろもなし、かたちもましまさず。しかれば、こころもおよばれず、ことばもたえたり。この一如よりかたちをあらはして、方便法身と申す御すがたをしめして、法蔵比丘となのりたまひて、不可思議の大誓願をおこしてあらはれたまふ御かたちをば、世親菩薩（天親）は「尽十方無碍光如来」となづけたてまつりたまへり。この如来を報身と申す、（中略）報身より応・化等の無量無数の身をあらはして、微塵世界に無碍の智慧光を放たしめたまふゆゑに尽十方無碍光仏と申すひかりにて、かたちもましまさず、いろもましまさず。（中略）しかれば阿弥陀仏は光明なり、光明は智慧のかたちなりとしるべし。（同前・七〇九～七一〇頁）

と語り、「いろもなし、かたちもましまさず」という「色・形・心・言説」を超克した、名教外の(a)「法身」

（一如・法性法身・かたちなき智慧）と、「かたち」を現す「色・形・言説」で示される、名教内の(b)「阿弥陀仏」（如来・方便法身・方便・智慧のかたち）の二種を説示していく。これはまさしく、世親『論』の約理の二諦の思想構造と共通する。すなわち、(a)「かたちなき智慧」（般若・法性法身）と(b)「智慧のかたち」（方便・方便法身）に配当しているのである。さらに、

無上仏と申すは、かたちもなくまします。かたちもましまさぬゆゑに、自然とは申すなり。かたちましますとしめすときは、無上涅槃とは申さず。かたちもましまさぬやうをしらせんとて、はじめに弥陀仏とぞききならひて候ふ。弥陀仏は自然のやうをしらせん料なり。（『正像末和讃』自然法爾章、同前・六二一頁）

とも示し、(a)「自然のやう」（真実・無上仏・無上涅槃・かたちもましまさぬ＝法性法身）を知らせるための(b)「阿弥陀仏」（かたちましますﾞ＝方便法身）であることを明かしている。

しかし、親鸞における立場は、『論』の立場となる約理の二諦のみではない。親鸞は、仏身仏土について、「報身・報土」（真仏土）と「応身・応土」「化身・化土」（方便化身土）を説示している。この「報身報土」と「応化身・応化土」の関係は、曇鸞の約教の二諦の立場を継承すると考えられよう。すなわち親鸞は、『教行信証』「証巻」に、

寂滅はすなはちこれ無上涅槃なり。無上涅槃はすなはちこれ無為法身なり。無為法身はすなはちこれ実相なり。実相はすなはちこれ法性なり。法性はすなはちこれ真如なり。真如はすなはちこれ一如なり。しかれば弥陀如来は如より来生《らいしょう》して、報・応・化、種々の身を示し現じたまふなり。（同前・三〇七頁）

と語り、(a)「如」（寂滅・無上涅槃・無為法身・実相・法性・真如）より来生して(b)「報・応・化」種々の身を現わすことを説示する。すでに挙げた『唯信鈔文意』には、「報身より応・化等の無量無数の身をあらはす」ともあり、(a)「一如」（法性）より来生する(b)「かたち」（如来・方便）において、(b)①「報身報土」と(b)②「応化身・応化土」が語られていると考えられよう。さらに親鸞は、『教行信証』「真仏土巻」において、

すでにもつて真仮みなこれ大悲の願海に酬報《しゅうほう》せり。ゆゑに知んぬ、報仏土なりといふことを。まことに仮の仏土の業因千差なれば、土もまた千差なるべし。これを方便化身・化土と名づく。真仮を知らざるによりて、如来広大の恩徳を迷失す。これによりて、いま真仏・真土を顕す。これすなはち真宗の正意なり。（同前・三七二頁）

と示していく。ここで親鸞は「大悲」の願海に酬報する「真仮」の仏身仏土を説示し、「真仮」の不知は、「如来」の広大な恩徳を迷失するものであると述べる。そしてその「報身報土」について、

つつしんで真仏土を案ずれば、仏はすなはちこれ不可思議光如来なり、土はまたこれ無量光明土なり。しかればすなはち大悲の誓願に酬報するがゆゑに、真の報仏土といふなり。（同前・三三七頁）

と明かし、ここで「真仏土」は、「光」であることを語る。さらに、この「報」について、

それ報を案ずれば、如来の願海によりて果成の土を酬報せり。ゆゑに報といふなり。しかるに願海について真あり仮あり。ここをもつてまた仏土について真あり仮あり。選択本願の正因によりて、真仏土を

親鸞の「智慧」の構造とその原点（世親・曇鸞の立場）

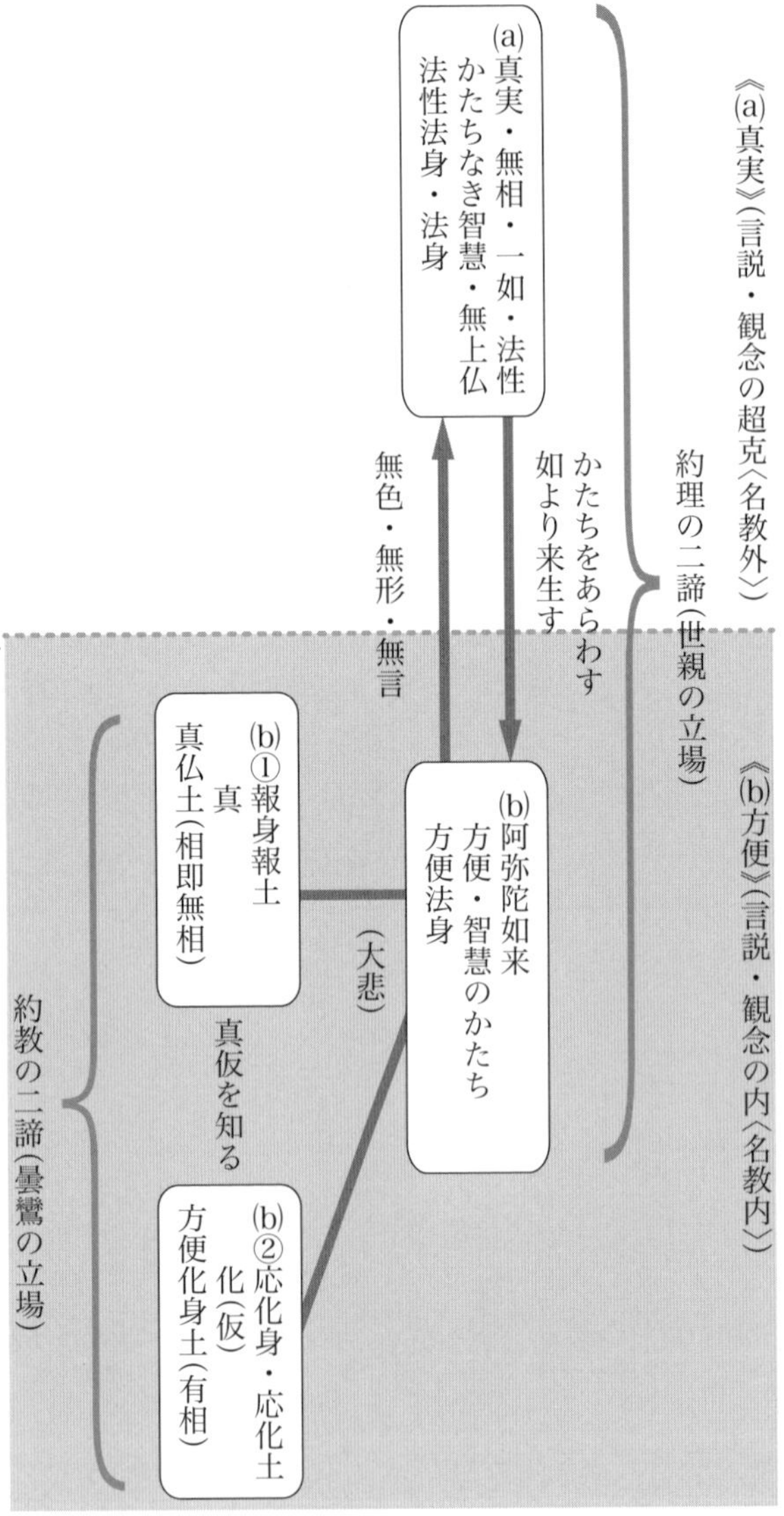

成就せり。真仏といふは、『大経』（上）には「無辺光仏・無碍光仏」とのたまへり、また「諸仏中の王なり、光明中の極尊なり」（大阿弥陀経・上）とのたまへり。以上『論』（浄土論）には「帰命尽十方無碍光如来」といへり。真土といふは、『大経』には「無量光明土」（平等覚経・二）とのたまへり、あるいは「諸智土」（如来会・下）とのたまへり。以上『論』（浄土論）には「究竟《くきょう》して虚空のごとし、広大にして

辺際なし」といふなり。往生といふは、『大経』(上)には「皆受自然虚無之身無極之体」とのたまへり。(同前・三七一頁。傍線は引用者による)

とも示している。この傍線部にあるように、親鸞は、「報土」について、「光明土」であり、「諸智土」であり、「虚空のごとく」であり、「虚無の身」と「無極の体」を受けるとして、「無相」の(b)「かたち」(如来・方便・大悲)の仏身仏土を語っていく。つまり「報身報土」を、(b)①「相即無相」の仏身仏土として明かしている。さらに「方便化身・化土」については、『教行信証』「方便化身土巻」に、

つつしんで化身土を顕さば、仏は『無量寿仏観経』の説のごとし、真身観の仏これなり。土は『観経』の浄土これなり。(同前・三七五頁)

と述べ、ここに親鸞は、「有相」ともいえる(b)「かたち」(如来・方便)の浄土を明らかにする。したがって、(b)「方便」(かたち・如来)のうちに、(b)①「報身報土」(相即無相)と(b)②「応化身・応化土」(有相)の二種の仏身仏土が説示されていると考えられよう。このように理解するならば、この(b)①「報身報土」と(b)②「応化身・応化土」の関係は、曇鸞の「智慧」の論理にみられる約教の二諦の立場と共通するものである。この親鸞の「智慧」の構造とその原点(世親・曇鸞の立場)との関係を図示すると、前頁図の通りである。

おわりに

親鸞は「信心の智慧」「智慧の信心」を語り、信心の内実として「智慧」を明かし、その「智慧」の構造を、

自身の弥陀身土論に関連付けて説示していく。いうまでもなく、親鸞の「智慧」の構造と浄土思想の形成には、当時の浄土教の思想や、天台・華厳などの思想的影響も考えねばならない。しかしいま、親鸞の「智慧」の構造に基づく浄土思想の構築の原点を、「真宗七祖」に求めるならば、世親と曇鸞の「智慧」に行き着くと考えられる。なぜなら世親・曇鸞・親鸞は、ともに「智慧」の構造を持ち、それに基づいて自らの浄土思想を構築していくからである。そして、この親鸞の「智慧」の構造とそれに基づく弥陀身土論は、世親の「智慧」の立場となる約理の二諦と、曇鸞の「智慧」の立場となる約教の二諦の両者が相まって成立しているといえよう。ゆえにこの親鸞思想は、大乗空説における、約理の二諦（世親の立場）と約教の二諦（曇鸞の立場）に基づく論理であり、まさに親鸞浄土教は、一般仏教と異質のものではなく、大乗仏教の'Theology'の一つといえる「智慧」の思想構造を、仏身仏土論のうえに還元して説示していくものである。したがって、親鸞の「智慧」の構造とそれに基づく仏身仏土論は、世親・曇鸞が明かした、大乗空説の'Theology'による浄土教を継承し、発展していくものであるから、まさに、「Shinshu Theology」の一つといえる。そして世親・曇鸞から親鸞へと連なる、約理・約教の二諦説を基調とする「智慧」の構造と、それに基づく仏身仏土論の思潮に、「智慧のうしほ」をみることができよう。

◉註

＊1　「信心の智慧にいりてこそ　仏恩報ずる身とはなれ」、「信心の智慧なかりせば　いかでか涅槃をさとらまし」（『正像末和讃』「三時讃」、『註釈版聖典』六〇六頁）

＊2　「無上智慧の信心をきゝて、一念もうたがふこゝろなければ真実信心といふ。」（『唯信鈔文意』専修寺蔵本、『浄土真宗聖典全書（二）宗祖篇・上』六九〇頁・下段）

＊3　『無量寿如来会』では、「諸智士」とある。（『浄土真宗聖典全書（一）三経七祖篇』一・三三七頁）

＊4　ここにいう「Shinshu Theology」（真宗テオロジー）とは、本書のケネス・タナカが示すもののうち、特に、「真宗」に対する西洋での誤解、すなわち正統な仏教に属さない、異質で異端であるなどの評価の是正という視座に基づくものである。

＊5　瓜生津隆真『龍樹―空の論理と菩薩の道―』（大法輪閣、二〇〇四年、一七、一三三頁）

＊6　ただし『論』では「かくのごとく菩薩は智慧心・方便心・無障心・勝真心をもつてよく清浄の仏国土に生ず、知るべし。（『註釈版七祖』四一頁）とも示している。ここで「智慧心」を、「方便心」であると理解すると、「方便心」が二度続くことになるため、かかる箇所での「智慧心」を「方便心」と捉えることはできない。つまり、ここでの「智慧心」は「般若心」である。したがって「智慧」を「般若」とも理解するものであり、『論』の「智慧」の内容は、「般若」とも「方便」ともいえる不明確な概念といえよう。

＊7　拙稿「『往生論註』所説の平等法身と未証浄心の二菩薩の関係―曇鸞の「名義摂対」の論理からの考察―」（『真宗研究』五八、二〇一四年）等。また、拙稿「北朝仏教における『往生論註』の思想構造の研究」（学位請求論文、二〇一四年、「龍谷大学学術機関リポジトリ」 http://repo.lib.ryukoku.ac.jp/jspui/handle/10519/5666）を参照のこと。

＊8　ここでの龍樹の空思想は、『仏教思想7　空（下）』瓜生津隆真「第五章　中観派における空」、『講座大乗仏教7　中観思想』瓜生津隆真「Ⅱ　中観派の形成」（春秋社、一九八二年、八五―一一五頁）、瓜生津隆真『龍樹　空の論理と菩薩の道』（二五六頁）による。

＊9　前註7参照。

＊10　平井俊榮『中国般若思想史―吉蔵と三論学派―』（春秋社、一九七六年、七頁）、瓜生津隆真『ナーガールジュナ研究』（春秋社、一九八五年、一一六頁）など。

＊11　いったい物は（それ自体で成立せず、他の）物に対して（相対的に）物となるのであるから、（物は他の物から）物とされて（はじめて）物だといえる。（ところで）「物を物とする所以は物ではない」のであるから、（物は非物を待ってはじめて成立する理で）物とはいっても（それ自身だけでは）物（として存在するもの）ではない。だから物は名（概念）の通りにその実（内容・真実）と合致するものではなく、名（概念）のあるがままの真相に副うものではない。そうだとすると、真諦は名教の外に独り静かにある。（中略）『摩訶衍論』に「諸法は有相でもなく、無相でもない」と言い、『中論』に「諸法は有でもなく無でもない」とあるのは、第一真諦のことである。（『肇論研究』法藏館、一九五五年、一六～一七頁）

＊12　『放光（般若経）』に、「第一真諦としては、（何事を）成ずることも（何物を）得ることもない。世俗諦であるから、有成であり有得である」といっている。その有得ということはそれが無得の偽号（仮の名）であり、無得ということはそれが有得の真名（まことの名）である。（無得が）真名であるから、真ではあっても有ではなく、（有得が）偽号であるから、偽ではあっても無ではない。だから真とはいっても決して有るわけではなく、偽とはいっても決してないわけではない。二つのことばははじめから同じではないが、二つの理はもともと異なったものではない。だから『（大品般若）経』に、「真諦と俗諦とで、（理の上に）相異があるといえようか。答えて曰く、相異はない」といっている。（『肇論研究』一八頁）

＊13　真諦によって（物が）有ではないことが明らかであり、俗諦によって（物が）無ではないことは明らかであるが、決して諦が（真俗の）二つだからといって物に二種があるわけではない。してみると万物にはやはりそれが有ではない所以があり、（また）それが無ではない所以がある。それが有ではない所以があるから、有とはいっても有ではなく、それが無ではない所以があるから、無とはいっても無ではない。無とはいっても無ではないから、（その）無とは虚無ではなく、有とはいっても有ではないから、（その）有とは真（絶対）の有ではない。このように有はそのまま真（有）であるのではなく、無は虚無なのではない。それならば有と無とは（その）称は異なっているが、その帰する所は一つである。（『肇論研究』一八―一九頁）

＊14　曇鸞は「一法句」（『註釈版七祖』一四〇頁）について、僧肇思想の影響とみられる「非即非非」の論理を示し、ここに「一法句」の本質が、僧肇の〝第一真諦〟（非有非無）と同概念であることを明かしている。

＊15　香月院深励『浄土論註講義』（法藏館、一九七三年、六五七―六六三頁）、是山惠覺『往生論註講義』（仏典通俗講義発行所、一九一九年、四六八―四七四頁）、福原亮厳『往生論註の研究』（永田文昌堂、一九七八年、三六九―三七六頁）

＊16　是山惠覺は、「前の第一門は智慧で、第二門は慈悲、智に由るが故に自楽を求めず、悲に由るが故に衆生の苦を抜く、悲智双運して益物自在なるを、今の方便となす、次に方便の二字を分けて智悲に配釈するもの正に斯意を示すなり。」と示して、以下に「方」＝「智相」、「便」＝「悲相」であることを指摘している（是山『往生論註講義』四六三―四六四頁）。また深励、福原にも同様の指摘が見られる（深励『浄土論註講義』六五三頁、福原『往生論註の研究』三六四―三六六頁）。

＊17　深励は、「今の論文に「向説智慧慈悲方便三種門摂取般若」と云ふは、離菩提障に説く所の智慧慈悲方便の三門に収めるとの給ふは離菩提障に明かす智慧門は、智慧とは云へども般若の智慧とは違ふ世俗諦の智慧なり。…（中略）…こ

れ衆生済度の後得智の智慧なり」と述べ、「「智慧方便」とはここでは般若の事を智慧と云ふ。…（中略）…上の離菩提障の智慧門は後得智の事を智慧と云ふ。」（深励『浄土論註講義』六五九頁、六六一頁）とも示している。また、是山恵覺・福原亮厳の二師の論考においても基本的には同じ理解が見受けられる。さらに後の学者の多くも、『論註』「障菩提門」では「智慧」は「後得智」（方便）であるとし、「名義摂対」の「智慧方便相縁」の「智慧」は「般若」であると理解している。この「智慧」を「方便」、または「般若」の一方のみに配当して解釈していく理解は、深励の学説を踏襲していったものであろう。

＊18　かかる箇所について、曇鸞の「第一義諦」を二諦相即と見る見方は、深励より、すでに指摘されている。（香月院深励、前掲書、五三九頁。）しかし、僧肇思想の影響下で、曇鸞思想を考察するならば、この曇鸞の「第一義諦」は、二諦相即を意味すると考えるよりも、むしろ、名教における「第一義諦」を意味すると考えられる。

[第五章]

親鸞における信心の智慧の側面

体験的視点

ケネス・タナカ

要旨

「他力本願」という言葉が一般社会で誤解されているが、親鸞の教えを代表する「信心」も正しく理解されていない。何故なら、信心の体得者にとって、信心とは認知的な自覚を完全に欠き、ただ単に迎心的に阿弥陀様にしがみつくような心情として、理解されがちだからである。しかし、実は、信心とは認知的な自覚を含む体験であり、またそれには、委託、歓喜、無疑、智慧という多様な側面がある。本論文では、その中の「智慧」の側面に焦点を当て、その本性をより明らかにすることを目指す。

伝統宗学では、親鸞の「信心の智慧」という用語が示すように、信心が阿弥陀の智慧であり、それを我々が「授かる」ということは強調する。しかし、この「信心を授かる」ということが、体得者にとってどのように自覚されるのかという問いについては、ほとんど語られないと言える。従って、本論文では、この信心の智慧の側面を、Shinshu Theology の要素の一つである体験的視点より検討することにする。

そして、この信心の智慧の側面をより深く明らかにすることにより、国内外において「信じる宗教」として映っている従来の親鸞のイメージを、変えることに貢献できるであろう。すなわち、大乗仏教の流れをくむ親鸞の教えは「目覚める宗教」でもあることを、本論により確認する。またこれにより、信心の英訳として現在最も多く採用されている、「委託」や「任せる」の意味が強い entrusting の代わりに、「智慧」の意味も含む realization（気づき）や、awareness（自覚、意識）、または awakening（目覚め）などの英訳語を採用すべきであると筆者は提案する。

▼▼▼ キーワード ▼ 信心、智慧、体験的叙述、信じる宗教、目覚める宗教

はじめに

伝統宗学では「信心」は、求道者が阿弥陀仏からひたすら授かるものであると強調するが、この求道者が「信心を授かる」という体験に関しての、詳細な説明は、伝統宗学ではほとんどされない。つまり人間側がどのように、「信心」という宗教体験を通して、本願を自覚するかという説明が非常に弱いと感じている。何故なら、求道者がどのようなことを、どのように自覚するのかについて明らかにされていないばかりか、「信心」に関する議論では「自覚」という用語すらほとんど登場しないからである。これも、一般社会において「他力本願」という意味が、誤解されている理由の一つであろう。

伝統宗学的に言えば、阿弥陀や本願が中心となる「伝統・法相」の視点からの「信心」の説明は極めて詳しいが、求道者の体験としての「己証・機相」の視点からの「信心」の説明は非常に乏しいと考える。つまり、伝統・法相を「客観」、そして己証・機相を「主観」と見れば、「主観」の面がかなり欠如していると言えるのである。しかし、親鸞の著作の『教行信証』等で見いだせる、信心の用例を詳しく従来の枠にとらわれずに検討してみると、実は、信心には種々な自覚が伴うことが明らかなのである。そして、その中でもとりわけ、智慧的な側面を伴う用例が目立つのである。

序論で筆者が述べたように、特に西洋では、親鸞の教えが「信じる宗教」として映っており、その信が「仰信的」であるという印象がとても強い。この場合、「仰信的」(devotional) とは、求道者が阿弥陀如来にひたすら「委託」するのみで、智慧という自覚の側面が完全に放棄されていることを指すのである。

もちろんそうは言っても、求道者が阿弥陀仏に委ねるという側面を筆者が認めないということではない。何故なら、「委託」という営為は、信心という体験の一面でもあるからである。

ここで筆者が問題にしていることは、「委託」の側面が強調され過ぎて「委託」が、あたかも信心の中心的、または唯一の側面として説明されていることである。例えば、序論でも述べたが、特に西洋では、親鸞の教えが「信じる宗教」として映っており、その信が「仰信的」であるという印象がとても強い。この場合の、「仰信的」はdevotionalと英訳されるが、devotionalとは、求道者が阿弥陀如来にひたすら「委託」するのみで、智慧という自覚の側面が完全に放棄されていることを意味するのである。

また英語圏では、「信心」の英訳に「委託、依頼、任せること」の意味を持つentrustingが最も多く採用されている。このことからも、いかに「信心」の理解に「委託」の意味を前面に強く出した、捉え方がされているかがうかがえるのである。つまり、「委託」の意味を強く含むentrustingが「信心」の英訳として採用されているために、西洋においても「信心」が一層「仰信的」なイメージを強める要因になっていると筆者は考え、この英訳には問題があると懸念するのである。

さて、信心体験には大きく分けて、1.委託、2.歓喜、3.無疑、および4.智慧という四つの側面があると筆者は考えている。この四つの側面の中で、委託、歓喜、無疑の三点は、伝統真宗学において認められ数多く言及されてきたが、信心の体得者の「体験」という観点からの、智慧の側面に関しての論文や解説は、量的にも非常に少ない。もちろん、信心には阿弥陀の智慧が体得者に回向されたということは頻繁に説かれるが、その智慧が体得者によってどのように自覚され、またその自覚の内容がどうであるか、ということについては、十分明らかにされていない。従って本論では、この不足面の解明に少しでも貢献できることを目指す。

智慧の側面の定義

さて、親鸞による「信心」に関する説明については、規範的叙述(normative statement)と体験的叙述(experiential statement)の二つに大きく分類することができると考えている。この二種類の叙述は、親鸞が信心を定義する『教行信証』の次の文章に見られる。この定義は、まさに「信心」の多様面を示すものであると考える。

「信楽（=信心）は、すなはちこれ真実誠満の心なり、極成用重の心なり、審験宣忠の心なり、欲願愛悦の心なり、歓喜賀慶の心なるがゆゑに、疑蓋雑はることなきなり。」（『真宗聖教全書』二「宗祖部」、五九頁）

まずは、この信心の定義に関しての規範的叙述は、「真、実、極」という用語で示されていると筆者は考える。それは、信心が「真実」であるということを理念として、また、客観的視点より述べているからである。

次に、本論が目的としている体験的視点から上記の引用文を検討すると、規範的叙述として筆者が指摘した「真、実、極」以外の用語が、体験的叙述として示されていることがわかる。「信心体験」について前述したように、この体験的叙述は委託、歓喜、無疑、智慧の四つの側面に分類することができると考えている。何故なら、これら四つの側面は上の親鸞の信心の定義によって示唆されているからである。まとめてみると次のようである。

1.「重」、「忠」が委託の側面を示す。
2.「歓」、「喜」、「賀」、「慶」が歓喜の側面を示す。
3.「疑蓋雑」が無疑の側面を示す。
4.「審」、「宣」が智慧の側面を示す。

では次にこの四つの側面中、智慧に焦点を当てることにしよう。まず、本論での「智慧」とは、菩薩などが所有する高度な智慧だけに限定するものではない。即ち、本論における智慧の定義は、「高度な智慧」(prajñā) も含みながらも、「認知する」(to cognize)、「知る」(to know)、「理解する」(understand)、「気づく」(to become aware)、「直感する」(to intuit)、「目覚める」(to awaken) というような幅広い意味が含まれるのである。

この定義は、伝統仏教の教学を代表する『倶舎論』に見られる vitarka（尋、覺）や vicāra（伺、觀）に匹敵する面を含むと見ることができる。まず、vitarka の場合、その漢訳は「覺」であり、和訳は「直感知」となっている。英語では、direct knowledge や thinking と訳されている。従って、vitarka は筆者が智慧の定義として上述した、「気づく」(to become aware) や、「直感する」(to intuit) や、「目覚める」(to awaken) 等に価するのである。[*1]

次の vicāra は、「分析知」という和訳があり、また investigation や analytical thinking という英訳があることからも、vicāra もやはり上述で定義した「認知する」(to cognize) や、「知る」(to know) や、「理解する」(understand) 等に価するものと見ることができる。[*2] ただ、vicāra は、vitarka ほど直感的ではなく、より分析的という違いはあるが、両者とも理解をもたらす「自覚」を示している点では、酷似している。

従って、『倶舎論』で説かれるこの vitarka と vicāra は、本論の智慧の定義に価するものと考えられる。即ち、この智慧が理解を放棄した、心の動きを指すのではないことから、信心とは、西洋の学者が示すような感情的で、迎信的なものと理解するのは妥当ではないと言える。この点は、上記の『教行信証』の信心の定義で、親鸞が「審、宣」の用語を採用している点でも明白である。本願寺公式英訳では、「審」は discernment（識別力、眼識、洞察力）、そして「宣」は clarity（明快、明晰）となっており、本論の「智慧」の定義に十分含まれると言える。

求道者が体験する智慧

まず、親鸞が主張する「信心」とは、一般の信とは区別されるべきである。何故なら、「信」が含まれる用語で「信心」以外ですぐ頭に浮かぶ語に、「信仰」や「信用」等が挙げられる。しかし、一般に言う「信仰」は、「きっとそうであると固く信じる」人の心の持ち方と、それに基づく生き方を指していると言え、そこには自覚に基づく自信のようなものが弱く、人が不安の中で確たるものを欲しいがために、「信仰の対象」となるものにしがみつくような営為と考えられる。[*3]

一方「信用」は、「たぶんそうであろう」と思い、特定な教えや人物に従い、その指定された道を人が歩み始めるために必要となるものと考える。仏教にもそのような信があり、信楽峻麿氏はその種類の信を初門位なる「能入信」と呼ぶが、氏はこれを究竟《くっきょう》位なる「能度信」とは区別しており、親鸞の信心とは、初門位なる能入信ではなく、究竟位なる能度信のことであると指摘している。[*4]

さて、一般に言う信用、つまり仏教で言う初門位なる「能入信」の例に、信楽氏は『正信偈』の「まさに如来如実の言を信ずべし」と「ただこの高僧の説を信ずべし」や、『真仏土文類』の「経家、論家の正説、浄土宗師の解義、仰いで敬信すべし」および、『歎異抄』の「よきひとのおほせをかふりて信ずるほかに、別の子細なきなり」を挙げており、これらは全て、二元的、対象的な要素を持ち、仏道趣入のためには必須である初門位の信であると言う。[*5]

しかしこれらは、究竟位なる「能度信」の親鸞の信心とは異なるのである。信楽氏は信心の用例として「信心の智慧」や「智慧の念仏」という『正像末和讃』に見られる言葉を挙げている。[*6]

「釈迦弥陀の慈悲よりぞ　願作仏心はえしめたる
信心の智慧にいりてこそ　仏恩報ずる身とはなれ
智慧の念仏うることは　法蔵願力のなせるなり
信心の智慧なかりせば　いかでか涅槃をさとらまし」（傍線は筆者による。以降同様）（『真宗聖教全書』二「宗祖部」、五二〇頁）

ここでは信心が阿弥陀の智慧と慈悲に起因することが強調されているが、信心を体得した者に智慧が備わっているかどうかについては、ここでは明白ではない。つまり、親鸞は、信心の真実性を訴えているのであり、ここでの信心への言及は、規範的叙述であり、体験的叙述ではないからである。しかし幸運にも、本論文が求めている体験的叙述が、親鸞が補足した次の左訓で確認できる。

「みたのちかひはちゑにてましますゆへに、しんずるこころのいでくるは、ちゑのおこるとしるべし。」（『親鸞全集・和讃篇』、一四五頁）

信心の体得者には「智慧がおこる」ということが、この左訓に依って明記されているのである。この信心という体験を通して、阿弥陀仏より発生した智慧が、体得者には顕わになると理解できる。それは微量であっても、体得者は何らかの形で阿弥陀の智慧を自覚すると考えられるのである。

鷲原知康は、一九八〇年の論文で伝統教学的用語を採用し、上記の点を認める見解を示している。

「……信心の具徳であるところの智慧（涅槃の真因となる智慧）が機相の上に相発すると考えることもあな

がち不当ではないと考えられる。[*7]」

つまり、ここでの「機相」とは、信心の体得者の在り方を指すのである。即ち、阿弥陀仏である「法相」と対比される体得者の体験的な側面を指すのである。従って、その体得者に「相発する」とは、智慧がその体得者に現れ自覚されると、鷲原氏は理解していると筆者は考えるのである。

親鸞はさらにその智慧の内容を、阿弥陀仏の仏名の一つである「智慧光」の解釈において説明している。

「次に智慧光とまふす、これは无癡の善根をもてえたまへるひかり也。无癡の善根といふは、一切有情、智慧をならひまなびて、无上菩提にいたらむとおもふこゝろをおこさしめむがためにえたまへるなり。念仏を信ずるこゝろをえしむるなり。念仏を信ずるは、すなわちすでに智慧をえて、佛になるべきみとなるは、これを愚癡をはなるゝことゝしるべきなり。このゆへに智慧光佛とまふすなり。」（『弥陀如来名号徳』、『真宗聖教全書』二「宗祖部」、七三五頁）

親鸞はここで、「念仏を信ずるということは、智慧を得ること」であると明記している。そして、その智慧の内容を、仏になることが愚癡を離れる者になるということを、知ることであると言うのである。つまり、体得者の智慧とは、仏になることが保証されていて、仏になるということは、愚痴から離れられることを、知ることなのだと言っているのである。

「二種深信」の信知

信心が「知る」という意味を含むということは、他の用例でも見られる。それは信心の内容を示す、親鸞が重視した「二種深信」という重要な教えにも見ることができる。親鸞が引用した善導の『集諸経礼懺儀』の中に、「信知する」ことが説かれている。「知」という用語があるので、「分かる・理解」することが求められ、ただ委託するだけではないことが明らかとなっている。すなわち、一、求道者自身の凡夫性と、二、阿弥陀の本願の両面を信知することが求められている。

「深心はすなはちこれ真実の信心なり。自身はこれ煩悩を具足せる凡夫、善根薄少にして三界《さんがい》に流転して火宅を出でずと信知す。いま弥陀の本弘誓願は、名号を称すること下至十声等に及ぶまで、さだめて往生を得しむと信知して、一念に至るに及ぶまで疑心あることなし。ゆゑに深心と名づく。」(『真宗聖教全書』二「宗祖部」、三四頁)

この「信知」という用語の意味を理解するには、親鸞が『一念多念文意』の中で、善導の『往生礼讃』からの「今信知弥陀本弘誓願及称名号」の句を注釈する箇所が手がかりとなる。

「「知」といふはしるといふ、煩悩悪業の衆生をみちびきたまふとしるなり。また「知」といふは観なり、こころにうかべおもうふを観といふ、こころにうかべしるを「知」といふなり。」(『真宗聖教全書』二「宗祖部」、六一九頁)

この「知」とは「観」であり、その「観」とは心に浮かべ思うことである。即ち、体得者は、本願と名号ということをしっかりと自覚するということであり、自分が自覚していない対象に、ただひたすら委託するということではない。従って、「信知」には「対象を心に浮かべ思う観」という意味が含まれているのである。これにより、明らかに体得者によっての自覚が求められていると言える。

親鸞は以下の弟子への手紙の中で、信知することを「おもひしりて」という別な言葉を採用しながら、上記の二種深信の説明をしている。

「はじめて佛のちかひをききはじむるひとびとの、わが身のわろくこころのわろきをおもひしりて、この身のやうにてはなんぞ往生せんするといふひとにこそ、凡夫具足したる身なれば、わがこころの善悪をばさたせず。（『真宗聖教全書』二「宗祖部」、六九一頁）

「おもひしりて」とは、深く意識する、または、気づく（having become thoroughly aware）という意味である。まず、自分が「煩悩を具足せる凡夫である」という機の深信を深く意識し、自覚することなのである。本願寺の公式英訳は thoroughly aware であり、この語こそ「徹底的に認識する」ことを指すのである。[*8]

また親鸞は、自分が如来の恩徳を受けていることを、熟知していると『教行信証』の冒頭で記している。

「真宗の教行証を敬信して、ことに如来の恩徳の深きことを知りぬ。ここをもって聞くところをもってきくところを慶び、獲るところを嘆ずるなりと。」（『真宗聖教全書』二「宗祖部」、一頁）

これは、上記の二種深信中の法の深信と同じ内容を指しているものであると言える。そこには、如来の恩徳を自分が受けていることを知ると述べている。漠然とした感情ではなく、しっかりと認知している心境なのである。

さて、鷲原氏は、体得者による「信知」の重要性を認め、さらに己の凡夫性を悲歎する、かの有名な親鸞の『教行信証』の発言に繋がることを指摘していると言える。

「信機とは罪悪深重、煩悩具足の信知である。これは『信巻』に「誠知、悲哉、愚禿鸞、沈没於愛欲広海、迷惑於名利太山、不喜入定聚之数、不快近真証之証、可恥可傷」として示される悲歎としても表現される。[*9]」

さらに鷲原氏は、この悲歎とは、体得者が「空無我」を知った心の現れと示唆しているのである。それは、「空無我」を知ったからこそ、執着するべきでないのに、それでもなおかつ、己が執着していることが分かり、悲歎したと記されているからだ。そしてそのことが、仏が「空無我」を知る慧と連なる性格を持っていると考えられるのではないか、とまで鷲原氏は示唆している。[*10]

さらに、この鷲原氏の提案は「信法」についてまでに及んでいる。何を知るかと言えば、阿弥陀仏に抱かれ縁起の理に随順していることである。「信法」とは、本願力という「法」の己の救済を信知することであり、その認識は、「慶哉、樹心弘誓仏地、流念難思法海」の喜びに表れるのである。この喜びは、阿弥陀仏に摂取され、随順していると知るからである。そして随順しているということは、縁起の理に随順しており、自己と他者が相互関係にあって、因縁生であることを知るからであると、主張している。[*11]

思う・証知することの重要性

親鸞は、信心に関して「聞」を重んじたことはよく知られているが、「聞」のみで「思う」ことが伴わなければ不十分であると、力説している箇所がある。その点は『教行信証』の次の『涅槃経』からの引用文に見られる。

「信に二種あり。一つには聞より生ず、二つには思より生ず。この人の信心、聞より生じて思より生ぜざる、このゆゑに名づけて信不具足とす。」（『真宗聖教全書』二「宗祖部」、一六二頁）

親鸞は「御名を聞くこと」を重んじたが、ここでは聞くだけで「思」が伴わないのは不十分な信としている。求められているのは、教えを聞いた上での、その内容について思考し、理解することである。ただ聞くだけでは不十分であり、それは、「信不具足」と言うのであると、親鸞は警告している。

聞いた教えに対する「思」の重要性については、親鸞はさらに自分の言葉で『浄土文類聚鈔』に述べている。

「たまたま信心を獲ば、遠く宿縁を喜べ、もしまたこのたび疑網に覆蔽せられれば、かへつてかならず曠劫多生を経歴せん。摂取不捨の真理、超捷易往の教勅、聞思して遅慮することなかれ。」（『真宗聖教全書』二「宗祖部」、四四七頁）

聞いてその内容を思うことで、信心の重要な要素の一つである「疑」をなくす効果があると理解している。

因みにここでは、「疑」は、「疑網」と「遅慮」と表現されている。
さらに親鸞は、「正信偈」に「思う」に続いて「証知」という用語を採用している。

「惑染の凡夫、信心発すれば、生死すなわち涅槃なりと証知せしむ。」（『真宗聖教全書』二「宗祖部」、四五頁）

ここには、「知」に「証する」や「認定する」という意味を持つ「証」が加えられ、一段と知の自覚が深まることを示していると言える。これは、信心を体験することによって、「生死が涅槃である」という智慧を自覚することを指している。そして、体得者が自覚するということは、本願寺の公式英訳が、realizes（了解する、理解する）となっていることからも十分うかがわれるだろう。
信心という体験が、深い自覚を伴うということは、次の『涅槃経』の引用文も証明するところである。ここでは、「信心が仏性である」ことが力説されている。

仏性は大信心と名づく。なにをもってのゆえに、信心をもってのゆえに、菩薩摩訶薩はすなはちよく壇波羅蜜乃至般若波羅蜜を具せり。一切衆生は、ついにさだめてまさに大信心を得べきをもってのゆえに。このゆえに説きて一切衆生悉有仏性といふなり。大信心はすなわちこれ仏性なり。仏性はすなわちこれ如来なり。（『真宗聖教全書』二「宗祖部」、六三頁）

この引用は、信心を体験する人は、仏性という高度な目覚め、または、六波羅蜜という修行を実践する菩薩であると見ている。菩薩であれば、何らかの智慧を有する者に匹敵すると言っている。ただ、親鸞の煩悩具足の凡夫に対する見解から、いくら信心を得たからといっても、このような高い目覚めの境地に完全に達したとは言えないであろう。しかし、完全でなくても、何らかの形で智慧が備わったと見ることは可能であり、またこの点は、これまで見てきた箇所の内容によっても支持されると考えられる。

体得者の修行段位の考察

上記のように体得者は、ある程度の智慧を体験すると言える。その有力な根拠として挙げられるのは、親鸞が『教行信証』で述べている箇所である。それは、真実の行信（信心）を得れば、大乗仏教で説かれる十地中の歓喜地、また、初期仏教や上座部仏教で説く預流果（srotāpanna）という初果の聖者に値するという箇所である。

しかれば真実の行信を獲れば、心に歓喜多きがゆえに、これを歓喜地となづく。これを初果に喩ふることは、初果の聖者、なほ睡眠し懶堕なれども二十九有に至らず。（『真宗聖教全書』二「宗祖部」、三三頁）

親鸞が、信心の体得者が歓喜地や預流果という聖者の位に等しいと見たのは、下の位に後下がりしない、不退転位に達したことを強調したかったのであろう。それは、上記のように今世で不退転の身分となることが親鸞にとって大切だったからである。しかし同時に、初期仏教以降、こうした修行段位に達した者は、仏法に対する「疑惑」（vicikitsā）と有身見（satkāya-dṛṣṭi）が解消されると理解されてきた。つまり、一種の煩悩が解消されるのである。そして、煩悩の解消には何らかの智慧が必要となる。従って、信心の体得者がこれらのレベルに等しいとするならば、体得者もそれなりの智慧が備わったと見るべきである。

親鸞はこの点については詳しくは言及していないが、初期仏教において「信」をもって預流果の段位に達することが説かれていた。それは、「随信行」(saddhānusārin) という種の信に基づく行者が預流向という段位に達することを認めていたことからも明らかである。

智慧と他の三つの側面との関係

上記において、智慧の性質を検討してきたが、次には、体験的視点から智慧が、委託、歓喜、無疑である信心の残りの三側面とどのような関係にあるかということを検討することにする。親鸞の書物からは、四つの側面の関係を論じた箇所は見あたらないようであるが、直接の論説ではなくてもそのヒントとなる文章が、『教行信証』の序節の最後に見られる。

真宗の教行証を敬信して、ことに如来の恩徳の深きことを知りぬ。ここをもって聞くところを慶び、獲るところを嘆ずるなりと。(『真宗聖教全書』二「宗祖部」、一頁)

ここでの「敬信」を委託の側面を示すと見れば、委託することによって「知る」という一種の智慧が生じるということが見いだされると言える。この文章での「真宗の教行証」とは、本願が真実であることを説く教えであり、それに委託するということである。そしてその委託する行為によって、「如来の恩徳の深さ」を「知りぬ」となるのであり、これこそ本論で言う智慧の一角が生じることを指すのである。このように、委託と智慧は因果関係にあり、教えを「敬信」することによって、教えの内容を「知る」ようになると見ることができるのである。

次の無疑の側面に関しても、因果関係にあるということが言える。例えば、上記の『浄土文類聚鈔』は「摂取不捨の真理、超捷易往の教勅、聞思して遅慮することなかれ。」と述べ、本願が自分を摂取し見捨てていないということを聞いて思うことによって、「遅慮」と表現されている疑いを解消すると述べられている。即ち、本願の慈悲が自分のためのものであると、思い知らされることによって疑いが晴れるのである。疑いは、思い知らされるという智慧の一角を持って、仮称されるのである。

さらに、「機の深信」に関して、自身が煩悩具足の凡夫であることを信知することが、疑いの心がなくなることの条件となっている。それは、上記の善導の引用文、「……さだめて往生を得しむと信知して、一念に至るに及ぶまで疑心あることなし。ゆゑに深心と名づく。」によって明らかである。つまり、信知することが、無疑の心の条件となっているのである。

次に、歓喜の側面であるが、上記の『教行信証』の序節の文章が「ここ（知ること）をもって聞くところを慶び、嘆ずるなりと。」と説くように、智慧が歓喜を引き起こすのである。さらに、親鸞の慶びは、如来の慈悲を知ったことによって生じるのである。それは、この名文に見られる。

慶ばしいかな、心を弘誓の仏地に樹て、念を難思の法海に流す。深く如来の矜哀を知りて、まことの師教の恩厚を仰ぐ。（『真宗聖教全書』二「宗祖部」、二〇三頁）

親鸞の「慶ばしいかな」と叫びに表現される歓喜は、如来の矜哀を知ることに基づき、由来するのである。このことは、鷲原氏の「この喜びは、阿弥陀仏に摂取され、随順していると知るからである。」[*12]という意見によっても支持されていると言える。

従って、智慧と他の三つの信心の側面との関係を検討した結果、大まかではあるが、委託→智慧→無疑・歓喜という体得者による信心の体験的プロセスを、図式的に示すことができると言えるであろう。しかし、信心を構成する四つの側面は、一回のみのプロセスを辿るのに限らず、体得者の求道において繰り返されて深まっていくと考えられる。それも循環的に深まり、無疑・歓喜は委託を深め、また、深まった委託は智慧を深めるのである。このように考えると、信心が「一回か数回起こるものか」や「頓悟か漸悟」という昔から議論されてきた課題に関係するが、ここでは立ち入る余裕はない。肝心なことは、信心の体得者には、このように四つの側面が関わりあって、さらに深まって体験されるということである。

まとめ

以上、信心を体験的な視点より考察してきた結果、智慧の側面が信心の重要な要素であることが幾分示されたと言えよう。また、この智慧の側面が無疑の側面と密接な関係にあり、無疑という側面こそ智慧の側面を強化するものであることも示すことができた。

この点を考慮すると、信心の体験的な内容がより明らかになったと思われる。それは、1.委託、2.歓喜、3.無疑、および4.智慧という信心の四つの側面において、智慧の側面の存在によって、信心が単なる仰信的であるというイメージが幾分覆されたと言えよう。

もちろん、委託の側面は否定できない。しかし、それは智慧や無疑の側面を否定するものでもなく、同時に、無関係なものとなるものでもない。本願や自分の凡夫性を信知することが伴って、委託という営為が深まるのである。そして、そこには信心のもう一つの側面である歓喜が伴うことになるのである。この四つの側面は、相互に深まり互いを刺激するのである。

以上のように、信心を体験的な視点から見れば、智慧の側面はかなり濃厚である。従って、信心の英語訳としては、今主流となっている entrusting（委託）よりも、本発表の智慧の意味を含む realization（気づき）、

awareness（自覚、意識）、またはawakening（目覚め）のほうがより妥当であると考える。それによってこそ、親鸞の教えが「信じる宗教」ではなく、「目覚める宗教」であることがより鮮明になるのである。

◉註

＊1　斎藤明等（編）『「倶舎論」を中心とした五位七十五法の定義的用例集』三喜房佛書林、二〇一一年、一四四〜一四五頁。

＊2　同上、一四六〜一四七頁。 http://www.buddhanet.net/pdf_file/scrndhamma.pdf

＊3　この「信仰」と次の「信用」の説明は、小山一行の講演より示唆を受けた。「「さとり」の智慧、智慧の「信心」」武蔵野大学社会連携センターオムニバス仏教講座、二〇一五年三月十二日。

＊4　信楽峻麿『真宗学概論』法蔵館。二〇一〇年、一八一頁。

＊5　同上、一六二頁。

＊6　同上、一六二頁。

＊7　鷲原知康「親鸞教義に於ける信心の智慧（二）」『印度学仏教学研究』29（1980）No.1、一六二〜一六三頁。

＊8　*Lamp for the Latter Ages*, CWS 1:553.

＊9　鷲原知康「親鸞教義に於ける信心の智慧（二）」、一六二頁。『教行信証』の引用文は、『真宗聖教全書』二、八〇頁からである。

＊10　同上、一六二頁。

＊11　同上、一六二頁。

＊12　同上、一六二〜一六三頁。

II 主体性

［第六章］

親鸞浄土仏教における阿弥陀如来と凡夫存在の入不二的[*1]関係論[*2]

武田龍精

要旨

無色無形なる法性法身が、有色有形なる方便法身へ、さらに方便法身（報身）が無量無数の応化等の身をあらわすことは、法性法身の自己形成にほかならない。従如来生の弥陀において、一如が絶対的自己否定的に微塵世界に無碍の智慧光を放つ尽十方無碍光仏の立場である。弥陀の光明が、智慧の形として自己限定し、自己表現的に自己自身を形成することである。光明という無限なる智慧的形成力が、現実の歴史的世界の根柢に見いだされるとき、名号がはじめて弥陀の自己表現の媒介として歴史的世界を形成していく力となり得る。弥陀が働く「場」は、常に微塵世界たる歴史的世界の真っ只中であり、それから離れた何か特殊な超世俗的世界で働くのではない。

我々の自己が歴史的世界の絶対的主体となる場においてはじめて阿弥陀如来はリアルとなる。逆にいうならば、阿弥陀如来が問題となるような仕方で真の人格的個としての我々の自己の在処が問われる。弥陀の絶対無限なる本願力に帰した信一念の時剋の極促が「絶対現在」であり、そこに真の人格的自己が形成され、「絶対現在」の自己限定として歴史的個となった絶対主体の自己が成立する。

そのような絶対主体の自己は如来と等しき自己、弥陀如来の無限生命に生きるという意味において如来と等しい自己と見なされる。かかる真実なる絶対主体の自覚的自己を善導は「妙好人」・「上上人」・「希有人」・「最勝人」と呼び、親鸞は「真の仏弟子」ととらえた。

特にアメリカの現代キリスト教神学者・宗教学者の神学的営みは、創造的・主体的・実存的・開放的であり、神学的解釈がどんなに反伝統的・反教団的に見えようとも、現代世界の諸課題に対して積極的かつ公開的に応答し、キリスト教の本質が神学的に意義づけられている限り、決して異端視されたり破門されたりすることはない。例えば、アルタイザー（Death of God Theology）、カッブ（Process Theology）、カウフマン（Constructive Theology）などを参照されたい。

▼▼▼キーワード▼入不二、絶対現在、自己表現、絶対無、自己否定

一 「絶対現在」──生死即涅槃・煩悩即菩提が成立する世界──

阿弥陀仏の無量光・無碍光という無限なる光明が照らす大悲無惓的作用の「場」[*3]は、単なる抽象的観念的な世界でもなければ、道徳的理性的世界や出家的超脱の聖道門的世界などでもない。弥陀の光明が真に照らす世界は、まさしくそのような世界をも含めた、三千大千世界の宇宙的歴史的世界（なお以後「三千大千世界の宇宙的世界」を含めて「歴史的世界」と略称する）である。親鸞がとらえた「如来みちみちたまへる」[*4]一切群生海《ぐんじょうかい》の十方微塵世界である。「みちみちたまへる」とは、弥陀の光明が、智慧の形として自己限定し、自己表現的に自己自身を形成することである。弥陀が働く「場」は、常に微塵世界たる歴史的世界の真っ只中であり、それから離れた何か特殊な超世俗的世界で働くのではない。我々凡夫人一人一人が「今・ここに」刹那生滅しつつ現実存在している日常生活の真っ只中である。

弥陀の働く作用が歴史的世界を離れては成立しないということは、弥陀の絶対救済の意味づけは、歴史的世界の根柢《こんてい》においてでなければならない。歴史的世界の自己形成そのものが、歴史的世界の根柢において見いだされる弥陀の無限的生命（無量寿）の自己限定である。弥陀の無限的生命の自己表現的自己形成の働きそのものが、歴史的生命であり、永遠の生命として現成する。永遠の生命が現成する根源的「場」が、生死即涅槃といわれる大乗的生命である。歴史的生命はどこまでも大乗的でなければならない。逆に大乗的生命はどこまでも歴史的でなければならない。単に超歴史的なるものではない。また単に抽象的意識的自己の立場においてあるのでもない。そのような立場では歴史は考えられ得ない。歴史的意識はそこでは成立しない。

歴史的世界は、絶対者の自己限定として、絶対現在的に成立する。ゆえに表現するものとせられるものとが一に、自己自身を表現する絶対者の自己表現として、どこまでも自己自身のなかに自己表現を含み、自己表現的に自己自身を形成する。そこに歴史的世界は、その根柢において、宗教的であり、また形而上学的であるのである。[*5]

歴史的世界は絶対現在的に成立する。「絶対現在」において世界の真の実在が現成する。「絶対現在」という時間は、単なる物理的機械的時間論における現在でもなければ、また、抽象的意識的時間論がとらえる現在でもない。それは絶対が自己否定的に自己表現しつつある動的焦点としての究極的場である。無限の過去も、無限の未来も、さらに現在もすべての時間が実はそこから始まる場として、過去・現在・未来を自己否定的に自己のうちに含む場所的全体として「絶対現在」はある。

「絶対現在」の世界は、過去なる世界と未来なる世界とに対置される如き世界ではなく、両者の絶対に相反するものの同一なる世界として、絶対矛盾的に自己を現在として限定する世界である。その意味で世界そのものが自己を重々無尽に映し合う世界である。

「絶対現在」こそが、親鸞浄土仏教における信楽開発の時剋《じこく》の極促たる信一念の時のきわまりである。「入正定聚」(samyaktva-niyāma-avakramana,「入正性決定」)が成立する現在(現生)である。過去・未来と並列的に対置される現在でもなければ、単なる現在そのものでもない。信の宗教的実存の絶対現在的世界では、むしろ過現未の三時がすべてそこに含まれそこから始まるような時間としてある。

弥陀の無限的生命(大乗的生命)の場所的有としての浄土が「絶対現在」において到来している。「絶対現在」は、三厳二十九種の浄土が、影暢表裏せる、広大無辺際なる明浄鏡として、十方無量諸仏の世界を、そこに映し合う世界を現成せしめる場所的全体である。

滅度たる涅槃の世界が、自己否定的に自己表現しつつ自己限定している必至的場である。それが、親鸞のとらえた「即得往生」の「即」[*6]の事態にほかならない。「絶対現在」は、弥陀が衆生に内在化し、衆生が弥陀に超越化するという、内在即超越・超越即内在の「時のきわまり」である。「絶対現在」の実在的世界は、生死即涅槃・煩悩即菩提が成立する世界である。

生死と涅槃、煩悩と菩提とは、対象論理的分別的境位では、どこまでも相反する二つの別異なる位相であり、結び付きようがない。生死は流転虚仮なる迷妄の無限輪廻の世界であり、涅槃は常住実相なる真実の清浄解脱の世界である。その限り両者は、絶対に相反する相互否定的なる二つの世界である。しかるに信楽開発の「絶対現在」の「場」は、そのような絶対に相反せる生死と涅槃とが入不二的に結び付いた絶対矛盾的「即」の世界である。

生死と涅槃とはどのような仕方で結び付くのであるか。大乗仏教哲学の核心は生死即涅槃における「即」にある。『般若経』や『維摩《ゆいま》経』などは「即」を主題とした最も大乗的な経典であるとも見なされる。まず、「即」が成立するためには、生死と涅槃との「二」がまずなければ「即」という関係も成立しない。はじめから全く同一のものであるならば、わざわざ「即」ということを主張する必要はない。「即」とは関係概念である。「即」とはいつも何らかのものが他の何らかのものと即等あるいは即同・即一であることを表詮している。たとえ同一なる一個物において即自体というようなことが考えられる場合でも、そこには即自ならざる自体と即自なる自体との二つが考えられていなければならない。

西田は真の自己同一について論じている箇所で、このあたりの事態を次のように述べている。

> 二つのものがそれ自身に於いて直ちに一であるといふことは、その二つのものがなければその一つといふものがなく、その一つといふものがなければその二つといふものがないといふことでなければならぬ。[*7]

生死即涅槃ということは、生死と涅槃との二つがなければ即はなく、即ということがなければ、生死と涅槃ということもないという仕方で、生死と涅槃とが結び付いているといわなければならない。

しかし、二つのものといっても「実体的」[*8]に二つのものが考えられているのではない。実体的なる二つのものは、それ自身に於いて直ちに一であるということはできない。生死も涅槃も非実体的無自性なるものでなければならない。実体的自性が否定されるところにはじめて「即」という関係が成り立つ。では無自性的関係とはどのような関係をいうのであろうか。それは生死が生死であるということが、涅槃が涅槃であるということにおいて成り立つという関係を意味しているにほかならない。生死は涅槃においてすなわち自己否定においてはじめて生死であり、また逆に涅槃は生死においてすなわち自己否定においてはじめて涅槃である。かかる関係においてはじめて両者の無自性性が成立する。無自性の生死とは、自己を充足し他の如何なるものとも無関係に存在せる固定不変なる実体的生死を否定するものである。

しかし、何らかの意味での生死ということはなければならない。こうした自己自身でありつつ実体的自己が否定されるような在り方が真に自己同一なるものである。そのような在り方は動くものでなければならない。働くものでなければならない。[*9]無限の存在弁証法的運動でなければならない。弁証法的に転換する無限なる行為の弁証法でなければならない。それは非合理的なものの合理化としてある。

また、生死即涅槃とは、生死と涅槃との二者に共通せる普遍的根柢の地平が考えられ、そこにおいて両者が自己否定的に結合されるような在り方でもない。それは両者に対して対象的に統一せられたにすぎない。一般者の限定の極限として考えられた抽象的即同にほかならない。現実の実在的世界における自己同一的即ではない。現実的即は絶対に相反するものの自己同一であり、それはどこまでも実体的存在ではなく、存在弁証法的行為そのものでなければならない。したがって、生死即涅槃とか煩悩即菩提とかといわれる大乗哲学の意味は、先に論じた大乗的生命の存在弁証法的行為を指し示すものである。

しからば、生死即涅槃は浄土仏教的にはどのような構造をとるのであろうか。生死とは、三界虚妄不実の境界で煩悩具足せる罪業者凡夫の衆生世界である。それに対し涅槃とは、真実清浄の境界で菩提成就せる覚者如来の弥陀世界である。すなわち、生死即涅槃の関係はまさしく衆生弥陀関係を表象する教説である。

生死即涅槃が大乗的生命の存在弁証法的行為であるならば、弥陀と衆生との間にもかかる行為が成立しなければならない。その行為が「回向」と呼ばれる。浄土仏教的には、大乗的生命の存在弁証法的回向は、弥陀存在と衆生存在との間においてこそ真にはじめて展開される存在弁証法回向であるといわなければならない。その回向によって弥陀生命が真に永遠的となり実在化し、衆生生命が真に歴史的となり現実化する。

弥陀如来とは、大乗的生命が存在弁証法的に無始なる過去より無終なる未来へ向かって無限の生命を実在化しつつある存在弁証法的回向そのものに付けられた呼称にほかならない。それは実体的に存在するものではなく、大乗的生命の自己形成的無限の回向である。

また、一切の衆生もその一々が人身受け難きひとつの生命である限り、生命的自己が弥陀如来の存在弁証法的回向のひとつの動的焦点として、自己否定的に自己同一となるときはじめて「絶対現在」の実在的世界の歴史的無限回向を現成していく。

かかる「絶対現在」において、弥陀存在と衆生存在の二つの大乗生命が存在弁証法的回向として自己同一となること、そのことが生死即涅槃、煩悩即菩提と説かれてきた教法の浄土仏教的意味にほかならない。

二　表現―名号成就＝弥陀の創造的自己表現―

絶対に相反するものの関係は表現的でなければならない。西田幾多郎は絶対者と人間との関係について、どこまでも自己表現的に自己自身を形成するもの、即ち、どこまでも創造的なるものと、創造せられて創造するもの、即ち作られて作るものとの絶対矛盾的自己同一的関係でなければならない。*10

という。両者が表現的であるということを別の角度からいうならば、表現的ととらえることによって両者を機械的にまた目的的に理解しようとする立場を否定する。さらに、現象学者や解釈学者が理解した「意味」ということも、彼らは表現をその形成的方向から抽象化して考えたにすぎない。また、単なる事実とか単なる作用とかということも歴史的形成的世界にはない。そして我々の意志も単に抽象的に意識作用的にあるのではない。すべて、自己表現的に世界を形成する働きとしてある。さらに、象徴ということも、非実在的なるものではなく、どこまでも世界の自己表現として歴史的世界形成の力を有《も》ったものである。

以上の如く、西田の実在論において、いかに「表現」ということが根源的在り方であるかが知られるであろう。

阿弥陀如来と凡夫存在との関係も、両者が歴史的形成的世界における大乗的生命回向である限り、その関係はどこまでも表現的関係でなければならない。表現的に両者の関係があるとは、一体浄土仏教的立場ではどのような在り方をいうのであろうか。

阿弥陀如来とは、一如（法性法身）より形をあらわしたという絶対的自己否定において自己を有つもの、無色無形なる真如が絶対的に自己を否定したもの、真如は自ら自己否定的に形となること（方便法身）においてはじめて真に自己自身を見る。法性法身が形をあらわし形をとるとは絶対者の自己表現を意味する。方便法身とはまさしく法性法身の自己表現である。自己表現することによって法性法身は自己自身を形成していく。

無色無形なる法性法身が、有色有形なる方便法身へ、さらにかかる方便法身（報身）が無量無数の応化等の身をあらわすことは、法性法身の自己形成にほかならない。それはまた、無碍の智慧光を微塵世界に放つことの意味であり、自己形成的に存在することによって方便法身は意志的である。それが方便法身たる弥陀の願心作用にほかならない。

弥陀は一如より形をあらわすことによって、絶対的自己否定として自己表現的に自己自身を名号として形成する。その意味で弥陀はどこまでも創造的である。名号成就とは弥陀の創造的自己表現であり自己形成にほかならない。したがって、「一切群生海の心に方便法身の誓願を信楽する[*11]」という宗教的実存における我々の「聞思」行為は、かかる弥陀の自己表現たる名号を聞信することであり、一如によって自己否定的に自己表現せられた一切群生海の根柢において弥陀の自己表現の動的焦点として表現し創造的に自己形成していく行為にほかならない。

そして、かかる一切群生海の創造せられて創造するもの、すなわち、作られて作るものとしての存在こそ、真実信心の行者であり、この創造的自己形成の存在こそ、「如来と等しき[*12]」存在であり、「弥勒と同じき[*13]」存在であり、「真の仏弟子[*14]」と表象せられた、現実の歴史的世界において大乗的生命を生きる念仏行者である。

多と一との絶対矛盾的自己同一的世界（一切群生海たる微塵世界）において、弥陀と凡夫存在とは、一方において、自己否定的に唯一的個としての人格と人格とがどこまでも相対する立場において表現的である。弥陀は名号成就において自己表現的であり、凡夫存在は念仏往生において自己表現的である。また他方において、弥陀と凡夫存在とは自己肯定的にどこまでも全一的なる立場において形成的である。弥陀は永遠の生命の意志的根源たる願心を本として自己形成的であり、凡夫存在はかかる願心の動的焦点となること、信楽開発による如来と等しき存在となることにおいて自己形成的である。

弥陀の誓願は本願力として他力として意志的に働く。一切群生海の心に方便法身の誓願を信楽することが凡夫存在の自己形成であり、弥陀の誓願を信楽することとは、真実信心の念仏行者たる我々の自己が、弥陀の自己形成点として弥陀を自己に表現することによって弥陀の自己表現的に誓願を成就する働きである。それが弥陀の願心の意志的作用そのものであり、本願力・他力と表象されたものにほかならない。

名号が阿弥陀仏存在と凡夫存在との絶対矛盾的自己同一の世界の自己表現である限りにおいて、はじめて名号は象徴となることができる。西田によれば、「象徴とは非実在ではなく、世界の自己表現として歴史的世界形成の力を有つもの[*15]」である。

弥陀と凡夫存在との関係は、名号が歴史的世界形成の力となり得る論理として把握されなければならない。そのためには、歴史的世界の成立根拠に、弥陀がどこまでも自己否定的に自己を見るという立場が見いだされなくてはならない。

かかる立場が、従如来生の弥陀において、一如が絶対的自己否定的に微塵世界に無碍の智慧光を放つ尽十方無碍光仏の立場である。光明という無限なる智慧的形成力が、現実の歴史的世界の根柢に見いだされるとき、名号がはじめて弥陀の自己表現の媒介として歴史的世界を形成していく力となり得る。

西田が、「歴史的世界はいつも課題をもつ、そこに世界がそれ自身の自己同一を有つ。真の歴史的課題とは、それぞれの時代に於いて、神の言葉という性質を有ったものでなければならない。[*16]」と言っている如く、名号不思議が、それぞれの時代において、歴史的世界がもつ課題を真なる歴史的課題とせしめるような仕方で、歴史的世界の根柢に働くことが論理づけされなければならない。

そこにはじめて、親鸞の言う「横超」の場が歴史的世界のうちに創造的に開示されてくる。名号不思議が弥陀の創造的表現として歴史的現実の根柢に働くことが、「横超」と呼ばれる弥陀の絶対的自己否定即絶対肯定の自己表現にほかならない。かかる世界においては、弥陀の自己表現たる名号不思議は、我々の自己をして真の人格的自己たらしめるもの、理性をして真の理性たらしめる働きである。西田が親鸞の「無義為義」

をとらえて、

そこに我々の自己は無意識となると云ふのではない、無分別の分別が働くのである。知と行との矛盾的自己同一として、絶対現在の自己限定的に、創造的なるものが働くのである。*[17]

と述べていることも、弥陀の横超的摂取不捨の慈悲的大乗生命の働きを場所的論理の立場から言いあらわしたものといえるであろう。

西田は、親鸞の「横超」について次の三つの視点から取り上げ、その宗教的意義を述べている。

（a）自力的宗教の否定。

「神とか仏とか云ふものを対象的にどこまでも達することのできない理想地に置いて、之によって自己が否定即肯定的に努力すると云ふのでは、典型的な自力である。それは宗教と云ふものではない。そこには全然親鸞聖人の横超と云ふものはない。最も非真宗的である。*[18]」

（b）宗教的回心。

「我々の自己が宗教的信仰に入るには、我々の自己の立場の絶対的転換がなければならない。之を回心と云ふのである。ゆえに回心と云ふことは、往々人が考へる如くに、相反する両方向の一方から他方へと、過程的にと云ふことではない。それは直線的対立に於いて、単に一方向から逆の方向へと云ふことではなくして、親鸞聖人の所謂横超的でなければならない、円環的でなければならない。*[19]」

（c）宗教的表現。

「横超は名号不思議によらなければならない。如何なる宗教と云へども、それが真の宗教であるかぎり、入信とか救済とか云ふには、絶対者と人間との間には、絶対矛盾的自己同一的なる背理の理と云ふものがあるのである。それは感覚的でもなく、理性的でもない。絶対者の自己表現としての言葉と云ふものでなければならない。創造的言葉であるのである。[*20]」

三　自己存在の在処

宗教的問題とは対象認識の知識的問題でもなければ、我々の意志的自己の当為の道徳的問題でもない。宗教に於いて真に問われる問題とは、「我々の自己とは何であるか、それはどこにあるのであるか、自己そのものの本体の問題、その在処の問題[*21]」である。我々が宗教的問題について苦悩し努力するのは、単に自己を超越した、自己に外的なるものについて苦しむのではなく、我々の自己存在に根差す事柄、すなわち、我々が現実の歴史的世界内存在の生命そのものに深くかかわる問題についてはじめて悩み苦しむのである。

宗教は自己そのものの本体の問題でありその在処の問題である。それを離れて宗教は何ら真に問題とはなってこない。今日どれ程仏教学が盛んとなり新しい文献・資料が厳密に分析・解釈され究明されようとも、もしそれが自己存在の本体的問題・在処の問題として問われとらえられないならば、学問的研究も単なる文献学の領域内にとどまるものであって、宗教的問題を問うたことにはならない。研究上の苦悩や努力はあっても、我々の自己を生命の底から振り動かす程の宗教的苦悶はそこからでは起こらない。そのような苦悶は、かえって学問的営みとは全く無関係で低次元の問題としてその埒外に放置され、むしろそれを問うことは方法論的には誤ったものと見なされるであろう。

宗教が真に問題となる「場」はどこまでも我々の自己の根柢に於いてである。そこを離れてはどこにも宗教的問題が真に問われるところはない。超越とか絶対がかかわるのはまさしくこの我々の自己を離れてはない。しかし、そこでいわれている自己とは決して単に抽象的意識的自己ではない。

宗教的問題は、我々が現に今ここに在るというその存在直下の事態にほかならない。宗教の問題はどこまでも我々の自己そのものの存在論的側面にかかわる問題である。西田は次の如く述べている。

宗教の問題は、我々の自己が、働くものとして、いかにあるべきか、いかに働くべきかにあるのではなくして、我々の自己とはいかなる存在であるか、何であるかにあるのである。[*22]

我々の自己の全存在の根柢が問われるのである。自己存在の根源が照らし出されるのである。脚下照顧においての自己の在処が顕わにされるときはじめて我々は宗教的となる。そこに宗教的要求があらわれ、宗教的苦悶が起こる。

また、我々の自己とひとつの直線上の同一目的に向かう進行的過程において、我々の存在をひとつの端に置き、他の端に神や仏の存在を置くという構図のなかで宗教的意識があらわれるのでもない。

我々の自己が歴史的世界の絶対的主体となる場においてはじめて阿弥陀如来はリアルとなる。逆にいうならば、阿弥陀如来が問題となるような仕方で真の人格的個としての我々の自己存在が、すなわち、自己の在処が問われる。「この如来、微塵世界にみちみちたまへり、すなはち一切群生海の心なり。[*23]」という親鸞の浄土仏教的根本教説がリアルとなるのは、実は先に引用した西田の根本命題のうちに開示された宗教的根柢をもつ我々の自己存在そのものの構造（絶対矛盾的自己同一の場）においてである。

我々の自己の存在そのものが問題となるのは、「我々の自己の根柢に、深き自己矛盾を意識した時、我々が自己の自己矛盾的存在たることを自覚した時[*24]」である。宗教の問題はこの自己矛盾の事実を深く見詰めていくところに起こってくるのであり、西田は哲学の問題も実はそこから起こるという。

我々の自己存在が直面する自己矛盾のなかで最も根本的な事実が、死の自覚である。死を自覚することは単に死を知っていることではない。何人も己れは死すべき存在であることを知っている。だがそのような知は自らをひとつの人間という物として対象化した肉体的生命の死に対する知にすぎない。しからば、精神的生死が意味されているのであろうか。否である。精神的生とは理性的・道徳的・一般的生をいうのであり、元来かかる生は真に生きたものではない、したがって死もない。生きたものはどこまでも自己自身によって有り動きゆくもの、どこまでも個として一般を否定するものでなければならない。どこまでもそれは非合理なるものである。かかる個において我々の自己は個物的自己限定の極限にある。

だがしかし、猶《なお》もそのような極限的個としての自己からも死の自覚は出てこない。極限的個としての自己は、どこまでも極限に於いて自己によって自己があると考えられたデカルト的自覚における自己にすぎず、真に自己が死すという自覚には至らない。真に死が自覚されてくる時について西田は次の如くいう。

自己の永遠の死を自覚すると云ふのは、我々の自己が絶対的無限なるもの、即ち絶対者に対する時であらう。絶対否定に面することによって、我々は自己の永遠の死を知るのである。[*25]

我々の自己存在が絶対無限なる絶対者に対峙する時に死が自覚される。何らかの絶対に無限なるものに出会うことは、我々の自己が絶対に否定されることにほかならない。我々の自己の全存在がその根柢から無に帰すとき自己の死が自覚される。

「死」の自覚は我々の自己をして一度的唯一的個として自らを自覚せしめることであり、それは、自己をして真に自己たらしめる行為である。一度的唯一的個なる自覚は、かけがえのない、他との代替を一切許さない唯一無二なる個が自覚されることである。

かかる自己の自覚こそ自己存在の全体がそこに顕わとなったといえよう。自己存在が自己存在として成立する根本理由がそこにある。すなわち、自己が永遠に死すところに実は真の自覚的自己があり、真の個的自己があり、真の人格的自己がある。真の自覚とはかかる状況をいうのである。斯く永遠の死において真の生がある事態を「絶対矛盾の事実」[*26]という。それは自己否定において自己を知ることである。

また、このような我々の自己存在のうちに潜む絶対矛盾の境位に西田は「宗教の心霊的事実」[*27]を見た。自己矛盾の極致において我々の自己は「絶対の無にして有」[*28]となる。かかる自覚的有を西田は、彼独自の場所的論理の立場から「場所的有」ととらえる。それは判断論理の立場と対象論理の立場とから区別され対置される。前者では、我々の自己は主語的有であり、後者では、対象的有と見なされる。これらに対して西田は前者に対置する在り方としては述語的有を、後者に対しては場所的有を考え、そこに我々の自己存在をとらえようとする。

さらに、西田によれば、かかる述語的場所的有において、はじめて両者の立場の有も成立する。したがって、我々の意識的自己の自覚的世界は、

自己の中に何処までも対象的自己限定を含み、無限に表現的に自己自身を限定する時間面的存在である、媒介面的存在である。判断作用的立場から云えば、何処までも自己の中に主語的自己限定を含む述語面的有である。[*29]

と西田がいっているのも、場所的述語的有がより根源的な有であることを示そうとしたにほかならない。

以上、西田はまず我々の自己とは自覚するものであり物を考え判断する自己であることから出発した。そして、その意味を思惟《しゆい》し、真の自覚的自己とはいかなる自己であり、どのような状況において開示されてくるのであるかを明らかにした。さらにかかる自己存在を場所的論理の立場から論理化しようとした。

四　絶対主体の自己成立

さて、浄土仏教的立場からこの事態はどのように考えられるのであろうか。親鸞のみに限らず龍樹に始まる七祖の浄土仏教伝統の思想史において、最も重要視されてきた仏道修行の在り方はいかにして正覚を即得成就することができるのかという一点にあった。頓教のなかでも極頓の頓が最高の価値をもった教法として評価せられた。

このことは、逆に見るならば、正覚を取らんとする行者の限界が自覚されていたといえよう。種々なる限界の契機があるなかで、絶対的限界性が自覚されたのがやはり身体的死であったことは否めない。元来、仏道修行には歴劫の間諸善万行を修することが要請された。それが本来の成仏道成就の条件であった。龍樹が易行品の最初に述べた如く、諸の難行を久しく行じて後にはじめて阿惟越致地に至り得ることができた。曇鸞も出家後羅什系統の四論教学、曇無讖系統の仏性義を学し、『大集経』の注釈を志した中途で、気疾を患い、長寿神仙を求めて、江南茅山に道教の巨星陶弘景を尋ねたほどであった。死というものがいかに仏道修行成就に障害であったかが知られる。

また、死は、凡夫存在が生死の大海に旋流し、六道輪廻する根本境位であり、死に至ることは、凡夫存在が深黒闇に没在する刹那を表象するものであった。[*30] 親鸞においても弥陀より回向された大信心はまさしく「長生不死之神方」[*31]として崇められた。

ところが、このようないわゆる肉体的死への実存的自覚は、やっと仏道の入り口に立った姿でしかない。それは永遠の死への自覚にまで脱自的となっていかなければならない。真に自己が死すとは、単に肉体的に死すことでもなければ、それの自覚が、永遠の死を自覚することでもない。永遠の死を自覚することは、我々の自己が絶対無限なるもの―絶対者―に逆説的に対峙する時に我々の自己が絶対的に否定されることである。真の自覚的自己がそこに現成する。

親鸞にとっては、弥陀の絶対無限なる本願力に帰した信一念の時剋の極促がまさしく永遠の死の自覚であった。そこに真の人格的自己が絶対他力の念仏行者親鸞のうちに開かれた。それは親鸞がはじめて「絶対現在」の自己限定として歴史的個となった絶対主体の自己成立であった。永遠の死の根柢に真の生が弥陀の無限なる大乗的生命として見いだされた。それはまさしく絶対の自己矛盾の事実として、自己が絶対的に転換されたことを意味する。

自己の永遠的死の限定に、弥陀の絶対無限の生命を見るとは、我々の自己の外に対象的に何ものかを見るのではない、また自己内省的に自己の内に自己自身を見るという反省的見でもない。斯く自己存在の絶対矛盾の事実として弥陀の無限生命を見ることができるのは自己が転換されることによる以外にはあり得ない。見るとは知ることであり、知ることは成ることである。それはいわゆる親鸞の「前念命終」(永遠の死)「後念即生」(無限生命)であり、まさしく「即得往生」である。「即得往生」とは弥陀の無限生命を、絶対矛盾的に生きる真の自覚的自己、すなわち、絶対主体の自己と成ることである。それゆえにそのような自己は如来と等しき自己、すなわち、弥陀如来の無限生命に生きるという意味において如来と等しい自己と見なされるのである。善導はかかる真なる絶対主体の自覚的自己を「妙好人」・「上上人」・「希有人」・「最勝人」と呼び、親鸞は「真の仏弟子」ととらえた。

五　阿弥陀如来と絶対無

絶対とは、対を絶した在り方である。だが単に対を絶したものは、何物もなく単なる無にほかならない。

絶対は対を絶しつつ、どこまでも何らかの意味で有でなければならない。有である以上、単に対を絶したものではない。何かに対するということがいわれてこなければならぬ。しかし、相対的に対することになってしまっては、もはや絶対ではなくなる。相対的対は、あくまでもあるものに対象的に対することである。絶対は何かに対するといっても、その何かに対象的に対するものではなく、相対的対を如何なる意味においても絶したものでなければならぬ。対を絶すると同時に何かに対するとは自己矛盾にほかならない。

対を絶してしかも何かに対するというような対を成り立たせるためには、対する何かが無である以外にない。無に対するとき、無に対するのであるから、もはや対するものは無い、すなわち対を絶している。しかし同時に、それはどこまでも無に対するという仕方で対しているのである。かかる無に対する対を「真の絶対」という。

「真の絶対」を成り立たせる無が「絶対無」である。「絶対無」は対を絶しめることによって対せしめるという境位であることに注意しなければならない。「絶対無」に対する対においては自己の外に対象的に自己に相対して立ついかなる物も否定されている。自己以外に対するものが無いような対は、自己自身に対する外ない。しかし、自己自身に対するといっても対象的に対するのではない、それならば自己の外に対象的に自己自身という物を立てることとなり相対に陥る。「真の絶対」はどこまでも「絶対無」に対しなければならない。「絶対無」に対することが自己自身に対することであるということは、論理的には、自己が自己矛盾的に、すなわち、「絶対無」が自己を否定することにおいて自己自身に対することを意味している。

自己のなかに絶対的自己否定を含むものが「真の絶対」である。絶対的自己否定をうちに持つ如き自己とはまさしく「絶対無」以外にはあり得ない。すなわち、以上述べてきた如き対の構造を成立せしめるような境位は「絶対無」そのものの外ない。「絶対無」となることによって「真の絶対」が現成する。

「絶対」という言葉は、親鸞の著述のなかであらわれるのは次の三例だけである。

本願一乗海を按ずるに、円融満足極速無碍絶対不二の教なり。[*32]
一乗海の機を按ずるに、金剛の信心は絶対不二の機なり。[*33]
本願一乗は、頓極頓速円融円満の教なれば、絶対不二の教、一実真如の道なり。[*34]

三例とも「絶対不二」という熟語が使われている。「絶対不二」という表現は、教と機を性格づける概念として用いられている。絶対とはどこまでも不二一如をいう。二なる対を絶している。二教二機対の対立をすべて絶している。それが弥陀の本願一乗海であると親鸞はとらえた。本願一乗海はすべての対を超絶したまさしく絶対不二一実真如の世界である。しかし、対を絶し二ならざる本願一乗海は、単に相対を超越し全く対立の世界の外に超然とした在り方を意味しているのではない。絶対不二の世界は、現実的自己を離れてその外に位置している如き世界ではない。それが絶対不二の教として、また絶対不二の機として、どこまでも我々の自己にかかわる教法として、そしてまさしく我々の自己存在（機）そのもののところではじめて成立してくるような境位である。

本願一乗海が絶対不二として教と機に現成するということは、教と機とが成立する場であるこの我々の現実の歴史的世界のうちに絶対自己否定的に本願一乗海が現成しているということ、すなわち、我々の歴史的世界が、弥陀の創造作用である無限の大乗的生命によって「絶対現在」のうちに自己否定的に成立するということである。

凡夫存在の一切群生海微塵世界の一々の個的生命が弥陀の絶対的自己否定において、本願一乗海の一実真如たる絶対的一者（一如）の個物的多的自己否定の極限、すなわち、絶対的一者の自己射影点・動的焦点として成立することを意味するものである。

もし斯くいうことができないならば、本願一乗海の働きをもって円融満足とも極速無碍ともさらに頓極頓速円融円満とも性格づけることはできない。

一切群生海と本願一乗海との間に円融無碍が成り立つのは、弥陀の絶対的自己否定に於いてである。極速とか頓極頓速とかといわれる究極的瞬時（「絶対現在」）も、群生海の個物的多の一々が本願一乗海の創造的自己表現の絶対主体的唯一的個と成るという構造においてはじめて斯くいうことができる。そこにはじめて弥陀が「真の絶対」となり、本願の絶対普遍性が成り立つ。弥陀が「絶対無」となるとき、弥陀の本願力は一切群生海の歴史的現実の歴史的個を真に絶対的転換せしめることができる。換言するならば、弥陀が「絶対無」となるとは、一切群生海の真の個物的多のうちに、すなわち、「絶対現在」に信楽開発する念仏行者「一人」の唯一的個において、弥陀が自己自身を有つということである。その時、はじめて、弥陀が弥陀となる。そこに「若不生者不取正覚」の第十八願意が見いだされる。

凡夫存在往生即阿弥陀如来正覚・阿弥陀如来正覚即凡夫存在往生を説く「教」が「絶対不二の教」と呼ばれ、絶対的自己転換せしめられる「絶対現在」の歴史的個たる「機」が「絶対不二の機」と称せられる。かかる教と機とは、弥陀の「絶対無」に基づく真の絶対的一者の「入不二の法門」、すなわち阿弥陀如来と凡夫存在との「入不二」的関係としてはたらく大乗生命的般若の存在弁証法的回向の論理に依拠している。そのような「絶対不二の機」として日常生活の真っ只中で「絶対現在」の真実行信を生きる我々凡夫存在にこそ、はじめて絶対主体の自己が成立するといわなければならない。

◉註

＊1　本拙論でいう「入不二」とは、曇鸞が『往生論註』巻下、解義分、利行満足章において、『華厳経』巻五「菩薩明

難品」第六（『大正蔵』九、四二九頁中）を「十方の無礙人、一道より生死を出づ」と取意引用して、その中に出る「無礙」なる概念を「無礙とは、いはく、生死すなはちこれ涅槃と知るなり。かくのごとき等の入不二の法門は、無礙の相なり。」と註解している義に拠る。

＊2　本拙論は、伝統的真宗学領域にはキリスト教神学（特に「組織神学」、例えばティーリッヒの *Systematic Theology* I, II, III, University of Chicago Press, 1951）に対応する如き学問体系はほとんど育たなかったといえるのではないか、という自省的愚見に立って、執筆することをひとつの意図とした拙著『親鸞浄土教と西田哲学』の一部に加筆・改訂したものであることをお断りする。なお今からすでに三四年も前になるが、「神学と真宗学―新しい真宗学形成の一試論―」（石田充之博士古稀記念論文集『浄土教の研究』一九八二年）を参見していただければ幸甚である。また、「真実教の形而上学（上）―親鸞「組織真宗学」原論における「教」の哲学―」（『真宗学』第一〇五・一〇六合併号、二〇〇二年）、「親鸞浄土教再解釈の一視座―宗教多元時代における浄土教の脱構築―」（『宗教研究』第三五七号、二〇〇八年）、「親鸞の組織真宗学原論序説」（『仏教的伝統と人間の生―親鸞思想研究への視座―』安富信哉博士古稀記念論集刊行会、法藏館、二〇一四年）参照。

＊3　「場」という表現には、西田哲学の認識論における「場所」をも含意されている。従来の認識論において、認識される対象と、その認識内容と認識作用そのものとが各々区別され、三者間の関係が論じられてきた。しかし、それらの関係を成り立たせる認識論的根柢は問題にされなかった。これに対して、西田自身の立場として、そうした関係を通して成立しているひとつの認識体系そのものを維持し、そこにおいて体系を成り立たしめているものが考えられなければならないとする。詳細は拙著『親鸞浄土教と西田哲学』（永田文昌堂、一九九一年第一刷、一九九七年第二刷）第一篇第三章「場所」、九五－一三〇頁参見。

＊4　『一念多念証文』「この一如宝海よりかたちをあらはして、法蔵菩薩となのりたまひて、無碍のちかひをおこしたまふをたねとして、阿弥陀仏となりたまふがゆゑに、報身如来と申すなり。これを尽十方無碍光仏となづけたてまつれるなり。この如来を南無不可思議光仏とも申すなり。この如来を方便法身とは申すなり。方便と申すは、かたちをあらはし、御なをしめして、衆生にしらしめたまふを申すなり。すなはち阿弥陀仏なり。この如来は光明なり、光明は智慧なり、智慧はひかりのかたちなり、智慧またかたちなければ不可思議光仏と申すなり。この如来、十方微塵世界にみちみちたまへるがゆゑに、無辺光仏と申す。しかれば、世親菩薩は尽十方無碍光如来となづけたてまつりたまへり。」（『註釈版』no.18六九〇－六九一頁）。

＊5　『西田幾多郎全集』（『全集』と略す）十一、四五六頁、岩波書店。
＊6　「行文類」大行釈、六字釈「必得往生といふは、不退の位に至ることを獲ることを彰すなり。『経』（大経）には「即得」といへり、釈（易行品）には「必定」といへり。「即」の言は願力を聞くによりて報土の真因決定する時剋の極促を光闡するなり。「必」の言は［審なり、然なり、分極なり、］金剛心成就の貌なり。」（『註釈版』no.34 一七〇頁）。
＊7　「哲学の根本問題」〈行為の世界〉一、「形而上学序論」（『全集』七、四五頁）。
＊8　拙論「自性（svabhāva）と実体（substance）―ナーガールジュナとホワイトヘッド―」（『プロセス思想』第二号、一九八七年）
＊9　「哲学の根本問題」〈行為の世界〉一、「形而上学序論」（『全集』七、四六‐四七頁）。
＊10　同（『全集』十一、四四〇頁）。
＊11　『唯信鈔文意』「この如来、微塵世界にみちみちたまへり、すなはち一切群生海の心なり。この心に誓願を信楽するがゆゑに、この信心すなはち仏性なり、仏性すなはち法性なり、法性すなはち法身なり。」（『註釈版』no.4 七〇九頁）。
＊12　『御消息』性信御房宛正嘉元年（一二五七年）丁巳一〇月一〇日、八五歳（『註釈版』七五八‐七五九頁）。
＊13　同右。
＊14　「信文類」（末）真仏弟子釈（『註釈版』no.84 二五六‐二五七頁）。『御消息』建長七歳（一二五五年）乙卯一〇月三日愚禿　親鸞八三歳（『註釈版』no.6 七四八頁）。
＊15　『全集』十一、四四一頁。
＊16　同右。
＊17　『全集』十一、四四四頁。
＊18　『全集』十一、四一二頁。
＊19　『全集』十一、四一九頁。
＊20　『全集』十一、四四三頁。
＊21　『全集』十一、四一二頁。
＊22　『全集』十一、四〇六頁。
＊23　『唯信鈔文意』所引『法事讃』巻下、転経分、第九段（『七祖註釈版』no.71 五六四頁）「極楽無為涅槃界」の「涅槃」

を註釈して「涅槃をば滅度といふ、無為といふ、安楽といふ、常楽といふ、実相といふ、法身といふ、法性といふ、真如といふ、一如といふ、仏性といふ。仏性すなはち如来なり。この如来、微塵世界にみちみちたまへり、すなはち一切群生海の心なり。この心に誓願を信楽するがゆゑに、この信心すなはち仏性なり、仏性すなはち法性なり、法性すなはち法身なり。法身はいろもなし、かたちもましまさず。しかれば、こころもおよばれず、ことばもたえたり。」（『註釈版』no.4 七〇九頁）という。

＊24　『全集』十一、三九三頁。

＊25　『全集』十一、三九五頁。

＊26　同右。

＊27　『全集』十一、三九六頁。

＊28　『全集』十一、四〇九頁。

＊29　『全集』十一、三八五頁。

＊30　龍樹は、『十住毘婆沙論』巻第一序品第一において、六趣の険難・恐怖・大畏を種々なる表現を尽くして説き、死が畏れの根柢として見据えられ、かかる死におののく衆生を救済することは至難であり希有であると次のように頌している。「世間は愍傷すべし。常に皆自利に於いて、一心に富楽を求め、邪見の網に堕し、常に死の畏れを懐きて、六道の中に流転す。大悲の諸の菩薩も能く拯ふこと希有なり。衆生死の至る時能く救護する者無く深黒闇に没在して煩悩の網に縛はる」（『大正蔵』二六、二〇頁上）。

＊31　大信心を「長生不死之神方」ととらえたこと自体が、肉体的死への親鸞の実存的自覚であるのでは無論ない。それは何処までも大信心が弥陀廻向の願心そのものなることを斯く親鸞は称讃したまでである。しかし、大信心が長生不死への真実なる因的契機であると味得せざるを得なかった親鸞の宗教経験の深底には、弥陀の無限なる大乗的生命に対峙した親鸞自身が、一人の愚なる凡夫として衆生の絶対的限界状況を存在論的に自覚していたという宗教的事実のあったことを我々は見逃してはならないであろう。

＊32　「行文類」追釈、一乗海釈、二教二機対（『註釈版』no.98 一九九頁）。

＊33　同（『註釈版』no.99 一九九－二〇〇頁）。

＊34　『愚禿鈔』上、一乗機教（『註釈版』no.21 五〇七頁）。

［第七章］

親鸞浄土教におけるホーリズムとその意義

ハイデガー哲学に照らして

デニス・ヒロタ

要旨

親鸞浄土教の近代化は、西洋文化圏において重視される個人の「主観性」の概念や教義の受け入れとしての「信仰」の理解に影響されながら成し遂げられた。これは、「宗教経験」や「回心《かいしん》」を強調した一九世紀以降のアメリカ人宣教師によるプロテスタント・キリスト教の伝道活動や明治以降の西洋社会制度の導入によって圧迫された状況への、日本の伝統仏教教団の対処でもあった。現在では東西を問わず、人間個々の自主的主体としての自我の存在は、一般的に常識的な見解となっていると言えるだろう。

しかしながら、親鸞の仏道は、超越した自我の実体を徹底的に否定する思想であり、この点において類似しているハイデガー哲学に照らしてみれば、こうした親鸞の姿勢が浮き彫りになる。初期ハイデガーの講義録『宗教現象学入門』（一九二〇〜二一年）に、パウロの書簡の現象学的解釈学とルターの解体的「十字架の神学」が取り上げられ、世間の一般常識から宗教的生への「呼びかけ」や終末思想的時間性などの、親鸞浄土教との共通のテーマがいくつか論じられている。本論文ではこうした共通点の出所を探り、親鸞の宗教的存在を考察する。

親鸞の「信心の行人」としての宗教的立ち位置は、著作や口述において「ホーリズム」（自己・世界の全体性や関係性）といえる新しい自覚のモデルを顕し、浄土仏道への真の門出を示すのである。浄土教との関わりにおいて、自己と周囲の事物を含む新しい「意味の世界」が出現し、時間性において自己の過去（悪業）と将来（浄土）が現在に現成し、念仏者は「凡夫」でありながら「すでにつねに浄土に居す」と言えよう。

▼▼▼キーワード▼ 親鸞、ハイデガー、現象学、宗教経験、パウロ

はじめに

本論文では、「ホーリズム holism」（全体性、全体論的）という概念によって親鸞著作に具現されている思想的原動力を示すことを試みる。[*1] 親鸞の書物の大部分は、浄土仏教の聖典的テクストに基づき、思想的に整理され構造化されている。しかし親鸞の目的は、浄土教の教えを、大系的に、かつ整合性をもって説明すること、あるいは念仏の教えを信ずべき根拠についての理にかなった論証をたてることではない。むしろ、親鸞の著述は「得信心」という仏教的自覚に根差している。親鸞のいう「信心をえたり」や「本願を信ず」とは、教義に対する確信を抱くことではなく、成就された人間存在のあり方を意味する。そして、そのあり方の実現を伝える根本的条件の一つは、我々の日常的かつ常識的な自己理解の限界や虚偽性が顕わになることである。つまり、世界の中心に立つ主体とその対象となる客体の二分法に基づいた把握の仕方や、過去、現在、未来という、一直線に流れてしまう時間の把握の仕方において、転換が生じるということでもある。親鸞にとって信心獲得とは、自己の主観的決断や精神作用ではなく、自己と世界、自己と仏が共に新たに出現し自覚されることである。我が「愚者になる」といい、「世界はよろつのことみなもてそらごとたわごと」であるといい、「弥陀仏は自然のやうをしらせん料《レウ》」であるなどという。また「それほとの業をもちける身にてありける」自己のすがたと、「すでにつねに浄土に居《コ》す」るその自己の「心《シン》」、というかたちで、過去も未来も「信心をえたり」という宗教的現存在として同時に顕れる。本論文では、こうした親鸞の「ホーリズム」を明らかにするために、ハイデガー哲学における類似の思想構造を参考にして考察する。

現代真宗学と比較思想

親鸞の浄土思想は、しばしば、宗教の比較研究において特別な位置を占めると見なされる。というのも、真宗は、大乗仏道の伝統から展開したものであるが、一方でキリスト教思想におけるシンボル、物語、そして概念構造ときわめてよく似ていると理解されることが多いからである。したがって、真宗は、異なった宗教の特徴を併せ持つ一種の混交物として、キリスト教と仏教との対話と理解を助ける「架け橋」を提供できると主張される。*2 私は、以前、この見解のもつ幾つかの問題点について述べたことがある。特に、真宗を大乗の伝統という母体からすっかり切り離し、真宗の意義を、キリスト教の中に類似が見いだされそうな面にもっぱら置こうとする傾向を危惧した。とはいえ、真宗学の分野では、それは、少なくとも表立っては、未だ重視されてはいないが、親鸞思想の比較研究は、なお真宗にとって重大な価値を秘めている。そのような研究は、何らかの形態で根本的であらねばならない次の二つの大きなテーマを考究するために、真宗学に対して真に現代的な様式で、おそらく最も将来性のある方法の一つを提示するだろう。〔i〕時間が経ち変化した現代において、真宗の教義を、的を射た説得力のあるものとして、どのように理解しうるのか。〔ii〕真宗の思想と洞察は、現代人に何を提示できるのか。真宗門徒に対してのみならず、現代社会が直面している緊急の課題に応じて、そしてさまざまな地域のますます入り組んだグローバルな世界で、コミュニティの異なった伝統をもつ人々との対話において、何を提示できるのか。

上記の二つの問題意識を基底に、本稿では、親鸞とハイデガーの思想を比較・考察することにより、現代世界における親鸞思想についての一般的な誤解をただす一つの方向性を提案したい。そして、そのことにより、親鸞思想に関する理解への貢献の可能性の一つを示したい。

さて、本論に入る前に、なぜハイデガーを親鸞と比較することが可能なのか、という点に言及しておきたい。言うまでもなく、ハイデガーは、二〇世紀の西洋を代表する思想家であり、現代思想の広汎な分野で今なお影響力を持ち続けている。しかしなぜ、ドイツ人哲学者と一三世紀の仏教思想家との間の比較が可能なのであろうか。ここでは、以下の二点に言及したい。

最近の研究は、初期のハイデガーへのキリスト教思想の顕著な影響を明らかにした。その中には、本稿でも取り上げる、彼の初期の講義録、『宗教的生と現象学』(WS 1920-21, G60: *Phänomenologie des religiösen Lebens*) のような作品も含まれる。それらの講義でハイデガーは、彼が原始キリスト教 (Urchristentum) と呼ぶものの「事実の生の経験 (faktische Lebenserfahrung)」を考究しようとする一方、自分の思惟《しゅい》へのさまざまなキリスト教思想の、特にルターの「十字架の神学」の影響を明かしている。そしてその際、destructio を Destruktion「解体」と独訳し、神の「異なる業」(fremdes Werk) による人間の能力への自己執着を批判的なものとして除去することを強調する。[*3] 親鸞とハイデガーとの思想の共鳴は、一部には、親鸞の仏道とキリスト教プロテスタントの伝統との間に見いだされる類似した姿勢にまで遡る、さまざまな対応点に由来すると見ることもできよう。特に、親鸞とハイデガーは、キルケゴールが時と永遠性との「無限の質的相違」と呼ぶ、究極の宗教的性向の徹底を有する人間存在の有限性についてのはっきりとした洞察を共有するのである。以上が第一点である。

第二は、親鸞とハイデガーとの間の見解上の類似点の核心に、人間の限界についての彼らの根本的な見方から生じる共通の難題があることだ。両思想家とも、対象界とは別に存在する、安定したそれらの自立的な主観性であるエゴ的自己 (ego-self) と、それに停留した認識のパラダイムを拒絶する。そしてそれと同時に、二人とも、人間の自覚を、分別的思考に不可避的に影響されたものと見なす。つまり、この点で、親鸞は、仏教伝統内の極端な立場を代表することになる。なぜなら彼は、人間存在から凡夫の分別を根絶することは不可能だと見なしているからだ。その代わり彼は、ハイデガーと同様に、人間存在の根本的境位である自己意識にとって必要なものに、それの知識と理解の能力も含め、焦点を合わせる。つまり、ハイデガーが被投性（Geworfenheit, 投げ入れられていること）と事実性（Faktizität）について語るのに対し、親鸞は悪業と生死的存在について語るのである。さらに両者とも、人間に自身の存在の避けることのできない業的有為性（karmic conditionedness）を本能的に無視する傾向があることを明確に自覚していた。したがって、二人の思想家にとって中心問題は、自覚の可能性と、その自覚がどのように無知の内に起こりうるのか、ということであった。では、以下、親鸞とハイデガーの思想の比較に入る。

親鸞のホーリスティックな信心の描出

信心（衆生に授けられる、弥陀の誓願へ自分自身を委ねることとしての仏心）の概念を述べるための、親鸞の言論的手法の特徴とその意義は、ハイデガーによるパウロの解釈と併せて考察することによって解明されるであろう。そのような考察は、親鸞思想の決定的な要素を、主体・客体の二分法を無反省に前提とするモデルよりも、より厳密に、より彼のテクストに密着して理解する方法を示唆するであろう。

親鸞の手法の考察は、正確な理解を妨げる一般的な親鸞思想に関する二つの前提を、あえて前提としないことから始めなければならない。第一の一般的な前提は、西洋のパラダイムにならった枠組み内でのみ、親鸞の仏道を見ようとする傾向である。この傾向は、西洋人研究者と日本国内の仏教やその他の宗教伝統の学者との双方に見いだされる。それは、真宗の特徴とは、あらゆる形態の修行を放棄し、その教えを単純に信じるという信仰であると置き換えることである、という仮説をしばしばもたらしてきた。確かに、親鸞思想の中心問題は、実際、修行と信心の点から見られるべきであろう。しかしながら、それは、後者が前者の伝統的な意義に取って代わるということを意味しない。むしろ親鸞は、人を覚《さと》りに向かわせ得るものが正確に何であるのかを明瞭にしようと努力し、主体であり行為者である自己に関わる宗教実践における基本的前提に挑んだのである。

第二の一般的な前提は、親鸞の主張についての単純な事実を見過ごす傾向である。すなわち、もし彼が述べることが真実であるなら、彼自身の言葉や、彼が書き、翻訳し、解釈する浄土仏教の諸作品からの諸節は、我々が日常想定しているのとは根本的に異なる世界を表出しているという事実である。このことは、まさに今日の我々の状況と同様であるが、親鸞が彼と同時代の読者にとっても事実であることを意識していたことは明らかである。つまり、彼自身は、自己と世界についての共通認識と、彼の著作で描写されるものとを区別していたのである。親鸞を読むことに対するこのような二つの妨げに決定的なのは、表象的知識論が前提となっていることである。表象的知識論では、著者がそうであると信じていること、もしくは個人的に経験したことを、著者が言葉で表現していると理解される。真宗学においてもまた、親鸞の個人的証得（己証）について、親鸞が継承した伝承と対比して語ること、そして最近では、親鸞の個人的宗教体験を親鸞の仏道の解説と信心の概念の基礎として強調することが、一般になされてきた。すなわち、解説者の間には、親鸞の著作における立場は、個人的主体である自己の最上位性を強調することである、という仮定がしばしば存在するのである。

ここで、この問題を把握する一つの手がかりとして、言語に関する諸理論を取り上げたい。というのも、親鸞とハイデガーの両者にとって、人間の本性に特有な分別的把握は、言語によるものである、と特徴づけられるかもしれないからである。[*4] チャールズ・テイラーは、彼が「枠はめ」(enframing, 言語を「枠はめる」理論)と呼ぶものと、彼がハイデガーと関連させて述べる「構成」(constitutive) の諸理論とを区別するが、私はその区分を借用する。テイラーは、「枠はめ」によって、「ロックからホッブス、そしてコンディヤックまでの」言葉に対する道具主義的見解に言及する。[*5] 彼らの見解では、言葉は、心の中の諸概念を伝達するための一つの道具として、すなわち諸概念を形成する心的働き(mental functioning)をも含む、より以前に存在する諸要素から生起するものとして理解される。親鸞の思惟についての議論の大部分は、この広く行き渡った、おそらく直覚的な、見解を前提としているように思われる。弥陀の本願に対する信仰、あるいは念仏が強調される時でさえ、枠はめ理論を手本として理解される傾向があるのだ。その場合、浄土の教え、あるいは念仏は、信仰の主体的行為の対象となる。だが、親鸞にとってそれは、自力の態度の基礎となっている枠はめ理論上の、自律的主体である自己の優先性の暗黙の了解に他ならないのである。対照的に、「構成」理論―テイラーはこの場合はヘルダーが代表的思想家であると主張する―においては、言葉はそれ自身、特質上人間の自覚を可能にするものであり、人間が環境に反応することを可能にするのみならず、規範性あるいは正義の感覚を伴って、対象を特定の事物として同定することを可能とする。これは、意味や内容の文脈化された可能性であり、その可能性によって、人間は単純な記号や信号の地平を超え、言語的次元の内で生活することができるようになるのである。言語的次元では、事物は、言葉を通して、新しい感情的な意味や価値を獲得するのである。ハイデガーの、人よりはむしろ「言語が語るのだ」という場合の逆転は、枠はめ理論というよりはむしろ、「構成」への転換である。本稿での我々の関心と関連づけるなら、次のように言えるかもしれない。構成理論の志向を発展させることによって、ハイデガーは、近代が前提としていることを問題視する、新しい自己理解の観点から、親鸞の表現法と自力に対する彼の批判が理解され得る仕方についてヒントを与える、と。この場合決定的なのは、自己が、原初的に言葉や世界の事物とは別次元にあるものとしてではなく、むしろすでに世界内に存在している、意識されるものとして了解されることである。この「既成性」(alreadiness)の感覚は、親鸞の信心の概念の解説に見られる、ホーリズム(全体性)の時間の一側面である。

親鸞のホーリズム

私は、親鸞の著作における彼の根本的立場の特徴を示すために、〈ホーリズム〉を使う。それは、親鸞が用いる解説法の形成原理であるのみならず、彼の信心の概念の本質をも明らかにする。〈ホーリズム〉という言葉によって、親鸞における「信心獲得」「信心を得」が、本質的には主観的決定あるいは態度ではなく、おそらく新しい意味世界全体の生起それ自体として最もよく表現され得る、と私は考える。その新しい世界では、信心獲得以前の自己と世界が転換されている。つまり、そのような信心の世界内において、人は自身がすでに新しくなっているのを発見するのだ。だが転入を達成するために一個人が成した、もしくは成し得たものは何もなく、一度その世界に転入したなら、転換は決定的であり、その結果その人が元いたところへ戻ることは考えられないのである。信心獲得が名号を聴くことであるということ、そして信心を得て念仏を称《とな》えることが、それぞれ信心と不離であるということは、信心がホーリスティックな性格を持っているからである。彼の著作に関していえば、ホーリズムは、親鸞自身がすでに信心を得ている立場から書いたものであることを意味し、したがって彼は、転換した世界もしくは存在の在り方を表すことによって教えを伝えようと努力するのであり、我々の日常的思考の枠内で証拠あるいは推論を示すことによって、あるいは信心の世界に入る方法や手段を提示することによってではない。この点で、彼は、自己が自律的主体もしくは行為者であるという前提に基づく、信仰や信念の一般的な考えを取り崩す信心のモデルを提供するのである。

　このような著作における親鸞の努力は、師僧である法然の浄土教の核心、つまり親鸞が浄土教の真髄（浄土真宗）と名づけたものを明らかにすることに向けられた。その解明努力の大部分は、法然が未解決のまま残し、弟子を分裂させた大問題、すなわち修行と信、念仏と信心の分離の問題に取り組むことであった。これを達成するために、親鸞は、法然の業績を発展させて、展開しなければならなかった。まず第一に、親鸞は、法然が主に浄土門と他の仏教諸派との区別のために用いた自力と他力の区別の概念を、展開して用いた。具体的には、親鸞は、主として浄土教の中において、自力と他力の区別が重要な意味を持つと考えた。それは、彼の分析によれば、あらゆる浄土教の理解における念仏と信心の二分化の傾向は、自力による自身の能力への執着と、真に他力に入ることができないということから生じるためである。

それゆえ、法然が『選択集』で当時日本の仏教界に広く呼びかける努力をし、そのため広く行き渡っていた言説や論法という因習的な方法を用いたが、それらは親鸞の目的にはどうしても不十分であった。つまり、親鸞にとっては、基本的根拠として、証文に基づいた論理的もしくは伝統的な立証に依拠することは、本質的に、自力と他力の微妙な境界を伝えるうえで、最終的には役に立たないのである。なぜならそれは、すでに分別や判断力という人間の力の有効性を前提にしているからである。[*6] 親鸞は、概念的推論—それが確信を得ようとする知的努力の延長にすぎない時—は、教義上例外はなく、なお仏道の真の了解には障害となるかもしれない、と言う。必要なものは、親鸞の言葉では、自力を「翻す」ことなのだ。親鸞の言う自力には、その人の力である知的な理解や判断という明晰さへの執着をも含んだ。

第二に、親鸞は、浄土仏道についての彼の理解を伝えるためには、自力と他力とでは存在の仕方が異なること、その違いを示す方法しかなかった。そしてそのことによって、弟子たちに、弟子たち自身の自己執着への深い傾向に気づかせようとした。一例として、『歎異抄』の次の一節を見てみよう。[*7]

自余の行もはげみて仏になるべかりける身が、念仏をまふして地獄にもおちてさふらはばこそ、すかされたてまつりてといふ後悔もさふらはめ、いづれの行もおよびがたき身なれば、とても地獄は一定すみかぞかし。

ここでは、弟子たちに、彼らの質問の枠組み内で答えることを拒んだ後、親鸞は、存在の二種の根本的態度の際立った対照を示すことで、彼の答えを練りあげる。二種とは、騙されたことを後悔するかもしれない人と、結果がどうあれまったく後悔しない人、つまり親鸞自身である。言い換えるなら、彼は、「その他の修行に精を出すことによって仏性を得ることが出来たであろう人（自余の行もはげみて仏になるべかりける身）と、どんな修行をも成し遂げることができない人（いづれの行もおよびがたき身）とを、すなわち自力に頼ることが一つの選択肢である人と、それがその人にとって考えられ得るものでなくなった人とを区別するのである。つまり、親鸞は、弟子たちに質問することで、彼ら自身の前提がもつ意味を、彼らにさとらせているのだ。この場合の親鸞の戦略が、実際、口述においてのみならず、彼の和文の著作や『教行証文類』のような体系的な作品においてさえ、彼の典型的な解説法である。たとえば、ある手紙で自力と他力の意味を説明する際、親鸞はこう切り出している。「それ浄土真宗のこころは、往生の根機に他力あり自力あり、このことすでに天竺の論家、浄土の祖師のおほせられたることなり」（『末燈鈔』2; SSZ: 658）と。親鸞の作品における彼の根本的な立場は、ここに簡潔に述べられていると言えるだろう。さらに、親鸞の弟子たちへの応答の中に、彼自身を例として示すことで彼の念仏者としての実際の生き方が取り上げられている。*8 すでに見たように、親鸞は、彼の著作において、救済への方法を説くということよりもむしろ、生死からの解脱が顕現している存在の在り方を示そうとしている。彼は、『歎異抄』第二章に記録された彼の話し言葉で、彼に個人的に生起する、実際に経験される世界を表現することによって、浄土仏道の把握を伝えようとしている。したがって、弟子たちが、書かれたテクストか口伝かによる、念仏を墨守するためのある種の権威ある根拠を求めて親鸞のもとへやって来る時、彼は、彼自身の立場からの一つの表現でもって応答し、「詮ずるところ、愚身の信心におきてはかくのごとし」と締めくくる。これは、単に伝道者として効果的な教育を工夫した結果というにとどまらず、親鸞思想のまさに核心から直接出てくるものである。

第三に、親鸞は、信心と念仏の二分化の問題を、法然の選択の論理よりもラディカルに解決した。法然が論じた選択の論理は、阿弥陀仏が一切衆生を彼の仏国土へ連れてゆく手段として他のあらゆる修行の中から念仏を選び取り、その選択に基づいて、修行者自身がその他の修行を捨て名号を取ることであった。これに対し、親鸞は、念仏者における、主体・客体の二元論を超えた存在の次元を示した。このことは、親鸞の著作において、信心の概念において最も直接的に表現されている。つまり、その信心の概念とは、修行としての阿弥陀の誓願あるいは仏の名号に対する個人の主観的な態度を主とするのではなく、その人へ「向けられた」ブッダの無差別な智慧・慈悲そのものとしての信心である。したがって、念仏者の信心と阿弥陀仏は一つなのである。この基本的モチーフは、念仏を称えることがどうして衆生に与えられた仏の修行であり得るのかという疑問を、親鸞がいかに解決したかを正確に示している。それは、そのような称名《しょうみょう》が、衆生の生において作為的な修行としてではなく、啓発された智慧・慈悲の世界の展開として実行されるようになるからである。

私が親鸞の「ホーリズム」と呼んでいるものの基調をなし、彼の思想と表現法を法然のそれらと区別する、このような複合的な特色の中に、『宗教的生の現象学』におけるハイデガーの見解との類似性を見いだすことができる。先に述べたように、親鸞とハイデガーは、共通の難問への応答として同様の立場を取る。彼らの見解は、二点を特徴とする。すなわち、〔1〕認識を、自律的主観と世界の永続性ある対象との関係と見なす常識的な概念の拒否と、〔2〕因縁性と有限性という人間的状況内における自覚意識の可能性の問題に対する関心とである。では、親鸞のホーリズムの特徴と、パウロの手紙に表現された初期キリスト教徒の「生の経験（Lebenserfahrung）」についてのハイデガーの分析との呼応点のいくつかを手短に述べよう。

■ i　教義的推論に依拠することの拒絶

すでに留意したように、親鸞は、教義の知的把握に基づいて安心を得ようとすることを避ける。この点で、彼の著作の性格は、彼の師の『選択集』とさえ異なっている。親鸞は、法然と同様に、通念となっている学術的解釈や解説を使用するが、理路整然という印象を与えない。むしろ親鸞は、経典からの文章や言葉を繰り返し探っていき、それらの深い意味を開示していく。解説する際の同様の傾向を示すしるしが、ハイデガーの読みによれば、パウロにもはっきりと認められる。たとえばハイデガーは、こうコメントする。

> パウロが理論的にあるいは教義的に主張することがいかに少ないかということは、顕著である……その状況は、理論的論証といった類いではない。客観的、知識的な強調という形で教義から離れてしまったドグマは、キリスト教の信仰心にとって、決して道案内とはなり得なかったであろう。逆に、ドグマの起源が、キリスト教徒の生の経験の行動化の外部からのみ理解し得るのである……（強調原著；PRL 79/G60: 112）

最も重要なのは、教義の合理的説明ではなく、むしろ生の経験である。そしてそのような生の経験は、「行動化」（Vollzug）する仕方で読むことによって、テクストにおいて追体験できるものである。それは、概念内容の理論的把握を逆転させる。パウロの手紙に関して、ハイデガーは、彼の方法をこう説明する。

もし我々が、これを対象‐史的に提示するなら、パウロは、さほど注目されることのない、各地を回って語る普通の説法者として、登場する。さて、もはや我々は、対象‐史的な関連を観察するのではなくて、むしろ我々がパウロとともに手紙を書く、というような仕方で、状況を見る。我々は、彼とともに、手紙を書くということ、もしくは手紙を口述筆記するということを、実行する。パウロは、手紙の書き手という状況で、どのようにテサロニケの人々に向かい合うのか、というのが第一の問いである。(PRL 61/ G60: 87)

ハイデガーにとって、行動化することによって理解することを通して状況に向かい合うことは、そこからその状況が生起し、そこでそれが意味を獲得する、特定のホーリスティックな相互関係の「事実の生経験」に参加することを意味する。同様に、親鸞が弟子たちに、「弥陀の本願まことにおはしまさば、釈尊の説教、虚言なるべからず。仏説まことにおはしまさば、善導の御釈、虚言したまふべからず。善導の御釈まことならば、法然のおほせそらごとならんや。法然のおほせまことならば、親鸞がまうすむね、またもてむなしかるべからずさふらふか」と応答する時、我々は、抽象的な教義ではなく、親鸞がそれを実行することによって流れ出る、誓願の歴史的伝統の一連のアウトラインを見るのである。

■ ii 存在の在り方としての自力と他力

親鸞にとって、信心獲得は、個人のどんな故意もしくは意図的な行為によっても達成されるものではない。それゆえ、それは我々の日常生活の延長にある、継続的な運動の結果ではない。この点で、それは、全体的にすでに生起したものとして、あるいは存在のその他の在り方と照らしてのみ描写され得る。ハイデガーの思惟も、同じような道を辿る。彼は、先に引用した節をこう続ける。

［パウロの］論証の手続きが、諸々の根拠の純粋に理論的な複合体であることはどこにもなく、むしろ、最終的にはそれ自体もある論証においてのみ示されるような類いのものの、独創的な生成複合体である。

ここで統《す》べているのは、実際的な生の基本的振る舞いの反対である。(PRL 80/G60: 112-113)。

「独創的な生成複合体」は、親鸞の信心の実現と相関関係にあると見なされるだろう。それによって人は信心の行人、あるいは正式には念仏者となさしめられる(しからしむ)のである。先に見たように親鸞は、信心を、主観的なあるいは実体的なものとしてではなく個人の主観主義の態度とか要素ではなくホーリスティックなものとして、つまり意味のある諸関係の世界全体の生起それ自体であると考えていた。これによって彼は、自力と他力の生の在り方の点から信心を説明するに至ったのである。その場合、他力とは、自力の否定である。

ハイデガーは、確証を得ようとやって来た弟子たちへの親鸞の応答(『歎異抄』第二章)と類似する手立てをパウロの中で述べている。「パウロに向けられた[再臨が起こる時についての]質問全体が、認識的な問い(cognitive question)ではない……したがって彼は異なった二種の生のあり方を並列するのである」(PRL 72/G60: 102-103)。ハイデガーは、ここで、「テサロニケの信徒への手紙1」の中心主題に言及している。テサロニケの町のキリスト教改宗者たちは、彼らのうちの何人かがキリストが復活する以前に死んでしまったことが気にかかるようになり、彼らの仲間はどうなるのか、いつパルーシアがおこるのか、とパウロに尋ねる。ハイデガーは、第二の質問に対して次のように応答するパウロの戦略に特別な注意を払う。

盗人が夜やって来るように、主の日は来るということを、あなたがた自身よく知っているからです。人々が「無事だ。安全だ」と言っているそのやさきに、突然、破滅が襲うのです。ちょうど妊婦に産みの苦しみがやって来るのと同じで、決してそれから逃れられません。しかし、兄妹たち、あなたがたは暗闇の中にいるのではありません。(テサロニケの信徒への手紙 5: 2-5)

ハイデガーが観察するように、

［パウロは、］「甲あるいは乙の時に、主は再びやって来るだろう」とは言わない。彼はまた、「私には彼がいつ再びやって来るのかわからない」とも言わない。むしろ、彼は「あなたは正確に知っている……」という。その知識は、その人自身のものでなければならない。なぜならパウロは、テサロニケの人々を彼ら自身へ差し向け、そしてそう成った人々として彼らがもっている知識へと差し向けるからである。(PRL 72/ G60: 102-103)

宗教的生は、我々の「平和と安全」の日常的遂行とは対照的に存在する。そのコントラストは、光と闇、昼と夜ほどに、完全で相容れないのである。そして宗教的生は、ふだんの合理主義や常識のレベルで定型化された問いを予め包み込む認識 (Wissen haben) の在り方を必然的に伴う。それらは、生の別個の在り方であり、その相違を知るようになる者が、パウロの会衆の一人となるのだ。

■ iii 信心獲得の状態

我々が『歎異抄』第二章のはじめの言葉に見るように、親鸞は、弟子たちが聖典テクストや正統の伝承から保証を得て、自信を強化しようとすることを否認する。というのも、浄土仏道を確証しようとするそのような試みは、超越した主体であり有能な行為者であるという自己についての誤った前提の延長上になされるからである。親鸞にとって、そのようなエゴ的自己に執着することは、宗教的存在への転入の基本的妨げであるのだ。そしてその反対の見地から、「『他力』と申し候は、とかくのはからひなきを申候なり」（『末燈鈔』10; SSZ:671）というのである。したがって、彼自身にとっては「よきひとの仰せをかぶりて信ずるほかに別の子細なきなり」、ということが彼の主張となる。*9 教義の学習や概念的把握に依拠するのをこのように拒絶するとき、親鸞は、単に、法然の教えの一種の「信仰」を告白しているように思えるかもしれない。だが続けて彼は、「別の仔細なきなり」が意味するところを具体的に詳細に明かし、そうすることによって宗教的専念における経験の質を開示する。それは、彼の弟子たちの期待や彼らの問いの基礎となっている未検証の見解と、鮮やかな対照をなしている。

親鸞は、説明する。「念仏は、まことに浄土にうまるるたねにてやはんべるらん、また地獄におつべき業にてやはんべるらん、総じてもて、存知せざるなり」と。この場合の親鸞の否定―「総じてもて、存知せざるなり」―は、無反省な信仰の消極的な側面を形成する、諦めの不可知論のように思えるかもしれない。だが、親鸞にとってのこの強烈な表現の意義は、『歎異抄』の終わり近くにこの表現が現れる別の例から明らかである。

善悪のふたつ、総じてもて存知せざるなり。そのゆへは、如来の御こころによしとおぼしめすほどに、しりとをしたらばこそ、よきをしりたるにてもあらめ、如来のあしと、おぼしめすほどに、しりとほしたらばこそ、あしさをしりたるにてもあらめど、煩悩具足の凡夫、火宅無常の世界は、よろづのこと、みなもてそらごと、たわごと、まことあることなきに、ただ念仏のみぞまことにておはします。（『歎異抄』後序）

親鸞のここの言葉は、『歎異抄』第二章と同じような質問に対する答えであろう。つまり、浄土に往生するためには何をなさねばならないのか？　あるいはよりありえそうなのは、悪業を犯したにもかかわらず、どうして往生できるのか？　という質問に対する応答である。親鸞の明瞭な主張は、『歎異抄』第二章（「総じてもて存知せざるなり……」）におけるのとまったく同様であり、同じ意義をもつ。この文脈における「存知」―つまり親鸞の弟子たちが求め、親鸞が否認する「存知」―は正しい判断と適切な行動を可能にする、真実なるものへのなんらかの手がかりを元来前提としていることを意味する。日常生活において、我々は通常、こう想定している。我々自身は、最も本質的には、かの正しい判決をなす主観(subjectivity)であり作因(agency)である、と。親鸞の「存知せざるなり」とは、この想定の個人的な否定であり、それは、別の在り方における「存知」を必然的に伴う。すなわち「ただ念仏のみぞまことにておわします」や「弥陀の本願、まことにおはしまさば……親鸞がもうすむね、またもてむなしかるべからず」と表現されるような存知である。つまり、それが信心獲得としての知っていること（存知）なのである。その場合、信心とは、その人自身の主観もしくは教義把握の一面ではなく、人がそこで人生を送る、変容した世界の生起それ自体である。親鸞が述べているように、「信心のひとはその心すでにつねに浄土に居すと釋したまへり。居すといふは浄土に信心のひとのこころつねにいたりといふこころなり」（『末燈鈔』第三通；SSZ: 662）なのである。

ハイデガーは、パウロの初期の手紙を扱う時、知っていること（Wissen haben）と宗教的生の在り方に入っていることとの同じような結びつきを取りあげる。彼は、「成り終え」(Gewordensein) に対して、そして「知っていること」に対して頻繁に使用される表現について、彼の方法に関してコメントしながら、こう述べている。「同じ語の反復を全体的に追跡するのは、外面的だ。しかし人はこれを、実行史的な理解の中で、永遠に繰り返し表面化してくる傾向として、つまりモチーフとして、見なさなければならない」(PRL 65/ G60: 93)。言い換えるなら、表現は、宗教的生の内側から生起し、宗教的生の状態を露呈させるのである。ハイデガーは、パウロの改宗者に関して、「彼らは、彼らの「成り－終え」の知識を持っている」という。すなわち、彼らは、パウロによる彼らの改宗を自覚しているのだ。さらに、「この知識は、他のどんな知識や記憶とも、まったく異なっている。それは、キリスト教徒の生の経験の状況文脈からのみ生ずる」（PRL 65/ G60: 94）のである。我々は、これらの陳述の中に、ハイデガーによるパウロの分析が、我々が親鸞に見たものと似たコミュニケーションの在り方を明らかにしているのを見る。それは、概念的説明という日常的な様式でなされる理論的解説ではなく、聞き手の変化をもたらす仕方での「成り－終え」の状態からの語りなのだ。それゆえ、ハイデガーは、初期のキリスト教の「成り終えはまた、パウロの成り－終えである」と言うのである。なぜなら、彼らの改宗は、パウロが「彼らの生の内へ入り来ること」を作動させるからだ。

親鸞の場合は、『歎異抄』で、ちょうど法然の言葉が彼の生の内へ入ったように、「虚しくはあり得ない」（むなしかるべからず）彼の言葉が弟子たちの生の内へ入るかもしれない唯一の方法として、彼が、彼自身の「信心をえたり」（having-realized）を弟子たちに与えている、のを我々は見る。さらに、この仕方で伝達されるものは、親鸞の「誓願のまこと」である。親鸞の「信心獲得」は、パウロにおけるそれのように、意識することなくしてはない。親鸞は、信心獲得として経験される宗教的生の在り方を、後悔すべからざるものとして否定的言葉で表現するのである。親鸞の弟子たち、そしてパウロの弟子たちにとっては、ハイデガーが言うように、「彼らの成り終え（Gewordensein）は、彼が彼らの生の内へ入り来ることと、結びついている」（PRL 65/ G60: 93）。この点で、親鸞にとっては、「信心獲得」した信心の状態はまた、誓願のまこと（reality）における生の在り方でもあるのだ。

親鸞自身が経験した浄土仏道は、一つの人間の生の在り方として理解されていた。それにおいては、超越的主体としての自己とそれの対象としてのその他すべての前提となっている構成体から生起するその人の知覚は、空虚なものとして把捉されるようになる。その結果、世界内のその人の存在は、内側から、それの現実の有限性において、把握される。親鸞は、彼の洞察を「いづれの行もをよびがたき身なれば、とても地獄は一定すみかぞかし」と表現する。この場合、利己的な判断や先入観の執拗な押しつけは、崩れ去っている。この自覚は、彼の弟子たちの見解と根本的に異なる。彼らは、浄土に到達するために依拠することのできる手段を利用しようと努力する。宗教的専念について自己を具象化する彼らの前提を補強することを避ける仕方で、弟子たちに道の本質を伝えるために親鸞ができることは、信心を実行し、念仏もしくは他力を生きる一修行者として、彼自身の自覚の表現を、それが彼の状態の内側から生起するまま表現して示す以外にないことを彼は知っていたのである。

親鸞とハイデガーが共有する偶然性と有限性の立場の内側からの自己意識という難問は、ハイデガーが成り終えと知っていることとの融合として表現する共通の解決へと導く。この融合は、親鸞とハイデガーが共に表現する「既得性」(alreadiness)、すなわち「つねにすでに」(always already) と呼ばれてきた時制を暗示する。この時間性の問題については、拙著を参照されたい。ハイデガーとの比較は、私が親鸞の「ホーリズム」として略述した統一された複合体の定式化に貢献し、自己を浄土仏道における信心の観念を基礎づける、主体あるいは行為者とする、いかなる近代主義者のモデルをも親鸞が拒絶することを明らかにするのに役立つ可能性をもつのである。

CWS　*The Collected Works of Shinran*. D. Hirota et al. trans. Kyoto: Jōdo Shinshū Hongwanjiha, 1997.

ET　Martin Heidegger. Vom Wesen der Wahrheit, *Wegmarken* (GA9). "On the Essence of Truth." In *Pathmarks*. Edited by William McNeill. Cambridge University Press, 1998.

G60　Martin Heidegger. *Gesamtausgabe*, vol. 60: *Phänomenologie des religiösen Lebens*. Frankfurt am Main: Vittorio Klostermann, 1995.

IM　Martin Heidegger. *Einführung in die Metaphysik* (GA40). *Introduction to Metaphysics*. Translated by

Gregory Fried and Richard Polt. Yale University Press, 2000.
OWA　Martin Heidegger. Der Ursprung des Kunstwerkes, *Holzwege* (GA5). "On the Origin of the Work of Art." In Off *the Beaten Track.* Edited by Julian Young and Kenneth Haynes. Cambridge University Press, 2002.
PRL　Martin Heidegger. *The Phenomenology of Religious Life.* Matthias Fritsch and Jennifer Anna Gosetti-Ferencei, trans. Bloomington: Indiana University Press, 2004.
SSZ　『真宗聖教全書』二

◉註

＊1　本稿は、岩本明美氏による、英文拙稿の日本語訳である。原文の英文論文は未発表であるが、以下の拙著に関連する内容があるので、参照されたい。
"Shinran and Heidegger on Truth," in: Paul Numrich, ed., *Boundaries of Knowledge in Buddhism, Christianity, and the Natural Sciences* (Göttingen: Vandenhoeck and Ruprecht, 2008), pp. 59-79;
"Shinran and Heidegger on the Phenomenology of Religious Life,"「真宗学」199-120号、二〇〇九年3月、1-30;
"Shinran in the Light of Heidegger: Rethinking the Concept of *Shinjin,*" in: *Classical Japanese Philosophy, Frontiers of Japanese Philosophy7* (Nagoya: Nanzan Institute for Religion and Culture), ed. by James Heisig and Rein Raud, 2010, pp. 207-231;
"The Awareness of the Natural World in Shinjin," in: *Buddhist-Christian Studies*, 31, 2011, pp. 189-200;
"Shinran's Hermeneutics of Entry into Religious Awareness," in: 今井雅晴先生古稀記念論文集編集委員会編，『中世文化と浄土真宗』思文閣，二〇一二年、pp. 1-28 (642-615),
"Shinran and Heidegger on Dwelling: Reading Shinran as a Phenomenology of Shinjin," in: *Contemporary Buddhism: An Interdisciplinary Journal* (Routledge), 15:2 (November 2014), pp. 448-464;

"The Nembutsu as Ethos: Shinran's Understanding of Practice in the Light of Heidegger," in:『法然仏教の諸相』法蔵館，二〇一四年，pp. 163-180.

＊2　そう明言したものとしては、以下を参照。Jan van Bragt, "Buddhism—Jōdo Shinshū—Christianity: Does Jōdo Shinshū Form a Bridge between Buddhism and Christianity?," in: *Japanese Religions* 18:1 (January 1993).

＊3　特に、ハイデガーが言及する、ルターの「ハイデルベルク論争」参照。

＊4　以下の拙稿参照。"Shinran's View of Language: A Buddhist Hermeneutics of Faith," *Eastern Buddhist*, 26:1, pp. 50-93 (Spring 1993) and 26:2, pp. 91-130 (Autumn 1993).

＊5　Charles Taylor, "Heidegger, Language, and Ecology," in: Hubert Dreyfus and Harrison Hall, eds., *Heidegger: A Critical Reader* (Cambridge, Mass: Blackwell, 1992), and "Heidegger on Language," in Hubert L Dreyfus and Mark A. Wrathall, eds., *A Companion to Heidegger* (Oxford: Blackwell Publishing, 2005), pp. 433-455. Charles Taylor の二〇一六年出版の *The Language Animal: The Full Shape of the Human Linguistic Capacity* (Cambridge, MA: Belknap Press) では enframing の代わりにより明白である designative（指し示す）を使用している。

＊6　我々はそれを、自分の弟子の問いに対処する親鸞の戦略において、また次のような手紙の一段において窺うことができる。「さては御法門の御不審に、一念発起のとき無碍の心光に摂護せられまいらせ候ゆへに、つねに浄土の業因決定すとおほせられ候。これめでたく候。かくめでたくはおほせ候へども、これみなわたくしの御はからひになりぬとおぼえ候」（『末燈鈔』10; SSZ: 670）。

＊7　親鸞の自著から例を示すことも可能であろうが、今は表現が直接的で、専門的ではない『歎異抄』から引用する。なお、この説全体は以下である。「おのおの十余箇国のさかひをこえて、身命をかへりみずして、たづねきたらしめたまふ御こころざし、ひとへに往生極楽のみちを問ひきかんがためなり。しかるに念仏よりほかに往生のみちをも存知し、また法文等をもしりたるらんと、こころにくくおぼしめしておはしましてはんべらんは、おほきなるあやまりなり。もししからば、南都北嶺にもゆゆしき学生たちおほく座せられて候ふなれば、かのひとにもあひたてまつりて、往生の要よくよくきかるべきなり。親鸞におきては、ただ念仏して弥陀にたすけられまゐらすべしと、よきひと（法然）の仰せをかぶりて信ずるほかに別の子細なきなり。念仏は、まことに浄土に生るるたねにてやはんべらん、また地獄におつべき業にてやはんべるらん。総じてもつて存知せざるなり。たとひ法然聖人にすかされまゐらせて、念仏して地獄におちたりとも、

さらに後悔すべからず候ふ。そのゆゑは、自余の行もはげみて仏に成るべかりける身が、念仏を申して地獄にもおちて候はばこそ、すかされたてまつりてといふ後悔も候はめ。いづれの行もおよびがたき身なれば、とても地獄は一定すみかぞかし。弥陀の本願まことにおはしまさば、釈尊の説教虚言なるべからず。仏説まことにおはしまさば、善導の御釈虚言したまふべからず。善導の御釈まことならば、法然の仰せそらごとならんや。法然の仰せまことならば、親鸞が申すむね、またもつてむなしかるべからず候ふか。詮ずるところ、愚身の信心におきてはかくのごとし。このうへは、念仏をとりて信じたてまつらんとも、またすてんとも、面々の御はからひなりと。」

＊8　Cf.『歎異抄』の編者・唯円は、その後序でこうコメントしている。「さればかたじけなく、わが御身にひきかけて、われらが身の罪悪のふかきほどをもしらず、如来の御恩のたかきことをもしらずして迷へるを、おもひしらせんがためにて候ひけり。」

＊9　親鸞の弟子・唯円によって書かれた『歎異抄』の後半の諸節で、宗教的生において学ぶことの意義の問題が、直接取りあげられる。特に、『歎異抄』12を参照。

［第八章］

親鸞における人間様態の問題

三哉が明かすもの

川添泰信

要旨

今日、宗教を語る上において、主体性という言葉は当然のように使用されている。しかし主体性については、主体性論争として宗教的分野、否、宗教的分野以外から論争が起こり、そのことが宗教的分野にも広がり論争が行われたという経緯がある。そして主体性については、その内容が多義的であり、個々人が用いる内容が一様ではないことが言われていた。それゆえ主体性として問題を取り上げることについては、今もって判然としないという意識を持っている。そこで改めて主体性の定義はさまざまであろうが、本論では親鸞が二九歳の時に法然から念仏を教示され、半世紀余りの後になお法然の教えに帰順していることをもって、事実として主体性があった、という意味において、親鸞の主体性の位置づけを行うことができるのではないか、と考えるものである。

親鸞の主体性の象徴的な表現は、念仏といわれ、信心といわれるものであろうが、より具体的には念仏、信心の具体的な宗教的表現である「三哉」において見ることができるであろう。すなわち「悲哉」「慶哉」「誠哉」の三つの言葉である。それは「悲」は、現実の自身の実相《じっそう》を直視することによって、自己の過去が現出するということであり、そこには無慚無愧《むざんむぎ》の姿があるということである。また「慶」とは、現在における自身の念仏者としての意味を見いだすということであり、それは同時に未来が顕現するということであり、そこには究極としての成仏を見るということである。そしてさらに「誠」とは、法然教示の念仏に値遇することによって、その念仏を通して真如、一如としての真理を信知することができたということである。親鸞の示した「三哉」は、法然との値遇によって「誠」を信知することができ、そのことによって「悲」も「慶」も生起《しょうき》するものでもあったのである。

▼▼▼キーワード▼ 親鸞、悲哉、慶哉、誠哉

はじめに

およそ二五〇〇年前に、インドのゴータマ・ブッダ（Gotama Buddha）[*1]によって仏教が開顕されて以来、その教えは時代の変遷とともに、多様な教説を生み出してきた。それは東南アジア、中央アジア、中国、日本へと伝播し、今日では地域によって濃淡の差はあるにしても全世界に広がっているということができる。アミターユス（Amitāyus、無限の寿命を持つもの）、アミターバ（Amitābha、無限の光明を持つもの）、すなわち光明と寿命を原語とする阿弥陀仏信仰も、[*2]浄土教思想としてインド、中国、日本へと展開してきた。日本に仏教が伝来して以来、奈良における仏教の展開、さらには空海（七七四―八三五）、最澄（七六七〔七六六〕―八二二）における日本的仏教の展開をへて、鎌倉時代には庶民に開示された仏教として大きく花開いたのである。それは法然（一一三三―一二一二）をはじめとして、親鸞（一一七三―一二六二）、道元（一二〇〇―一二五三）、日蓮（一二二二―一二八二）、一遍（一二三九―一二八九）等、今日の日本仏教の一翼を形成する始源的展開であった。本論はこのように展開してきた日本仏教のなか、浄土仏教として開示された親鸞の教えを取り上げるものである。親鸞の教えは従来、行信半学と称されるように行、信、また浄土、阿弥陀仏等さまざまなテーマについて深広にとりあげられてきた。しかし親鸞の思想をきわめて概括的に分けると、仏に関わる問題と、人間に関わる問題とに大別することができる。そして親鸞の思想は、人間の洞察においてもっとも深遠な思想を明かしたということができる。親鸞は二九歳のときに比叡山をおりて法然のもとに行くのであるが、そこで教示された念仏の教えを半世紀をへてなお、「故法然聖人は、『浄土宗の人は愚者になりて往生す』」（『親鸞聖人御消息』『註釈版』七七一頁）と示されたと明かしているのである。それはまさに親鸞が法然の教示を主体的に受け止めたこと以外の何ものでもないであろう。その法然によって開示された念仏の教えによって顕わになった人間の問題、すなわち、宗教的人間の様態《ようたい》として、従来、「悲哉」「慶哉」「誠哉」の「三哉」が言われている。

本論ではこの「三哉」をキーワードとして、親鸞の悲しみ、慶び、誠とは何だったのか、親鸞思想の宗教的人間の様態の一端について見てみたい。[*3]

一、悲哉

親鸞の人間存在の理解は、「曠劫《こうごう》を経歴《きょうりゃく》」(「総序」『註釈版』一三二頁)するものであり、「常没の凡愚、流転の群生」(「別序」『註釈版』二一一頁)と言われるように、人間は果てしない輪廻の世界をただただ流転する存在であった。それは永遠に連続されるものであって決して迷いの世界から超脱することはできないという認識であった。しかも現実の世界は仏教の歴史認識である三時思想の末法[*4]のなかにあるものでもあった。末法の世界では、ただ仏の教のみが存在するだけであって、現実には行も証もない世界であったのである。それは、親鸞が生きた鎌倉という時代に対する世界観でもあったということができるであろう。[*5]そのような時代認識を持っていた親鸞にとって、人間はどのように見られていたのであろうか。親鸞の人間理解においてあげられるのは、いわゆる悪人正機《あくにんしょうき》説[*6]であるが、それは善人が往生するのであるから、悪人が往生することは言うまでもないとする主張である。この親鸞の悪人であるという人間に対する見方、その悪人とはどのような内容なのかが問題となってくるであろう。[*7]親鸞は自らのことを「悲」しき存在であると明かしている。すなわち、

まことに知んぬ。悲しきかな愚禿鸞、愛欲の広海に沈没し、名利の太山に迷惑して、定聚の数に入ることを喜ばず、真証の証に近づくことを快しまざることを、恥づべし傷むべしと。(「信巻」『註釈版』二六六頁)

である。人間とは棄てることのできない愛や名誉、欲望という煩悩に翻弄される存在であり、それゆえ往生決定の不退転の数にはいることを喜ばない私であり、また真実の悟りに近づこうともしない存在であり、そのような自身について恥ずべきであり、傷むべきであると自己を見ているのである。さらには、

悲しきかな、垢障の凡愚、無際よりこのかた助正間雑し、定散心雑するがゆゑに、出離その期なし。みづから流転輪廻を度るに、微塵劫を超過すれども、仏願力に帰しがたく、大信海に入りがたし。まことに傷嗟すべし、深く悲嘆すべし。（「化巻」『註釈版』四一二頁）

と言われるように、愚かな人間は行について始めもない過去から正しい行法と助けとなる行法を交えて修しており、また信についても集中する心と散乱する心が入り交じっているから悟りを得ることができない。さらには迷いの世界を長い間巡り真実の仏願力に入ることができず、真実の信の世界に入ることができない。本当に恥ずべきであり、嘆き悲しむべきことである、と示している。すなわち「悲」とは人間の迷いの姿が示され、悟入《ごにゅう》できないことに対して語られるものである。それゆえ、衆生の迷いの存在としての実相を示しているということができるであろう。加えて浄土教思想の展開において人間の理解の差異は、善導の『観経疏』「散善義」における「不得外現賢善精進之相　内懐虚仮」の訓読の相違においても見ることができる。以下に善導と親鸞の訓読について述べる。

善導……外に賢善精進の相を現じ内に虚仮を懐くことを得ざれ（『七祖篇』四五五頁）
親鸞……外に賢善精進の相を現ずることを得ざれ　内に虚仮を懐いて（「信巻」『註釈版』二一七頁）

善導は外面において賢善精進の姿を示すのであれば、内面に虚偽を持ってはならないと理解しており、親鸞は外面において賢善精進の姿を示してはならない、なぜなら内面は虚仮であるからと理解している。このような善導、親鸞の訓読から言えることは、善導においては外面が立派であれば、内面も立派でなければならないという主張であり、親鸞の理解は外面に立派な姿を示してはならないのであり、その理由は人間の内面は嘘偽り以外の何ものでもないと理解される。ここに善導と親鸞の人間に対する見方の相違を看取することができる。人間について、善導は善き存在であるべきという主張であり、親鸞は悪しき存在以外の何ものでもないという理解であった。そしてこのような親鸞の人間に対する理解は、仏にしか救うことのできない極重としての人間の存在を示しているのである。すなわち、先に挙げた親鸞自身の「悲」のありようについて述べた後に、

それ仏、難治の機を説きて、『涅槃経』(現病品)にのたまはく、「迦葉《かしょう》、世に三人あり、その病治しがたし。一つには謗大乗、二つには五逆罪、三つには一闡提《いっせんだい》なり。かくのごときの三病、世のなかに極重なり。ことごとく声聞《しょうもん》・縁覚《えんがく》・菩薩のよく治するところにあらず。(「信巻」『註釈版』二六六頁)

ここをもつて、いま大聖(釈尊)の真説によるに、難化の三機、難治の三病は、大悲の弘誓を憑み、利他の信海に帰すれば、これを矜哀して治す、これを憐愍して療したまふ。たとへば醍醐の妙薬の、一切の病を療するがごとし。濁世の庶類、穢悪の群生、金剛不壊の真心を求念すべし。本願醍醐の妙薬を執持すべきなりと、知るべし。(「信巻」『註釈版』二九五―二九六頁)

と示すように、『涅槃経』によって、①大乗仏教を謗《そし》る者、②五逆罪の者、③一闡提の者を挙げているの

である。すなわち①は仏教自体を否定するものであり、②は、元来、在家の信者が護るべきこととして定められていた父、母、仏教の修行者、釈尊を毀損すること、僧団を混乱させることなどを行う者、③は仏になる可能性が根源的にない者、もしくは仏法に対して不信の者を挙げているのである。また続けて、

それ諸大乗によるに、難化の機を説けり。いま『大経』には「唯除五逆誹謗正法」といひ、あるいは「唯除造無間悪業誹謗正法及諸聖人」（如来会・上）とのたまへり。『観経』には五逆の往生を明かして謗法を説かず。『涅槃経』には難治の機と病とを説けり。これらの真教、いかんが思量せんや。（「信巻」『註釈版』二九六頁）

と明かすように、教理的問題として論じられてきた救い難き衆生《しゆじよう》について、『大経』第十八願には五逆と誹謗正法が挙げられ、『観経』には五逆しか挙げられない教説の相違に注目した曇鸞の理解を挙げ、五逆のものは救われるが仏教を否定する謗法の者は救われないということを明かすのである。[*8] そして究極的には曇鸞の理解を通して善導が「謗法・闡提、回心すればみな往くによる」（『法事讃』『七祖篇』五一八頁）[*9] と示すように、「悲」なる者の内実である難化の三機は救われるとしている。いわば親鸞のいう「悲」は浄土教の教理的背景を踏まえたものでもある。

さらに「悲」の具体的な姿であり、仏教としては当然であった懺悔について、善導は、

懺悔に三品あり。上・中・下なり。「上品《じようぼん》の懺悔」とは、身の毛孔のなかより血流れ、眼のなかより血出づるものを上品の懺悔と名づく。「中品の懺悔」とは、遍身に熱き汗毛孔より出で、眼のなかより血流るるものを中品の懺悔と名づく。「下品の懺悔」とは、遍身徹りて熱く、眼のなかより涙出づもの

を下品の懺悔と名づく。(『往生礼讃』『七祖篇』七〇七頁)

と示すように、懺悔を三種類に分け、上位の懺悔は体と目から血を流すものであり、また中位の懺悔は体からは熱い汗を流し、目からは血の涙を流すものであって、さらに下位の懺悔は体は熱く、また目からは涙を流すものであると懺悔について述べているのである。親鸞はこのような教示を受けて、「真心徹到するひとは　金剛心なりければ　三品の懺悔するひとと　ひとしと宗師はのたまへり」(「高僧和讃」『註釈版』五九一頁)と明かすのである。しかし、親鸞は「「凡夫」といふは、無明煩悩われらが身にみちみちて、欲もおほく、いかり、はらだち、そねみ、ねたむこころおほくひまなくして、臨終の一念にいたるまでとどまらず、きえず、たえずと」(『一念多念証文』『註釈版』六九三頁)ともいうように、人間の煩悩は命あるかぎり、たとえ懺悔を行っても滅尽することはないというのである。それゆえ親鸞は、

耆婆答へていはく、〈善いかな善いかな、王罪をなすといへども、心に重悔を生じて慚愧を懐けり。大王、諸仏世尊つねにこの言を説きたまはく、二つの白法あり、よく衆生を救く。一つには慚、二つには愧なり。慚はみづから罪を作らず、愧は他を教へてなさしめず。慚は内にみづから羞恥す、愧は発露して人に向かふ。慚は人に羞づ、愧は天に羞づ。これを慚愧と名づく。無慚愧は名づけて人とせず、名づけて畜生とす。慚愧あるがゆゑに、すなはちよく父母・師長を恭敬す。慚愧あるがゆゑに、父母・兄弟・姉妹あることを説く。善きかな大王、つぶさに慚愧あり。乃至　王ののたまふところのごとし。《よく治するものなけん》と。(「信巻」『註釈版』二七五―二七六頁)

と示すように、慚愧というのである。すなわち慚とは、自ら罪を作ることなく、内面に向かって恥じるも

のであり、また人に向かって羞恥するものである。さらに愧とは、他に向かって教示して罪を作らせないことであり、また外に向かって羞恥するもので、さらには天に向かって恥じるものである。そして慚愧のないものは、人とはいえないものであり、畜生以外の何ものでもないと明かすのである。それは往生成仏のさわりとなる煩悩や罪を消すのではなく、ただひたすらに、内外に羞恥することに徹底するものであった。しかもさらには、親鸞自身の言葉として自らを凝視し、「無慚無愧のこの身にて」（「正像末和讃」愚禿悲歎述懐讃『註釈版』六一七頁）と述べるように、経典に明かされるように羞恥することすらできない自身であるということが告白されるのである。[*10] それゆえ自身の現実の姿は、「小慈小悲もなき身にて　有情利益はおもふまじ」（同）というように、親鸞の明かす人間とは、自らの力によって人を救うわずかな慈悲さえもないのが人間の真実の姿であって、それは親鸞自身の姿でもあり、それこそが「悲」の姿でもあったのである。

二、慶哉

人間に喜びや悲しみの感情があるように、救いを求める人間の様態についても、「悲」とともに「慶」の側面があるのも当然のことであろう。ではその「慶」について親鸞はどのように明かしているのであろうか。親鸞は「慶」について次のように示している。

ここに愚禿釈の親鸞、慶ばしいかな、西蕃・月支の聖典、東夏・日域の師釈に、遇ひがたくしていま遇ふことを得たり、聞きがたくしてすでに聞くことを得たり。真宗の教行証を敬信して、ことに如来の恩徳の深きことを知んぬ。ここをもつて聞くところを慶び、獲るところを嘆ずるなりと。（「総序」『註釈版』一三二頁）

それ真実の信楽を案ずるに、信楽に一念あり。一念とはこれ信楽開発の時剋の極促を顕し、広大難思の慶心を彰すなり。（「信巻」註釈版二五〇頁）

慶ばしいかな、心を弘誓の仏地に樹て、念を難思の法海に流す。深く如来の矜哀を知りて、まことに師教の恩厚を仰ぐ。（「化巻」『註釈版』四七三頁）

「慶楽」とは、「慶」の言は印可の言なり、獲得の言なり、「楽」の言は悦喜の言なり、歓喜踊躍なり。（『愚禿鈔』『註釈版』五三九頁）

このように親鸞は「慶」についてさまざまな経典に出遇い、また師の教えに遇うこととして明かしており、しかも遇うこと、聞くことが困難であるとの認識を持ち、その遇いがたい、聞くことが困難な教えに今遇うことができたこと、さらに言うならその法による教示を聞くことができたことに対して「慶」と明かしている。いわば、親鸞自身は、法の教示を聞いた身であることに対して「慶」と示している。それゆえ「如来の矜哀」を知るがゆえに、「師教の恩厚」に対して「仰ぐ」以外にはないのである。したがって、親鸞のいう「慶」とは「仰ぐ」という性格のものであったということをまずもって言うことができる。そしてさらには「「慶楽」とは、「慶」の言は印可の言なり」と明かされるように、仏によって許されているということであり、このような理解は「聴聞」に「ユリテキク」（許されて聞く）（「化巻」『浄土真宗聖典全書』第二巻二〇一頁）[*11]と訓を附しているのと同様の意向を明かすものでもあろう。そして、親鸞は信の一念を明かすことについて、信獲得の時剋性と相貌性について明かしている。すなわち「信楽開発の時剋の極促」とは、信心＝信楽が起こる事態を示すのであるが、それは信獲得の初めの一念、すなわち初発の一念を明かすことである。また「広大難思の慶心」とは、信心の喜びの姿を明かしているということができる。つまり信獲得と同時に信心には「慶心」という喜びがあるということでもある。「慶心」は「慶楽」とも「歓喜」とも示されるのであるが、このこ

とについて『一念多念証文』には、

「信心歓喜乃至一念」といふは、「信心」は、如来の御ちかひをききて疑ふこころのなきなり。「歓喜」といふは、「歓」は身をよろこばしむるなり、「喜」はこころによろこばしむるなり、うべきことをえてんずとかねてさきよりよろこぶこころなり。（『註釈版』六七八頁）

「歓喜踊躍乃至一念」といふは、「歓喜」は、うべきことをえてんずと、さきだちてかねてよろこぶこころなり。「踊」は天にをどるといふ、「躍」は地にをどるといふ。よろこぶこころのきはまりなきかたちなり。慶楽するありさまをあらはすなり。慶はうべきことをえてのちによろこぶこころなり、楽はたのしむこころなり、これは正定聚の位をうるかたちをあらはすなり。（『註釈版』六八四－六八五頁）

と明かすように、よろこびを示す「歓喜」の「歓」については身体的なよろこびをあらわすものであり、また「喜」は精神的なよろこびをあらわすものであると示している。「慶楽」については、時間的に「さきだち」と「のち」に区別して喜びを明かしている。そして喜びの姿である「踊躍」については、喜びが極まりないものであることが示される。このような理解からいえることは喜びとは全人格的なものであり、また感情的な喜びは時間的前後があるものとして理解しているということができる。そしてこの喜びは単に人間の感情に基づく喜びではなく、他力回向の信そのものの表出でもあるということであろう。親鸞はその根拠として、

ゆゑに『大本』（大経・下）にのたまはく、「仏、弥勒に語りたまはく、〈それ、かの仏の名号を聞くことを得て、歓喜踊躍して乃至一念せんことあらん。まさに知るべし、この人は大利を得とす。すなはち

これ無上の功徳を具足するなり〉」と。(「行巻」『註釈版』一八八頁)

本願成就の文、『経』(大経・下)にのたまはく、「あらゆる衆生、その名号を聞きて信心歓喜せんこと、乃至一念せん。至心に回向せしめたまへり。かの国に生ぜんと願ぜば、すなはち往生を得、不退転に住せん。ただ五逆と誹謗正法とをば除く」と。(「信巻」『註釈版』二一二頁)

と示すように、喜びは第十八願成就の信そのものにあると明かす。しかしながら具体的な念仏者のありようについては、信の喜びが表出できない事態についても示している。すなわち『歎異抄』には、

念仏申し候へども、踊躍歓喜のこころおろそかに候ふこと、またいそぎ浄土へまゐりたきこころの候はぬは、いかにと候ふべきことにて候ふやらんと、申しいれて候ひしかば、親鸞もこの不審ありつるに、唯円房おなじこころにてありけり。よくよく案じみれば、天にをどり地にをどるほどによろこぶべきことをよろこばぬにて、いよいよ往生は一定とおもひたまふなり。よろこぶべきこころをおさへてよろこばざるは、煩悩の所為なり。しかるに仏かねてしろしめして、煩悩具足の凡夫と仰せられたることなれば、他力の悲願はかくのごとし、われらがためなりけりとしられて、いよいよたのもしくおぼゆるなり。(『註釈版』八三六頁)

と述べられている。それは信には本来的に如来の他力回向として喜びがあるにもかかわらず、その喜びを喜ぶことができない事実を明かしている。しかし仏は衆生が喜べないことを見越して本願は建立されたものであって、喜べないからこそ本願の確かさが間違いのないものであるというパラドキシカルな論理によって、仏による他力回向の喜びの真のありようについて明かしている。そしてこのような喜びの姿は、信心の行者

が就く正定聚の位でもあることが示されている。親鸞は正定聚について、

しかれば、真実の行信を獲れば、心に歓喜多きがゆゑに、これを歓喜地と名づく。これを初果に喩ふることは、初果の聖者、なほ睡眠し懶堕なれども二十九有に至らず。いかにいはんや十方群生海、この行信に帰命すれば摂取して捨てたまはず。ゆゑに阿弥陀仏と名づけたてまつると。これを他力といふ。ここをもつて龍樹大士は「即時入必定」（易行品）といへり。曇鸞大師は「入正定聚之数」（論註・上）といへり。仰いでこれを憑《たの》むべし。もつぱらこれを行ずべきなり。（「行巻」『註釈版』一八六－一八七頁）

と明かすように、真実の行信をえるならば、五十二位の行道の中の歓喜地に就くのであり、七祖の中、龍樹は「必定」といい、また曇鸞は「正定聚」と示していると述べる。親鸞は『大経』に基づいて「聞」とは、阿弥陀仏の生起とその展開について疑いなく信じることが真実の「聞」であることを明かすとともに、その信心は阿弥陀仏の本願による衆生への回向であって、しかも信心による歓喜は身と心の喜びの姿であると述べ、さらには如来回向の信心こそが浄土往生の真の因であるということを示している。このような信心による利益について、

金剛の真心を獲得すれば、横に五趣八難の道を超え、かならず現生に十種の益を獲。なにものか十とする。一つには冥衆護持の益、二つには至徳具足の益、三つには転悪成善の益、四つには諸仏護念の益、五つには諸仏称讃の益、六つには心光常護の益、七つには心多歓喜の益、八つには知恩報徳の益、九つには常行大悲の益、十には正定聚に入る益なり。（「信巻」『註釈版』二五一頁）

と明かすように、現生での信の利益として十種あると示すなか、正定聚については利益の総益であると述べている。そしてこのような正定聚について、

王日休がいはく（龍舒浄土文）、「われ『無量寿経』を聞くに、〈衆生、この仏名を聞きて信心歓喜せんこと乃至一念せんもの、かの国に生ぜんと願ずれば、すなはち往生を得、不退転に住す〉と。不退転は梵語にはこれを阿惟越致といふ。『法華経』にはいはく、〈弥勒菩薩の所得の報地なり〉と。一念往生、すなはち弥勒に同じ。（「信巻」『註釈版』二六三頁）

信心をえたるひとは、かならず正定聚《しょうじょうじゅ》の位に住するがゆゑに等正覚《とうしょうがく》の位と申すなり。『大無量寿経』には、摂取不捨の利益に定まるものを正定聚となづけ、『無量寿如来会』には等正覚と説きたまへり。その名こそかはりたれども、正定聚・等正覚は、ひとつこころ、ひとつ位なり。等正覚と申す位は、補処の弥勒とおなじ位なり。弥勒とおなじく、このたび無上覚にいたるべきゆゑに、弥勒とおなじと説きたまへり。

さて、『大経』（下）には、「次如弥勒」とは申すなり。弥勒はすでに仏にちかくましませば、弥勒仏と諸宗のならひは申すなり。しかれば弥勒におなじ位なれば、正定聚の人は如来とひとしとも申すなり。浄土の真実信心の人は、この身こそあさましき不浄造悪の身なれども、心はすでに如来とひとしければ、如来とひとしと申すこともあるべしとしらせたまへ。弥勒はすでに無上覚にその心定まりてあるべきにならせたまふによりて、三会のあかつきと申すなり。浄土真実のひとものこころをこころうべきなり。光明寺の和尚（善導）の『般舟讃』（意）には、「信心のひとは、その心すでにつねに浄土に居す」と釈したまへり。「居す」といふは、浄土に、信心のひとのこころつねにゐたりといふこころなり。これは弥勒とおなじといふことを申すなり。これは等正覚を弥勒とおなじと申すによりて、信心のひとは如来と

ひとしと申すこころなり。（『親鸞聖人御消息』『註釈版』七五八－七五九頁）

これは経の文なり。『華厳経』（入法海品・意）にのたまはく、「信心歓喜者与諸如来等」といふは、「信心よろこぶひとはもろもろの如来とひとし」といふなり。「もろもろの如来とひとし」といふは、信心をえてことによろこぶひとは、釈尊のみことには、「見敬得大慶則我善親友」（大経・下）と説きたまへり。また弥陀の第十七の願には、「十方世界　無量諸仏　不悉咨嗟　称我名者　不取正覚」（大経・上）と誓ひたまへり。願成就の文（同・下意）には、「よろづの仏にほめられ、よろこびたまふ」とみえたり。（『親鸞聖人御消息』『註釈版』七五九頁）

と明かされるように弥勒と念仏者は同じであり、如来とひとしといわれる。すなわち、親鸞にとっては、信心の人は「弥勒と同じ」であり、「如来と等しい」といわれるような、もっとも優れた位置付けの意味を持つものでもあった。このような「次如弥勒」「信心歓喜者与諸如来等」は『大無量寿経』にその根拠を見ながらも、『法華経』や『華厳経』にも説示されている。そしてそのことは「諸宗のならひ」でもあると親鸞は言っている。念仏者が「弥勒に同じ」「如来に等し」ということは、単に浄土門の主張ではなく、聖道門である仏教そのものの説示であることを述べようとするものであろう。いわば念仏するものの意義について、いかに仏教においてその意義深さが明かされているのかを、仏教全体のなかで意味づけようとしているということができる。では、浄土教において究極的な願いである往生との関係性についてはどのように考えられるのであろうか。それは「現に正定聚に住しているが故に浄土往生があるのであって、浄土往生のために現に正定聚に住しているのではない」[*12]という意味において信の喜びはあり、その位置付けとしての正定聚の意味があるということである。このような親鸞の理解は真宗の展開の中において、

わ太しやらく二なりまし太　いそぐご正をあな太二とられ　いまわゆうらくなむあみ太ぶつ*13

と念仏信仰の実相《じっそう》が明かされるように、現在の念仏者のありようは「ゆうらく」(遊楽)といわれる。この娑婆世界は無常であり、末法であり、穢土であり、苦しみ悩む煩悩の世界以外の何ものでもないにもかかわらず、遊び楽しむ世界として捉えている。それはまさに親鸞が明かす正定聚としての信のよろこびと同質の世界であると思われる。

三、誠哉

人間の実相について、また自身のありようについてもっとも深く、その虚仮なる存在として自己を見つめた親鸞にとって、自身の姿とは真逆である真実のありさまをどのように見ていたのであろうか。親鸞は、誠のありかたについて次のように示している。

誠なるかな、摂取不捨の真言、超世希有の正法、聞思して遅慮することなかれ。(「総序」『註釈版』一三二頁)

すなわち、誠なるありさまとして、「摂取不捨の真言、超世希有の正法」を信心することであると明かしている。それは阿弥陀仏の名、およびその法を聴き疑いなく信ずることである。このようなありかたについて親鸞は、

十方微塵世界の　念仏の衆生をみそなはし　摂取してすてざれば　阿弥陀となづけたてまつる（「浄土和讃」弥陀経讃『浄土真宗聖典全書』第二巻三七九頁）

と阿弥陀仏が阿弥陀仏である意味は、摂取し捨てないからこそであると述べ、さらにその摂取の意味について、

シユハムカエトル　オサメトル　ヒトタビトリテナガクステヌナリ　セフハモノ、ニグルヲオワエトルナリ　セフハオサメトル（同三七九頁）

と訓を附しているのである。すなわち、「攝」の意味について「もののにぐるをおわえとるなり」「おさめとる」と示し、また「取」の意味について「むかえとる」「おさめとる」「ひとたびとりてながくすて」ないことであると明かしている。それは救済する仏のありさまと、救済される衆生のありさまを如実に示すものであり、その衆生は決して本質的に悟りを求めるような存在ではなく、逆に悟りを忌避する煩悩の存在として把捉《はそく》しているということである。また仏は、そのような逃避する衆生をどこまでも救済のために救おうと働きかける、ダイナミックな動的働きを持つものとして把握している。そしてその具体的な仏の働きとして、

たとへば一人にして七子あらん。この七子のなかに一子病に遇へば、父母の心平等ならざるにあらざれども、しかるに病子において心すなはちひとへに重きがごとし。大王、如来もまたしかなり。もろもろの衆生において平等ならざるにあらざれども、しかるに罪者において心すなはちひとへに重し。（「信巻」註釈版二七九頁）

と説示するように、七人の子供を持つ親であっても、その七人のなかの一人の子供が病にかかれば、親の心はその病気の子供に傾くものであるという譬喩《ひゆ》によって、仏を父母の悲しむ存在としてきわめて人間的感情に寄せて仏の救済の働きを示している。この譬喩は、如来の救いが罪深い凡夫《ぼんぷ》にこそ向かっているということを明かしている。このような仏の救いのありさまは、「真仏土巻」に『論註』を引いて、「慈悲に三縁あり。一つには衆生縁、これ小悲なり。二つには法縁、これ中悲なり。三つには無縁、これ大悲なり」（『註釈版』三五九頁）と明かすように、人間の持つ慈悲は小なるものであり、菩薩の慈悲は中なるものであり、仏の大悲こそが無縁なるものであると示している。無縁なるものとは、空なる真理そのものの働きとしてあるということであるが、それは具体的にはさきに見た「ものの逃ぐるを追はへとるなり」と示されたように、仏からの一方的な働きかけとして把握されているということであろう。このような親鸞の救いのありさまの根本は、

それ真宗の教行信証を案ずれば、如来の大悲回向の利益なり。ゆゑに、もしは因、もしは果、一事として阿弥陀如来の清浄願心の回向成就したまへるところにあらざることあることなし。因浄なるがゆゑに、果また浄なり、知るべしとなり。（「証巻」『註釈版』三一二‐三一三頁）

しかれば、もしは行、もしは信、一事として阿弥陀如来の清浄願心の回向成就したまふところにあらざることあることなし。因なくして他の因のあるにはあらざるなりと、知るべし。（『浄土文類聚鈔』『註釈版』四八一頁）

しかれば、もしは往、もしは還、一事として如来の清浄願心の回向成就したまふところにあらざることあることなし、知るべし。（『浄土文類聚鈔』『註釈版』四八三頁）

等と明かされるように、往相としての教・行・信・証、さらには、証の利益としての還相もすべて、仏の清浄なる願心から生起している。さらにこのような仏の働きの根源性は、

この一如宝海よりかたちをあらはして、法蔵菩薩となのりたまひて、無礙のちかひをおこしたまふをたねとして、阿弥陀仏となりたまふがゆゑに、報身如来と申すなり。これを尽十方無礙光仏となづけたてまつれるなり。この如来を南無不可思議光仏とも申すなり。この如来を方便法身とは申すなり。方便と申すは、かたちをあらはし、御なをしめして、衆生にしらしめたまふを申すなり。すなはち阿弥陀仏なり。この如来は光明なり、光明は智慧なり、智慧はひかりのかたちなり。智慧またかたちなければ不可思議光仏と申すなり。（『一念多念証文』『註釈版』六九〇－六九一頁）

と示されるように、一如、すなわち真理そのものからの展開として法蔵菩薩は出現し、その法蔵菩薩の誓願が成就することによって阿弥陀仏となったということを明かす。加えてその仏は智慧であり、光明であるとも示している。このような説示から親鸞の示す「誠」の根拠は真理そのものとしての一如、真如にあったということができる。このような教義的な親鸞の真宗の「誠」の把捉は、

しかるに愚禿釈の鸞、建仁辛酉の暦、雑行を棄てて本願に帰す。……『選択本願念仏集』は、……真宗の簡要、念仏の奥義、これに摂在せり。……慶ばしいかな、心を弘誓の仏地に樹て、念を難思の法海に流す。深く如来の矜哀を知りて、まことに師教の恩厚を仰ぐ。慶喜いよいよ至り、至孝いよいよ重し。（「化巻」『註釈版』四七二－四七三頁）

親鸞におきては、ただ念仏して、弥陀にたすけられまゐらすべしと、よきひと（法然）の仰せをかぶりて、信ずるほかに別の子細なきなり。念仏は、まことに浄土に生るるたねにてやはんべるらん、また地獄におつべき業にてやはんべるらん。総じてもつて存知せざるなり。たとひ法然聖人にすかされまゐらせて、念仏して地獄におちたりとも、さらに後悔すべからず候ふ。（『歎異抄』『註釈版』八三二頁）

と述べられるように、法然との値遇によって真実なる「誠」なるものに出遇うことができたということである。法然と値遇するということは、念仏に出遇うということであり、それは浄土の真実に出遇うということでもあった。[*14]

まとめ

専修念仏を唱えた法然に値遇し、その教えを親授した親鸞の明かす念仏・信心に生きる人間の様態とはどのようなものなのであろうか、という問題意識を持って、その具体的姿を示すとみられる親鸞の「三哉」について見てきた。それは「悲」があるということは、現実の自身の実相を直視することによって、自己の過去が現出するということであり、現出した自己の過去を見るということは、そこには無慚無愧《むざんむぎ》の姿があるということである。このことを日常的な言葉でいえば、人生への「凝視」があるということであろう。また「慶」とは、現在における自身の念仏者としての意味を見いだすということであり、それは同時に未来が顕現するということであり、未来が顕現するということは、そこには究極としての成仏を見るということである。同じくこのことを今日的な表現をすれば、人生が「円満」であるということであろう。そしてさらに「誠」とは、法然教示の念仏に値遇することによって、その念仏を通して真如、一如としての真理を信知することができたということである。このことを同じく現代的な表し方をすれば、人生が「真実」であるということではないか、と考えられる。ということは親鸞の示した「三哉」は、過去・現在・未来を貫徹するものであり、それはまた真理に値遇しているという意味において三界をも超えたものでもあるということができるのではないであろうか。このような「三哉」のあり方は、法然との値遇によって「誠」を信知することができ、そのことによって「悲」も「慶」も生起するものであろう。しかしながら、この三者は個々別々のあり方ではなく、今現在における一人の念仏者・信心の行者に重層的に存在するものであって、三様が重々無尽に交際する形で念仏・信心の衆生の姿としてあるということであろうと思われる。

◉註

＊1　中村元著『ゴータマ・ブッダ』Ⅰ（決定版中村元選集一一）（一九九二年）、早島鏡正著『ゴータマ・ブッダ』早島鏡正著作集九巻（一九九五年）等参照

＊2　池本重臣著『大無量寿経の教理史的研究』第三章第三節第一項「阿弥陀仏観」二九九頁（一九五八年）以下参照、藤田宏達著『原始浄土思想の研究』第三章「阿弥陀仏の起源」二五九頁（一九七三年）以下参照、同著『浄土三部経の研究』第二章第一節「阿弥陀仏の思想」二三五頁（二〇〇七年）以下参照

＊3　豊島学由稿「正定聚・三哉について」『伝道』第三七号一七頁（一九九二年）以下参照

＊4　石田充之著『親鸞教学の基礎的研究』（二）「末法思想の形成とその展開」四九頁（一九七七年）以下参照

＊5　拙稿「親鸞における国土観」一・此土としての国土『日本仏教学会年報』第五八号一一二頁（一九八六年）以下参照

＊6　「善人尚以往生況悪人乎事　口伝有レ之」『昭和新修法然上人全集』四五四頁

＊7　矢田了章稿「悪人正機説の成立について」（三）『真宗学』第七〇号四六頁（一九八四年）以下参照、同稿「親鸞における悪人正機説」『日本仏教学会年報』第六五号五四頁（二〇〇〇年）以下参照

＊8　「なんぢただ五逆罪の重たることを知りて、五逆罪の正法なきより生ずることを知らず。このゆゑに正法を謗ずる人、

その罪もつとも重し」『往生論註』『七祖篇』九六頁
＊9　親鸞は「信巻」『註釈版』三〇三頁に引用
＊10　川元恵信稿「親鸞に於ける懺悔の思想」『真宗研究会紀要』第七号三頁（一九七五年）以下参照
＊11　拙稿「親鸞浄土教における聞の問題」『真宗学』第一一九・一二〇合併号二〇〇頁（二〇〇九年）
＊12　村上速水著『続・親鸞教義の研究』「親鸞のよろこび」九一頁（一九八九年）以下の論旨を筆者がまとめたものである。
＊13　鈴木大拙編『浅原才市詩集』一五六頁（一九六七年）
＊14　拙稿「親鸞における祖師観形成の問題」『真宗学』第八四号三九頁（一九九一年）以下参照

［第九章］

親鸞が語る「自力」概念の基底とは――「信罪福心」

渡邊了生

要旨

親鸞が明かす「他力本願」という言葉。「一般的」には「〝他者（他人・神観念等）の力〟をあてにし、それを頼りとして〝自らの願望〟を満足させること」「祈願・神だのみ」の意味でよく用いられているようである。文字面だけで「自力」を「自分の力（行為、身口意の三業）・主体的努力」と単純に了解してしまうのならば、自ずと「他力」は「他者の力」と理解されよう。はたして、親鸞の「他力・本願」とは、「他者の力」によって「自らの願いや目的・欲望」をかなえることをいうのであろうか？　もし、そうであるならば「他力」の教えとは、「自分の力（行為、三業）・自身の主体性・主体的努力、それに連なる社会性・社会的行為性」の否定、すなわち、この『智慧の潮』に明らかとされよう「親鸞の智慧・主体性・社会性」の否定をいうのであろうか？

これらの問題は「他力」の理解というよりも、むしろ、その前提となる親鸞が語る「自力」概念への誤解に基因しているのではないだろうか。当稿では「自力」を「他力」との「相互否定的対立関係」として見なしていく親鸞独自の「自力」観を探り、その概念が、あくまでも「信罪福心（罪福を信ずる心）」という執心（実体的因果説・行為論・業報論、業報思想の束縛）を基底にしていることを明かしたい。すなわち、親鸞の説示する「自力」概念が、社会一般にいわれる「自身の主体性や主体的努力等の自分の力（行為・三業）」ならびに自身の社会性」を指し示すものではないことを明確にしたい。この考察によって、「他力本願」は「［他者の力］によって［自らの願いや目的・欲望］をかなえること」つまりは「［自分の力（行為）・主体性・主体的努力］の否定」である、と理解されやすい、その「誤解」を紐解く端緒としてみたい。

▼▼▼キーワード▼他力本願、自力と他力、親鸞のいう自力、信罪福心（罪福を信ずる心）、実体的業報論

序〈親鸞の思想は「自身の主体性・努力」等を否定する教えなのか？〉

親鸞が明かす「他力・本願」[*1]という言葉。現代の日本社会のさまざまな場面でも、よくこの熟語（他力本願）を見聞きする。『広辞苑』（第五版、岩波書店、一九九八年）の【他力本願】の項目には「①阿弥陀仏の本願。衆生《しゅじょう》がそれに頼って成仏を願うこと。②転じて、もっぱら他人の力をあてにすること。」との二つの意味が併記されている―聞くところによると①と②の表示順序は「配慮の末に」ということらしい―。とくに、マスコミ等「社会一般」では②のごとく［〝他者（他人・神観念等）の力〟をあてにし、それを頼りとして〝自らの願望〟を満足させること］等との意味でよく用いられているようである。

このような「社会一般的」な「他力本願」理解は、例えば、

三日坊主から抜けだそう　大樹の陰から抜けだそう　井の中から抜けだそう　無芸大食から抜けだそう　その場しのぎから抜けだそう　二番煎じから抜けだそう　箸にも棒にもから抜けだそう　他力本願から抜けだそう

（二〇〇二年五月一六日、全国紙四紙の朝刊―傍線は、筆者による―）

とのオリンパス光学工業の新聞広告のキャッチコピーにもあらわれる。なお、この広告にある「他力本願から抜けだそう」との表現に対して、当時、浄土真宗の十の宗派でつくる真宗教団連合は同社に抗議を申し入れた。新聞記事には次のように掲載されている。

抗議文は「他力本願」とは浄土真宗の宗祖・親鸞が示した言葉で、仏の願いに生かされ力強く生き抜くという意味だと指摘。「広告の表現は多くの門徒の心を踏みにじる」と訴えている。オリンパス広報室

は「浄土真宗で使う言葉の意味を知らず、一般で使う他人の力をあてにするという意味で用いた。配慮が足りなかった点をおわびしたい」と話している。

（『朝日新聞』二〇〇二年五月二八日）

なお、この一件の後、当時の東京・築地別院（現・築地本願寺）では、多くの企業の広報部の人々を対象に「他力本願」についての説明会・講習会が開かれた。その閉会の際に一部の企業広報の人々からは「だから、他人の力じゃなくて、阿弥陀さまのお力なら文句はないんだろ〜」と、ささやく声も聞かれたという。

その他にも、新聞紙上では「―合格祈願代行　御利益は―・神頼みを他人に任せてよいのか。・合格祈願は、そもそもが他力本願の行動。」（『朝日新聞』二〇一三年一月四日）との宗教社会学者の発言や、「地域振興にしても、これまでは大企業を誘致したり補助金でハコモノをつくったりという他力本願型。」（『朝日新聞』二〇一四年七月二七日）などの言葉が躍る。さらに『「他力本願」で金持ちになる人「自力本願」で貧乏になる人』などの著作名も見受けられる。

やはり「祈願・神だのみ・他者の力（お金）をあてにする、頼りにする」＝「他力本願」との了解が「社会一般的」なようである。そのためか、受験勉強等を含めた「勤勉」などの「主体的努力・行為性」に対する否定、を意味するネガティブな言葉として「他力本願」が用いられる傾向にもある。このような「社会一般」での事象の根底には、「人が、それらをあてにする、頼るという意味では、阿弥陀仏の本願力であっても、他人の力や神さまの力であっても、さほど、かわりはない」との世間的な了解が横たわっているように思われる。そして、これら「他者の力」に全てを頼り委ねることに「因」って自らの目的とする「果」を導き、自身の欲望の充足を満たそうとすることが「他力本願」の意味だと考えられているようである。

さて、もし表面的な文字面だけで、親鸞のいう「自力」を、［自分の力（行為、身口意の三業）・主体的努力］と単純に了解してしまうのならば、もちろん、それに呼応して、自ずと「他力」も［他者の力］として理解されてしまうであろう。[*2]つまり［他者］なる［阿弥陀様あるいは神様・神観念等］の［善根功徳・御利益パワー］に頼りすがることが［他力本願］である、と。けれども、親鸞の「他力・本願」とは、そのような［他者の力］によって［自らの願いや目的・欲望］をかなえることをいうのであろうか？　もし、そうであるならば、結局は「他力」の教えとは、［自分の力（行為・三業）、自身の主体性、主体的努力、それに連なる社会性、社会的行為性］という［自力］の〝否定〟を、すなわち社会一般的にいう「ネガティブ」概念を指すというのであろうか？—このような理解の傾向は、社会一般だけでなく「浄土真宗」内にも、不明瞭な表現として見受けられよう。[*3]—

ところで、いま言及してきた問題について、いま一度、再考してみるならば、それは「他力」の理解というよりも、むしろ、その前提となる親鸞が語る「自力」概念への誤解に基因しているのではないだろうか。そこで、当稿では、「自力」を「他力」との「相互否定的対立関係」として見なしていく親鸞独自の「自力」観を探ってみたい。これによって、その相互否定関係にある「他力」の意趣もまた、おのずと明らかなものとなるであろう。すなわち、親鸞浄土教における特徴ある「自力」概念の考察をもって、あらためて社会一般において、「他力本願」は「［他者の力］によって［自らの願いや目的・欲望］をかなえること」つまりは「［自分の力（行為）・主体性・主体的努力］の否定」と理解されやすい、その「誤解」を紐解く端緒としてみたい。

一〈親鸞のいう「自力」概念の基底＝「信罪福心」〉

親鸞は「自力」概念を次のように明確に定義している。

真門—第二十願「植諸徳本の願」・自力念仏往生—の方便につきて、善本あり徳本あり。（中略）定散の専心とは、罪福を信ずる心をもつて本願力を願求す、これを自力の専心と名づくるなり。

（『顕浄土真実教行証文類』「化巻」真門釈、三九九頁。[*4] 以下、傍線や——等は、筆者による。）

親鸞は、この自釈を魏訳『大無量寿経』の文言に基づき示すと共に、その『大経』の文言自体を、「自力の諸行・自力の念仏」（『教行証文類』「化巻」要門釈・真門釈）を顕す箇所に、それぞれ引文する。[*5]

さて、ここにいう「罪福を信ずる心」の「罪福」について、例えば『岩波仏教辞典』（第二版、岩波書店、二〇〇二年）には、

罪悪と福徳のこと。仏教では、五逆十悪などの悪の行為をとがめられるべき罪悪とし、五戒十善等の行為を福徳とする。そして、善因楽果・悪因苦果の因果律と業思想とによって、罪をなす者は罪業の報いによって現世および来世に苦の果報をうけ、福徳をなす者は楽の果報をうけると説く。

と説明されている。つまり親鸞は、「自力」概念を、自身の「信罪福心」（「罪福」を信ずる心）、すなわち〃「善因善果、悪因悪果」という業報（輪廻）思想とその「果報」への執心〃＝「実体論的・運命論的な因果説に執した業報思想の束縛」であると規定する。[*6]

このような親鸞の特色ある「自力」理解は、『正像末和讃』「誡疑讃」にも語られる。「誡疑讃」では、「自力」そのものの事態に準拠して語られるところの「不了仏智のしるし・仏智不思議の疑惑・善本修習・疑心の善人・方便化身土にとまる・辺地往生・胎生・疑城胎宮」との概念すべてを「信罪福心」の内に捉え、次のように明示している。

・不了仏智のしるしには　如来の諸智を疑惑して　罪福信じ善本を　たのめば辺地―方便化身土＝報身土中の化―にとまるなり
・罪福ふかく信じつつ　善本修習するひとは　疑心の善人なるゆゑに　方便化土にとまるなり
・罪福信ずる行者は　仏智の不思議をうたがひて　疑城胎宮―方便化身土―にとどまれば　三宝にはなれたてまつる
・如来の諸智を疑惑して　信ぜずながらなほもまた　罪福ふかく信ぜしめ　善本修習すぐれたり
・仏智不思議をうたがひて　罪福信ずる有情は　宮殿―方便化身土―にかならずうまるれば　胎生―方便化身土への往生―のものとときたまふ
・仏智の不思議を疑惑して　罪福信じ善本を　修して浄土をねがふをば　胎生といふとときたまふ

(以上、六一〇～三頁)

親鸞は、かかる「誡疑讃」の結びに「以上二十三首、仏不思議の弥陀の御ちかひをうたがふつみとがをしらせんとあらはせるなり。」(六一四頁)と示して、「自力」という自身の「信罪福心」を基底とする「善本・徳本修習」の内にあらわとなる「うたがふつみ・とが」を、ここに語っていくのである。

右のごとく親鸞は、「自力」概念の基底を自身の「信罪福心」(罪福を信ずる心)であると明示するのであるが、かかる理解は、真宗七高僧および法然門下の著述中にも見うけられない。親鸞思想における特徴ある「自力」の再解釈・再定義であるともいえよう。

二〈「自力（諸善根）をたのむ」―「信罪福心」―という「異学・別解」の否定〉

「信罪福心」を「自力」の基底に据える親鸞独自の「自力」観は、次の「一念・多念」という念仏観に言及する文言《もんごん》の中にも端的にあらわれる。

一念多念のあらそひをなすひとをば、異学・別解のひとと申すなり。異学といふは、聖道・外道におもむきて、余行を修し、余仏を念ず、吉日良辰をえらび、占相祭祀（左訓「うら・そう・まつり・はらへなり」）をこのむものなり、これは外道なり、これらはひとへに自力をたのむものなり。別解は、念仏をしながら他力をたのまぬなり。別といふは、ひとつなることを、ふたつにわかちなすことばなり。解はさとるといふ、とくといふことばなり、念仏をしながら自力にさとりなすなり。かるがゆゑに別解といふなり。また助業をこのむもの、これすなはち自力をはげむひとなり。自力といふは、わが身をたのみ、わがこころをたのむ、わが力をはげみ、わがさまざまの善根をたのむひとなり。（『一念多念証文』六八八頁）

つまり「善因善果・悪因悪果」という、いわゆる「実体的因果説・行為論・業報論」[*7]（＝「信罪福心」）に基づく「別解のひと」の「念仏・助業」（自力念仏往生・自力諸行往生）と同様に、「異学（聖道・外道）のひと」の「余行・余仏を修し念ずること、吉日良辰をえらび、占相祭祀をこのむ」こと（＝［祈願・神だのみ・お祓い］等）も、共に「自力をたのむもの」（「信罪福心」をたのむもの）であると語るのである。[*8] すなわち、自身による「業報思想の束縛」に埋没し「自身が〝福〟なる業因を行えば必ず都合の良い〝福（徳）〟の果報（＝御利益等）が、また〝罪〟なる業因を行えば必ず都合の悪い〝罪（悪）〟の果報（＝バチ等）が導かれる」と執心する運命論、これにとらわれる自身の〝執心〟を「信罪福心」と呼び、これこそが「自力」であると親鸞は明かす。要するに親鸞は、社会一般に［他力］として理解されているような［神頼みや迷信・祈願により御利益を求めること］、それ自体をも「自力」と見定めるのである。したがって、親鸞は、右引文に問われる「一念多念のあらそひ」についても、それは「信罪福心」を根拠とする念仏の功（業因）の多少とその果報（業果）に執する論争であるとして、「自力」（信罪福心）に基づく範疇の「一念・多念のあらそひ」それ自体を否定し、[*9]

浄土真宗のならひには、念仏往生と申すなり。まつたく一念往生・多念往生と申すことなし、これにてしらせたまふべし。（『一念多念証文』六九四頁）

と、その最後を結ぶのである。

親鸞は、このような「信罪福心」＝「自力」の執心による念仏往生（「別解」）について、さらに、

・おほよそ大小聖人、一切善人、本願の嘉号をもつておのれが善根とするがゆゑに、信を生ずることあたはず、仏智を了らず。かの因を建立せることを了知することあたはざるゆゑに、報土に入ることなきなり。（「化巻」四一二頁）

・弥陀経往生といふは、植諸徳本の誓願（第二十願）によりて不果遂者の真門にいり、善本徳本の名号を選びて万善諸行の少善をさしおく。定散自力の行人は、不可思議の仏智を疑惑して信受せず。如来の尊号をおのれが善根として、みづから浄土に回向して果遂のちかひをたのむ。（『三経往生文類』六三五頁）

と示し、これを明確に否定していく。親鸞は「信罪福心」という「実体的業報思想」に執し「本願（如来）の嘉号をもつておのれが善根」として念仏の善本を修習し「みづから浄土に回向」していくこと、すなわち

「植諸徳本・真門」(ならびに「修諸功徳・要門」六三一頁)による往生を「自力」であると、厳しく遮するのである。[10]

とくに、右の「化巻」引文箇所には、かかる「信罪福心」に執し「本願(如来)の嘉号をもつておのれが善根とする」がゆえに「信を生ずることあたはず、仏智を了らず=かの因を建立せることを了知することあたはざる=報土に入ることなきなり」と説示される。つまり親鸞は、「信を生ず」=「信知」といわれる如来回向による「仏智の了知」こそが、同時に「信罪福心」(業報思想への束縛)に執する「自力」の「否定・超克(横超)」に他ならないことを顕示するのである。すなわち「本願の嘉号をもつておのれが善根とする」(=「罪福を信ずる心をもつて本願力を願求す」)との自身の執心によって、先引の「誡疑讃」にも示されていた「不了仏智」の事態(=自力)が想起されることを語る。自身の「信罪福心」—「実体論的・運命論的な因果説に基づいた業報思想への束縛」「将来に功利主義的な見返りを期待する行為論への執心」[11]—なる「自力」により引き起こされる「不了仏智」という事象は、その自力の執心ゆえに、「如来する諸智・仏願(の生起本末)」—「業報(輪廻)思想の束縛」を超克させようとする「他力」の道理・用—に対しての〝疑惑(=「仏智疑惑」)〟[12]を必然的に生起《しょうき》させることとなるのである。いうなれば、かかる「信罪福心」と語られる凡夫の「自力」の執心に基づく「業報論・運命論」への束縛と固執が、「崩壊・否定」されることにより、初めて「悪人正機・悪人の往生成仏」(堕地獄の超克)の仏道が現成するといえよう。ここに「自力」否定への「信知」(=「信心の智慧」六〇六頁・「無上智慧の信心」—『真宗聖教全書二』六二四頁—)のプロセスこそが「他力」の用・道理(=法則)であることが明らかとなる。

三〈親鸞浄土教における「自力」と「他力」との相互否定的対立関係〉

自身の「信罪福心」を「自力」概念の基底にすえる親鸞独自の理解は、「自力・他力」についての従来までの浄土教的概念を超え、これらを新たに「相互否定的対立関係」と了解する再定義を導き出すこととなる。親鸞以前の浄土教にいう従来的な〈自力・他力〉の理解を簡潔に述べるならば、それは、あくまでも「業報思想」に立脚した浄土願生者自身の三業等による〈自力〉の善因に、他者なる〈他力〉の「加被力」の善因が追加（追善）されていくという善業（滅罪・断惑を期する）の質・量的な相互補完的協調関係、すなわち〈自力＋他力〉（＝一〇〇％のごとき）[*13]であったといえよう。―なお当稿では、親鸞以前の浄土教の従来的な自力・他力の概念に関しては、これに〈 〉を付して、その差異を示すこととする。―

これに対して、親鸞は、

・横超とは、本願を憶念して自力の心を離る、これを横超他力と名づくるなり。これすなはち専のなかの専、頓のなかの頓、真のなかの真、乗のなかの一乗なり。これすなはち真宗なり。

（「化巻」観経隠顕、三九五頁）

・方便仮門（自力）を捨てて如来大願の他力に帰するなり。

（『愚禿鈔』五三九頁）

・本願他力をたのみて自力をはなれたる、これを「唯信」といふ。

（『唯信鈔文意』六九九頁）

と示し、「自力」の執心を「離れ、捨てて」いくこと、それ自体が「他力」であり、この事態を「如来大願の他力に帰する」と語るのである。すなわち親鸞は、自身の「信罪福心」―実体的な業報思想・因果論―に執心し、阿弥陀仏および神観念とその〈他者〉の「力」（加被力およびマナ的パワー）を「実に有り」と固執・決定して、これらを自らの「善因善果」のための「善業・善根・善本・徳本」として積み重ねること、また同様に「罪業」を滅して「罪果」を避け（＝「滅罪」の念仏―「観経往生」説示―）、「善果・楽果」なる「業果・

果報」の「福」を導こうとする言動・行為こそが「自力」であると主張するのである。つまり親鸞は、これまでの浄土教の伝統的理解ともいえよう「業報思想」の範疇内における相互補完的な協調関係性としての〈自力＋他力〉という理解とは異なる独自の「自力・他力」観の視座から、あらためて、これら両者の概念を、相互否定的な〝「他力」と「自力」（自身の「信罪福心」「実体的な業報思想・因果論への執心」）〟という対立関係として明確に再定義していくのである。

要するに、親鸞思想においては、「善因善果、悪因悪果」という「業報（輪廻）思想の束縛」＝「信罪福心」の内に、〈自力〉としての自身の「善業（善根・善本・徳本）」の修習を積み、さらに〈他者の加被力〉をもって「おのれが善根」とし、さらなる自身の修習を積み重ねていくというような〈自力＋他力〉の相互補完的な協調関係が語られるのではない――「一念・多念往生」否定のごとく――。親鸞にとっては、いまいう「業報思想」の範疇内における相互補完的な協調関係性としての〈自力＋他力〉という理解そのものが「信罪福心」に基づく了解である以上、それは自ずと「自力」（竪超・竪出・横出[*14]および外道）と判別されていくこととなる。それゆえに、彼は、かかる「自力」の「完全否定」（横超）こそを「他力」（「如来」する本願・誓願の〝用[*15]〟）であると示すのである。親鸞が、

> 自力のこころをすつといふは、やうやうさまざまの大小の聖人・善悪の凡夫の、みづからが身をよしとおもふこころをすて、身をたのまず、あしきこころをかへりみず、ひとすぢに具縛の凡愚・屠沽《とこ》の下類、無碍光仏の不可思議の本願、広大智慧の名号を信楽すれば、煩悩を具足しながら無上大涅槃にいたるなり。
>
> （『唯信鈔文意』七〇七頁）

と語るように、かかる「自力（信罪福心）」の否定、すなわち「実体的業報思想・因果説」なる「戯論」の執《と》

らわれからの解放・超克こそが、「煩悩を具足しながら無上大涅槃にいたるなり」と説示される「煩悩成就」[*16]なる「凡夫入報」の「横超他力の道理」（不断煩悩得涅槃・煩悩即菩提・煩悩菩提体無二・生死即涅槃、有無―邪見―をなはる、無生の生）＝「横超断四流」（四流＝生老病死）であることを親鸞は主張しようとするのである。[*17]

四〈親鸞のいう「自力」概念からみる「義なきを義とす」の解釈について〉

ところで、よくいわれる「他力とは、主体的行為性（三業）という自力の否定を指す」とする見解においては、往々にして、これを親鸞が諸処に語る[*18]「他力には義なきを義とす」（無義為義）との説示内容に重ね合わせ理解されているようである。すなわち、一般社会にいう自らの「主体性・主体的努力・行為（三業）」をも［自力］＝「義」と見なし、これを一切うち捨て否定し、ただ、ひたすらに阿弥陀仏の〈他力〉に、罪悪深重の我が身を「おまかせする」こと（全分他力説にも近似する他力説）が、「義なきを義とす」の意であると解されてきたようである。けれども、これまでの考察からも自ずと分かるように、「信罪福心」＝「実体的業報論・因果論への執心」を「自力」概念の基底と見るならば、親鸞が語る「他力には義なきを義とす」との文言理解についても再検討されなければならないであろう。

さて、親鸞は、いまいう「〔義〕なきを義とす」について、例えば、

まづ自力と申すことは、行者のおのおのの縁にしたがひて余の仏号を称念し、余の善根を修行してわが身をたのみ、わがはからひのこころをもつて身・口・意のみだれごころをつくろひ、めでたうしなして浄土へ往生せんとおもふを自力と申すなり。

また他力と申すことは、弥陀如来の御ちかひのなかに、選択摂取したまへる第十八の念仏往生の本願を

信楽するを他力と申すなり。如来の御ちかひなれば、「他力には義なきを義とす」と、聖人（法然）の仰せごとにてありき。義といふことは、はからふことばなり。行者のはからひは自力なれば義といふなり。他力は本願を信楽して往生必定なるゆゑに、さらに義なしとなり。しかれば、わが身のわるければ、いかでか如来迎へたまはんとおもふべからず、凡夫はもとより煩悩具足したるゆゑに、わるきものとおもふべし。またわがこころよければ往生すべしとおもふべからず、自力の御はからひにては真実の報土へ生るべからざるなり。（『御消息』七四六頁）

と語り、ここにも「信罪福心」を基底とする「自力」を「わがはからひ・行者のはからひ（凡夫のはからひ、七七九頁）」と示し「行者のはからひは自力なれば〔義〕といふなり」と述べる。また「〔義〕と申すことは、自力のひとのはからいを申すなり（『御消息』七七六頁）」とも語られる。すなわち、当稿に究明したごとく、「〔義〕なき」といわれる〔義〕（＝「行者のはからひ」「自力のひとのはからい」）が「信罪福心」を基底とする「自力」概念であることが説示されているといえよう。つまり、

善とも悪とも、浄とも穢とも、行者のはからひなき身とならせたまひて候へばこそ、義なきを義とすとは申すことにて候へ。（『御消息』七九七頁）

と述べられるように、親鸞のいう「〔義〕なきを義とす」とは、要するに「信罪福心による実体的業報思想へのとらわれ＝自力の執心＝自力のひとのはからい」であるところの〔義〕、〝その〔義〕なき（否定・超克）を「義とす」〟（＝「他力」の道理・法則の信知＝「難思議往生」六二九頁）と了解されるべきであろうと考える。

ゆえに親鸞は『尊号真像銘文』には、

「即横超截五悪趣」といふは、信心をえつればすなはち横に五悪趣をきるなりとしるべしとなり。（中略）信心を浄土宗の正意としるべきなり。このこころをえつれば、「他力には義のなきをもつて義とす」と、本師聖人（源空）の仰せごとなり。「義」といふは行者のおのおののはからふこころなり。このゆゑにおのおののはからふこころをもたるほどをば自力といふなり。よくよくこの自力のやうをこころうべしとなり。（六七三頁）

と説示し、「実体的業報輪廻思想」（＝「五悪趣」）への自力執心（＝〔義〕）を「截《きる》」ことを「即横超」（＝「信心」）と語りながら、この「（横超）他力の道理・法則」[19]を、また「〔義〕なきを義とす」と述べるのである。いまいうところに、かかる「〔義〕なきを義とす」（無義為義）が、また「自然法爾」[20]（＝他力の道理・法則・用）の説明として示されていく、その意趣が露わになってくるといえよう。

結論

近年、本願寺派教団内の一部でも、〔自力〕＝〔主体性・主体的行為性（三業）・主体的努力、それに連なる社会性・社会的行為性〕の否定こそが〔他力〕であると公言する声を聞く。けれども、本願寺派の本来の伝統宗学においては、「信後の報恩行」としての「主体的行為性（三業）」や社会に対する「実践」に関し、それを否定することはない。本願寺派の大瀛（芿園ならびに空華学派）・石泉僧叡（石泉ならびに豊前学派）の両伝統宗学学系においては、信後の報恩行としての社会生活への「実践」が明確に主張されている。[21]

さて、これまでの考察からも、親鸞浄土教において「自力」を単純に［自分の力（行為）・主体的努力］と文字面だけで了解し、故に「他力」の法門は［自分では何もやらないこと・主体的行為性（三業）、社会性の否定］等であると結論づけることには、甚だ疑問が残る。

もし真宗者が一分でも、この結論づけのように解するのであるならば、社会一般的な「他力本願」理解（誤解）に対しての抗弁や反論は、やはり説得力に欠けるといわざるを得ないであろう。にもかかわらず、かかる結論（「自分では何もやらないこと」）のみを一般社会に教化していくのであれば、世俗にいう「他力本願」理解は「誤解」ではなく、かえって至極当然の帰結であるともいえよう。つまり「他力本願」の一般社会における誤用、この問題に連なる基本的な「問い」は、現代社会に対して抗議を申し入れる私たち、真宗者自身に対しても、その都度、向けられるべき「問い」となろう。〝一般〟的な「他力本願」理解へと世俗を導いたのは、ほかならぬ真宗者自身の責任でもある、という視点を忘れてはならない。真宗者自身・真宗の教化者自身が、あらためて、これらの点を仏教思想・真宗教義において再度確認、整理した上で、明確に「阿弥陀如来の本願力」と「他者の力・神さまの力」（マナ的なパワー論）等との思想的概念の差異を強く語らなければ、いくら社会に対して「言葉の使用方法が違うから改めるように」と抗議主張を繰り返しても、結局は「他人の力じゃなくて、阿弥陀さまのお力なら文句はないんだろ〜」との了解だけにとどまり、依然として「ネガティブ」＝「他力本願」という一般的な誤解が社会に蔓延していくこととなろう。

私たち真宗者は、自身の「信罪福心」を基底とした親鸞独自の「自力」概念（＝「信罪福心なる自力」の「三業」）をふまえた上で、「自力・他力」の教学的理解、および社会一般にいわれる「他力（本願）」の誤解の実状という問題を、いま一度、新たに捉え直さなければならないと考える。

◉註

＊1　なお「他力本願」という熟語が示されるのは『和語聖教・ご消息』における二箇所のみ、「本願他力」は四箇所のみにあらわれる。

＊2　事実『広辞苑』では【自力】を「(仏) 自分の力で修行して悟りを得ようとすること」と説明されている。

＊3　例えば「信心とは、如来回向の名号を領納するほかはないことをあらわすものであり、さらにまた、大瀛師のいわれるように、信心とは「機の無作」すなわち、自分では何もやらないことで、まったく名号のひとりばたらきで救われるものであることを、あらわそうとするものであると味わうべきであります。」(桐渓順忍著『講座真宗の安心論題』教育新潮社、一九八三、二八頁) との表現もある (傍線は、筆者による)。

なお、ここに言及されている大瀛師は、いうまでもなく本願寺派におこった「三業惑乱」(一八〇六年終結) を終結させた先哲である。彼は、その「三業惑乱」の要因ともなる功存の『願生帰命弁』にいう「三業帰命説」(および欲生正因)―詳細は『浄土真宗金剛錍』上 (『真宗叢書十』真宗叢書編輯所編一九二七年) 五二八頁を参照―に対して、これを「自力所作の祈願」(『横超直道金剛錍』中の三一右、興教書院・明治一二年五月刊) であると定義した上で「三業帰命などと努力構造自力の一念は宗義の中に於いて絶えて容地なし。」(中の三九右) と示し、そこに「努力＝自力」という表現形式を用いる。この表現形式が、部分的・トピック的に採り上げられ、その後の本願寺派内の教学―いわゆる戦時教学を除く―にも影響したのかもしれない。

＊4　以下、親鸞文献の引用文の頁数は、すべて『浄土真宗聖典（註釈版）』(本願寺出版、一九八八年) による。

＊5　「またのたまはく (大経・下)、「この諸智において疑惑して信ぜず、しかるになほ罪福を信じて、善本を修習して、その国に生ぜんと願ぜん。このもろもろの衆生、かの宮殿に生ず」と。」「化巻」要門釈、三七八頁・「化巻」真門釈、四〇〇頁。

＊6　梯實圓氏は「罪福を信ずるとは、善因楽果、悪因苦果と言う因果応報の道理、廃悪修善の道理だけを信じて仏智不思議の本願を信じない者をいうのである。それは諸行往生を信じ、自力念仏往生を信ずるものに共通する自力心 (定散心) をいう。」(同著『顕浄土方便化身土文類講讃』永田文昌堂、二〇一〇年、三八頁)・「自業自得の因果を信ずることを、聖人は『大経』にしたがって「罪福を信ずる」ともいわれている。善悪の行為によって苦楽の果を生ずると信ずるからである。」(同

著『教行信証の宗教構造』法藏館、二〇〇一年、五六頁）と指摘する。

また紅楳英顕氏も、親鸞は「「信罪福心」を本願疑惑（仏智疑惑）の自力心であるとし厳しく誡め否定するのである。」と述べるとともに、とくに「信罪福心」についての『大無量寿経』引文に関しても綿密な考察が加えられている（「親鸞における念仏の真仮について」（『印度学仏教学研究』五八―一、二〇〇九年）。

さらに、玉木興慈氏も「罪福を信じることが阿弥陀仏の本願を疑うこと」であると指摘すると共に、「「信罪福」の語は、『教行信証』においては、「化巻」で三度用いられている」「「信罪福」の語が、要門釈と真門釈に引かれると先に指摘した。要門・真門の各々の行者に修される行は、息慮凝心・廃悪修善・称名念仏と異なりはするが、いずれも、人間の上に何らかの行を課し、その行を人間が満たすことによって果を得るというのである。この行者の心が「信罪福心」であるということができる。」と言及し、「自らの善や悪によって自らの浄土往生の可否が決定されると信じる心を『信罪福心』というのである。」と述べている（「親鸞の「現生正定聚」考―臨終来迎否定に関連して―」『龍谷大学論集』四六二号、二〇〇三年、五八～六〇ページ）。

＊7　詳細については、拙稿「曇鸞が説示する「願生往生」の構造とその思想基軸―親鸞が語る「無生の生」義の意趣とは―（その一・二）」（『岐阜聖徳学園大学仏教文化研究所紀要（14・15）』二〇一四・一五年）を参照のこと。

＊8　このような「ひとへに自力をたのむもの」に対して、親鸞は「五濁増のしるしには　この世の道俗ことごとく　外儀は仏教のすがたにて　内心外道を帰敬せり」「かなしきかなや道俗の　良時・吉日えらばしめ　天神・地祇をあがめつつ　卜占祭祀つとめとす」「外道・梵士・尼乾志に　こころはかはらぬものとして　如来の法衣をつねにきて　一切鬼神をあがむめり」「かなしきかなやこのごろの　和国の道俗みなともに　仏教の威儀をもととして　天地の鬼神を尊敬す」（『正像末和讃』六一八頁）等と悲嘆する。また「自力（信罪福心）」の執心を否定する親鸞の求道姿勢は「人の執心、自力のしんは、よくよく思慮あるべしとおもひいなしてのちは、経よむことはとどまりぬ。」（『恵信尼消息』八一六頁）と語られる「三部経読誦」―読経等の功徳・効験を衆生利益のために回向する―の中止という言動にも明瞭にあらわれる。

＊9　ゆえに親鸞は「自力」による「方便化身土」（報中の化）への往生を「まことに仮の仏土の業因千差なれば、土もまた千差なるべし。これを方便化身・化土と名づく。」（三七三頁）と説明する。

＊10　なお、親鸞は「信罪福心」＝「自力」との解釈を前提に、「善本徳本」を自身の業報的な「実有」なる「善業」としてではなく、「善本＝如来の嘉名・徳本＝如来の徳号」という「如来の用」（他力）として再解釈し、その内実を「至徳

成満し衆禍みな転ず」（三九九頁）と明示する。すなわち「信罪福心」＝「自力」との解釈を前提に、これらを善業の質・量的な修習にいう業報的な実有の善本徳本ではなく、「衆禍みな転ず」る「如来の用」（他力）として再定義していくことが知られてくる。

＊11　親鸞は、「証巻」には「実相はすなはちこれ法性なり。法性はすなはちこれ真如なり。真如はすなはちこれ一如なり。しかれば弥陀如来は如より来生して、報・応・化、種々の身を示し現じたまふなり。」（三〇七頁）と示す。かかる「如より来生（如来）」について親鸞は、その他『唯信鈔文意』には「「来」はかへるといふ、きたらしむといふ、法性のみやこへむかへ率てきたらしめかへらしむといふ。法性のみやこより、衆生利益のためにこの娑婆界にきたるゆゑに、「来」をきたるといふなり。法性のさとりをひらくゆゑに、「来」をかへるといふなり。」（七〇五頁、ならびに七〇二頁）・『經』（大經巻下）には、「從如来生」とのたまへり、從如といふは眞如よりとまうす、来生といふはきたり生ずといふなり。」（『真宗聖教全書・二「宗祖部」大八木興文堂・昭和四八年、六二六頁）と説示している。

　なお、親鸞は、いまいう「如来」の構造を、『唯信抄文意』（七一〇頁）『一念多念文意』（六九〇頁）においては、『論註』所説「二種法身説」を受容、展開しながら、その「如来＝光明＝智慧のかたち」としての〝用〟を詳説し、また『正像末和讃』『御消息』の「自然法爾章」には「ちかひのやうは、「無上仏にならしめん」と誓ひたまへるなり。無上仏と申すは、かたちもなくまします。かたちもましまさぬゆゑに、自然とは申すなり。かたちましますとしめすときは、無上涅槃とは申さず。かたちもましまさぬやうをしらせんとて、はじめに弥陀仏とぞききならひて候ふ。弥陀仏は自然のやうをしらせんれう（料）なり。（六二一頁・七六九頁）」と説示する。詳細は拙稿「「倶会一処」の浄土観と親鸞の弥陀身土思想」（一九九九年『日本浄土教と親鸞教学』所収）」を参照のこと。

＊12　親鸞思想の「自力」概念にいわれる「疑惑心」とは、よくいわれるような「阿弥陀如来・浄土の実有性・実在」への「疑惑」ではなく、あくまでも「如来する仏智・他力の道理、法則」への「疑惑」（「仏智疑惑」）をいうに他ならない。

＊13　弁長の「一分自力説・助縁他力説」、証空の「全分他力説」（「業報思想」に基づく善業の質・量的な相互補完的協調関係の範疇内における〈自力〉の全分否定）等。

＊14　このような〈自力＋他力〉の相互補完的な協調関係の上に期待する往生観を、親鸞は「要門［修諸功徳の願：十九願］＝自力諸行往生」・「真門［植諸徳本の願：二十願］＝自力念仏往生）」の範疇の内に語っている。

＊15　親鸞は、「摂取して捨てたまはず。ゆゑに阿弥陀仏（如来）と名づけたてまつると。これを他力といふ。」（一八七頁）・

「他力といふは如来の本願力なり。『論』（論註・下）にいはく、「本願力といふは、大菩薩、法身のなかにして、つねに三昧にましまして、種々の身、種々の神通、種々の説法を現じたまふことを示す。」（一九〇頁）・「横」はよこさまといふ、如来の願力なり、他力を申すなり」（六七三頁）・「本願力の回向」（二〇五頁）・「往還の回向は他力による」（二〇六頁）・「如来願力回向」（五四〇頁）・「如来二種の回向」（六〇四、六〇八頁）・「この本願力の回向をもって、如来の回向に二種あり」（七二一頁、以上『註釈版聖典聖典』）等と示し、諸処に「阿弥陀如来」＝「他力」＝「如来の本願（力）」＝「本願力の回向」＝「如来願力回向」＝「如来二種の回向」等が同義であることを述べている。なお「如来の本願（力）」「如来二種の回向」等にいう場合の格助詞「の」には、「如来」を基本とする「所有・所属・名称」と共に「資格・同格」の意がある（『学研全訳古語辞典』学研教育出版、二〇一四年）。

＊16　「証巻」三〇七頁。『浄土文類聚鈔』四八七頁。『入出二門偈』五四九頁。『高僧和讃』五八〇、五八四頁。『御消息』七六五頁。

＊17　池本重臣氏は「諸仏の本願は自力の因果の法則に立つものであり、第十八願の他力は程度の差で他力というのではないのである。（中略）この因果の法則とは業思想と合致した自因自果の法則である。」（『親鸞教学の教理史的研究』永田文昌堂、一九六九年、三六三〜六四頁）、「自力法とは、因果の法則・業思想・差別の論理によって成り立っているのである。それに対して弥陀法は第十八願に示されているように、平等の論理によって成り立っているのである。」（『同』三六四頁）、「他力法は仏の論理、平等の論理、絶対の論理の上に成り立っているのである。それではこの仏の論理、平等の論理は仏教ではどのように説いているのであろうか。これは縁起説として説かれているのである。」（『同』三六六頁）と述べている。

　なお、親鸞は自身の説示する「他力」による「真実報土（真仏土）」への「願生往生義」が「無生の生・仮名生」であることを明確にし（『高僧和讃（曇鸞讃）』五八六頁、「行巻」―『論註』「願生問答」引文―一五七頁）、かかる「他力」の用・道理が「〝実有的〟業報思想・輪廻思想」の否定にあることを主張する。詳細は、拙稿『『論註』「願生問答」説示の「相続」にいう大乗空説の原理」（武田龍精編『曇鸞浄土思想の研究』所収）、「曇鸞が説示する「願生往生」の構造とその思想基軸―親鸞が語る「無生の生」義の意趣とは―」（『岐阜聖徳学園大学仏教文化研究所紀要』14・15）を参照のこと。

＊18　六〇九、六二一、六二九、七四六、七六八、七七六、七七九、七九七頁。

＊19　親鸞は、かかる「他力」の道理を、「行者のはからひにあらず」と語り、これをまた「法則」とも述べている。「自然にさまざまのさとりをすなはちひらく法則なり。法則といふは、はじめて行者のはからひにあらず、もとより不可思議

の利益にあづかること、自然のありさまと申すことをしらしむるを法則とはいふなり、一念信心をうるひとのありさまの自然なることをあらはすを法則とは申すなり。」『一念多念証文』六八五頁。

＊20　なお「自然法爾章」（『正像末和讃』「自然法爾章」六二一頁・『御消息（一四）』「自然法爾の事」七六八頁）の最後に示される「弥陀仏は自然のやうをしらせんれうなり。この道理をこころえつるのちには、この自然のことは、つねにさたすべきにはあらざるなり。つねに自然をさたせば、義なきを義とすといふことは、なほ義のあるべし。これは仏智の不思議にてあるなり。」の「さたすべきにはあらざるなり」の分脈をもって、ゆえに「何もしないこと」と解する場合があるようだが、その「さた」とは「事の是非・善悪などを論じ、定めること（『大辞林』三省堂、二〇〇六年）」・「協議。評議。裁定。訴訟。さばき。（『学研全訳古語辞典』学研教育出版、二〇一四年）」・「理非を論じきわめること。評定。裁断。訴訟。（『広辞苑』岩波書店、二〇〇八年）」・「中世においてよく用いられた語で、物事の善悪をはっきりさせること。（歴史民俗用語辞典）」と理解すべき言葉であろう。つまり「信罪福心の自力（なる〔義〕）」と「如来回向の他力」との「是非・善悪・理非の論定」を「さた」というのであり、それは未だ「信罪福心」に執した「仏智疑惑」の事態にとどまった上での「自然（如来回向の他力の道理）」に対する「さた（是非・善悪・理非の論定）」（＝「不了仏智」）を指し示すといえよう。ゆえに親鸞は「つねに自然をさたせば、義なきを義とすといふことは、なほ〔義〕のあるべし。これは仏智の不思議にてあるなり。」と語ると考えられる。

＊21　「努力構造＝自力」と示す大瀛の芿園学派ならびに空華学派においても「五念（名号）相続説」を示し、信後の報恩行としては「五念門」をとる—「方便助正説」の立場から、そこに「助正」分別をみず、この助正の法門を「往因助成の義」であると語る—。また石泉僧叡の石泉学派ならびに豊前学派は「五念（名号）非相続説」を示し、信後の報恩行としては「五正行」をとる。そして、かかる「弘願助正説」の立場から、この「五正行」を信後の報恩行の「修相助成」と解し、より積極的な信後の実践を説いていくといわれる。以上、詳細は普賢大円著『真宗教学の諸問題』（百華苑、一九六四年）・『真宗教学の発達』（永田文昌堂、一九六三年）を参照のこと。

［第十章］

親鸞から覚如へ

菩薩としての主体の放棄

斎藤信行

要旨

親鸞が「悪人正機」説を唱えたことはよく知られているが、「如来等同」思想を説いたことは、あまり知られていない。「如来等同」思想は信仰主体のあり方を説いたもので、それゆえに「如来等同」思想の喪失は真宗史における主体の変容という問題と密接に関係している。本論文は、「如来等同」思想を軸に親鸞没後における信仰主体の変容という問題を、覚如を対象に据えて考察したものである。

真宗を大乗の至極と位置づける親鸞は、現生で菩薩たろうという課題を重視していた。念仏者が「弥勒とおなじ」「如来とひとし」とされたのは、煩悩具足の凡夫でありながらも、信心によって必ず仏に成ることが現生で定まり、弥陀の大悲を担う新しい主体を成立させるからであった。菩薩としての念仏者は煩悩具足の凡夫であるにもかかわらず、煩悩を抑制し、この身の悪を厭い棄てようとする「しるし」を示す。たとえば、神祇崇拝や祈禱などを一切おこなわないという主体的な決断を下すようになる。このように親鸞の「如来等同」思想は、「ただの凡夫」を「凡夫の菩薩」へと転身させ、新たな主体性を発揮させるものであった。

一方、「信心正因・称名報恩」を強調する覚如の真宗は、堕地獄を回避して来世の浄土往生を願う欲望充足を基調としており、信心を浄土往生のための条件という側面で理解していた。そして、現生での正定聚を「平生業成」と読み換え、浄土往生が臨終ではなく平生に成就するという意味に限定した。こうした覚如の真宗理解からは、菩薩としての主体の成立を求めることはできない。実際、覚如も真宗受容後に新たな主体性を発揮することはなく、一貫して通俗的な生き方を続けた。

こうして浄土往生が死後の問題に限定されることで、浄土往生が定まった主体はどうあるべきかという当為の問題は放棄されることになったのである。

▼▼▼キーワード▼如来等同、菩薩、主体性、覚如

はじめに

親鸞が「悪人正機」を説いたことはよく知られているが、信心のひとを「弥勒と同じ」「如来とひとし」と位置づけたこと（以下、「如来等同」思想と記す）[*1]は、あまり知られていない。親鸞の著述を紐解けば、そのなかに「如来等同」思想を見つけることはそれほど難しいことではないが、にもかかわらず、「悪人正機」が親鸞の立場を最もよく代表する思想だと評される一方で、「如来等同」思想が全くといってよいほど評価されず、等閑に付されているのはなぜであろうか。[*2]

真宗史を通観すれば、「如来等同」思想が、かなり早い段階で語られなくなることがわかる。たとえば、正応元（一二八八）年前後に成立したと考えられる『歎異抄』には、「悪人正機」は説かれるが「如来等同」思想に関する記述は全くない。また本願寺第三世覚如（一二七〇～一三五一）の著述のなかにも、『歎異抄』の「悪人正機」説に類似する記述を見ることはできるが、[*3]「如来等同」思想に関してはまるで見当たらないのである。その後も「如来等同」思想が真宗史のなかに姿をあらわすことはほとんどない。

「悪人正機」説が救いの対象に力点を置いているのに対し、「如来等同」思想は信仰主体のあり方に力点を置いているということができるが、それゆえに「如来等同」思想の喪失は真宗史における主体の変容という問題と密接に関係しているといえる。すでに『歎異抄』のなかに「如来等同」思想が語られない問題については論じたことがある。[*4]そこで本稿では覚如を俎上に載せて、「如来等同」思想を軸に初期真宗における主体の変容という問題を考えてみたい。

一　先行研究の問題点

従来の教団教学では「如来等同」思想はほとんど議論されてこなかった。[*5] その理由はいくつか考えられるが、ここで注目したいのは、知識帰命の論拠とされる危険性があったために、それを語ることが避けられたという見解である。[*6] 知識帰命とは、特定の人物を善知識と仰ぎ、その善知識をこの世の如来とし、帰依の対象とする信仰形態のことをいう。特に覚如に関しては、この知識帰命という「異義」が横行していた状況に応じて、意図的にそれを語らなかったと理解されてきた。たとえば葛野洋明は次のように述べている。

この様に善知識だのみ・知識帰命の異解の論拠となるのは「如来と等し」の教説を取り違え、凡夫でありながら既に成仏してしまったと理解してしまうところに派生していたことは否めない。その知識帰命を厳しく論破し、改邪せしめる覚如上人にとって、知識帰命の論拠とされ、取り違えられやすい「如来と等し」の教説はあえて強調しなかったのではないかと思われる。[*7]

たしかに、親鸞在世期から「信心よろこぶひとを如来とひとしと同行達ののたまふは自力なり、真言にかたよりたり」[*8]と誤解する門弟が存在していた。赤松俊秀も「諸仏等同の教説」が「後世の真宗の異安心の主流をなす知識帰命の邪義への傾向を強く持っていることでは無視できないものがある」と述べている。[*9] さらに金龍静に至っては「真宗系の教典（聖教・典籍）類には、「善知識＝如来・菩薩」観がところどころに散見される。（中略）一四世紀前半の時宗七祖の託阿は、「知識は是れ生身の仏体なり」といっており、この善知識＝如来等同観は、真宗系に限らない、いわば中世における常識ですらあった」[*10]と主張している。このように「如来等同」思想には、善知識や師匠を如来・菩薩と見なし、法ではなく人に帰依する善知識信仰（知識帰命）との結びつきが指摘されている。しかし、親鸞の説いた「如来等同」思想と善知識信仰とは、本来全く異質なものであり、むしろ対立する関係にある。[*11] したがって、「如来等同」思想を説くことが直接的に善知識信仰へつながっていくとは限らない。覚如がそれをどこまで理解していたのかという点に関しては、先行研究では十分検討されておらず、判然としていない。

また、松野純孝は本願寺中心主義の確立を目指していた覚如にとって、「如来等同」思想は不都合であったがゆえに語らなかったという見解を示している。

「信の人は如来とひとし」という「弥勒等同」の思想は、結局、地方門徒に主体性を付与することになり、彼の中央集権化の障碍になったはずである。ここに覚如はこの語を用いようとはしなかったのであろう。（中略）覚如は「弥勒等同」のことばをきらったが、それはまたこの「弥勒等同」がそのような、何ものにも支配されず、何ものにも犯されることのできぬ人格の尊厳性、主体性を高調するものであることを知っていたからにほかなるまい。[*12]

「如来等同」思想が人格の尊厳性や主体性の付与に関係するもので、覚如はその意義を十分理解していたがゆえに、戦略としてそれを説かなかったという松野の指摘は、きわめて興味深くはある。しかし、当時は本願寺よりもむしろ東国門弟のほうが力を持っており、しかも親鸞からの消息によって「如来等同」思想をすでに受容していた。したがって、覚如が「地方門弟に主体性を付与する」という問題になることはなかったはずである。よって、松野の見解は成立しがたいといわねばならず、覚如が「如来等同」思想を十分理解していたという点も見直す必要がある。

このように先行研究では、主に覚如を取り巻く状況の問題に重点を置いてその理由を追求しており、覚如が真宗をどのように理解していたのかという点を見過ごしてきた。そこには、覚如が継承した真宗は多少相違があるにせよ、本質的には親鸞の真宗と同質であるという前提があったようにも思われる。しかし覚如に関しては、すでにいくつかの研究において、さまざまな点で親鸞との異同が論及されており、親鸞と覚如の思想の同質性を自明視するわけにはいかない。したがって、なぜ「如来等同」思想が語られなかったのかという問題も、単に状況の問題に集約して立論するのではなく、覚如の真宗理解を含めて総体的に分析される必要がある。*13

二 親鸞の「如来等同」思想

覚如の分析に入る前に、まず親鸞にとって「如来等同」思想とはいかなるものであったかを確認しておきたい。「如来等同」思想は日本浄土教史のなかでも稀有な思想であるが、親鸞は『華厳経』『無量寿経』『竜舒浄土文』(王日休)などの経典類を解釈することで、信心のひとは「弥勒とおなじ」「如来とひとし」という念仏者像を導き出した。「弥勒とおなじ」「如来とひとし」といった表現は、特に親鸞晩年の消息等に多く見られるが、「便ち弥勒に同じ」「次いで弥勒の如し」という表現が『顕浄土真実教行証文類』(以下、『教行信証』と略す)の段階で見られるため、『教行信証』の執筆が開始されたであろう元仁元(一二二四)年ころには、遅くとも親鸞は念仏者を「弥勒とおなじ」というように把握していたと思われる。また現存する史料によると、宝治二(一二四八)年に書かれた『浄土和讃』初稿本、建長二(一二五〇)年一〇月の奥書をもつ『唯信鈔文意』(古写本・盛岡本誓寺本)に「如来とひとし」「諸仏とひとし」という表現が使用されていることも確認できる。したがって、親鸞は著述をはじめたころから「如来等同」思想を説いており、信心を獲得した時点から晩年に至るまで、信心のひとは「弥勒とおなじ」「如来とひとし」という思想を一貫して保持していたと考えてよいであろう。

正嘉元（一二五七）年丁巳一〇月一〇日の奥書を持つ性信御房宛ての『末灯鈔』第三通のなかで、親鸞は信心のひとが「弥勒と同じ」「如来とひとし」といえる根拠について次のように説明している。

信心をえたるひとは、かならず正定聚のくらゐに住するがゆへに等正覚のくらゐとまふすなり。大無量寿経には、摂取不捨の利益にさだまるものを正定聚となづけ、無量寿如来会には等正覚とときたまへり。その名こそかはりたれども、正定聚・等正覚はひとつこゝろひとつくらゐなり。等正覚とまふすくらゐは補処の弥勒とおなじくらゐなり。弥勒とおなじく、このたび無上覚にいたるべきゆへに、弥勒におなじとときたまへり。さて大経には次如弥勒とはまふすなり。弥勒はすでに仏にちかくましませば、弥勒仏と諸宗のならひはまふすなり。しかれば弥勒におなじくらゐなれば、正定聚のひとは如来とひとしとまふすなり。浄土の真実信心のひとは、この身こそあさましき不浄造悪の身なれども、こゝろはすでに如来とひとしければ、如来とひとしとまふすこともあるべしとしらせたまへ。弥陀すでに無上覚にその心さだまりてあるべきにならせたまふによりて、三会のあかつきとまふすなり。浄土真実のひとも、このこゝろをこゝろうべきなり。光明寺の和尚の般舟讃には信心のひとは、この心すでにつねに浄土に居すと釈したまへり。居すといふは、浄土に信心のひとのこゝろつねにゐたりといふこゝろなり。これは弥勒とおなじといふことをまふすなり。これは等正覚を弥勒とおなじとまふすによりて、信心のひとは如来とひとしとまふすこゝろなり。*14

周知のとおり、親鸞は「往生即成仏」を説き、従来は死後浄土に往生することで得られるとされた不退の位である正定聚を現生における獲信の時点に設定している。この消息では、その「正定聚の位」と「等正覚の位」は同じであり、等正覚は「補処の弥勒」と同じ位であるため「正定聚のひと」は「弥勒とおなじ」といえ、しかも弥勒は菩薩でありながらすでに仏にちかい存在なので「如来とひとし」ということができる、と論理的に説明されている。

さらに親鸞は、念仏者が正定聚の位に定まったことをもって「弥勒とおなじ」「如来とひとし」というだけではなく、真実信心のひとはこの身は「不浄造悪」にもかかわらず、その心が如来と等しいために「如来とひとし」ということがあると述べ、また信心のひとはその心がつねに浄土に居るから「弥勒とおなじ」であるということも付け加えている。このように信心のひとは、現生で仏に成ることが定まった存在であり、しかも心が如来と等しくつねに浄土にあるからこそ、弥勒菩薩と同一であり、如来と等しい存在とされるのである。

では、仏に成ることを現生で決定させる信心とは、親鸞においてどのような心であったのか。親鸞にとって信心とは、煩悩具足の凡夫が自ら起こす心ではなく、真如からのはたらきである「本願力」によって、すべての衆生に無差別に廻施されている「他力の信心」であり、それは自力の心をひるがえすことであらわれ出るものであった。そして、この「他力の信心」は単に浄土往生の正因となるだけではなく、煩悩具足の凡夫に智慧をもたらすとされている。たとえば『真筆消息』（慶信の書状に対する返事）では、「如来とひとし」を説明する文脈で信心は「智」であると説かれている。

また如来とひとしといふは、煩悩成就の凡夫、仏の心光にてらされまいらせて信心歓喜す。信心歓喜するゆへに正定聚のかずに住す。信心といふは智也。この智は、他力の光明に摂取せられまいらせぬるゆへにうるところの智也。仏の光明も智也、かるがゆへにおなじといふなり。おなじといふは、信心をひとしといふなり。*15

このように親鸞が信心のひとは「弥勒と同じ」「如来とひとし」というとき、信心は如来とひとしく、また「智」であると理解されている。この点はきわめて重要であると考えるので、もう少し具体的に親鸞が信心をどのように理解していたかを検討しておこう。『正像末和讃』（草稿本）では、

釈迦弥陀の慈悲よりぞ　願作仏心はえしめたる　信心の智慧にいりてこそ　仏恩報ずる身とはなれ
智慧の念仏うることは　法蔵願力のなせるなり　信心の智慧なかりせば　いかでか涅槃をさとらまし*16

と詠い、「信心の智慧」に「みだのちかひはちえにてましますゆへにしんずるこゝろのいでくるは　ちえのおこるとしるべし」という左訓を付している。さらに『弥陀如来名号徳』でも「念仏を信ずるは、すなわちすでに智慧をえて仏になるべきみとなるは、これを愚痴をはなるゝことゝしるべきなり」*17と述べている。「信心の智慧」によって仏に成るべき身となり、自己の無明（愚痴）を対象化し、そこから離れようとする知見を得ることは、自他の境界を超えることであり、したがって、そこからは必然的に慈悲の心が生じてくる。それゆえ、親鸞は煩悩具足である凡夫は「真実の慈悲」を起こすことはできないとしながらも、信心獲得の現生における利益として「正定聚」とともに「常行大悲」を挙げている。*18このように親鸞は本願力廻向の信心によって、凡夫に智慧と慈悲がもたらされるとしているのである。

また、親鸞は「他力の信心」を菩提心であると理解している。たとえば『唯信鈔文意』のなかでは信心について以下のように敷衍《ふえん》して説明している。

この真実信心を世親菩薩は、願作仏心とのたまへり。この信楽は仏にならんとねがふとまふすこゝろな

り。この願作仏心はすなわち度衆生心なり、この度衆生心とまふすは、すなわち衆生をして生死の大海をわたすこゝろなり。この信楽は衆生をして無上大涅槃にいたらしむる心なり。この心すなわち大菩提心なり、大慈大悲心なり。この信心すなわち仏性なり、すなわち如来なり。この信心をうるを慶喜といふなり、慶喜するひとは諸仏とひとしきひととなづく。[19]

ここで親鸞は世親の論を根拠に真実信心を「願作仏心」「度衆生心」「大菩提心」「大慈大悲心」と読み替え、最後にこの信心は仏性であり如来であると述べ、そのような性格の信心を慶喜するひとを「諸仏とひとしきひと」と名づけている。信心を「願作仏心」「度衆生心」「大菩提心」とする理解は、『教行信証』をはじめとするこのほかの著述でもたびたび語られている。『正像末和讃』(草稿本)では、「大菩提心」について次のように詠んでいる。

浄土の大菩提心は　願作仏心をすゝめしむ　すなわち願作仏心を　度衆生心となづけたり
度衆生心といふことは　如来智願の廻向なり　廻向の信楽うるひとは　大般涅槃をさとるなり
如来の廻向に帰入して　願作仏心をうるひとは　自力の廻向をすてはてゝ　利益有情はきわもなし[20]

この和讃では「願作仏心」と「度衆生心」に左訓があり、それぞれに「たりきのぼだいしんなり　ごくらくにむまれて　ほとけにならむと　ねがへとすゝめたまへるこゝろなり」、「よろづのうじやうを　ほとけになさむとおもふこゝろなりとしるべし」と記されてある。このように信心には、上は菩提を求め下は衆生を化す菩提心としての性格がそなわっていると親鸞は理解していた。大乗仏教において菩提心は菩薩の心にほかならない。菩薩は自利を行じつつ、利他行を実践する者である。したがって、「弥勒とおなじ」ということも、その地位が同じであることだけを意味しているのではなく、菩薩としての弥勒と同じ性格の主体となることを含意していたと考えられる。つまり親鸞が念仏者を「弥勒とおなじ」「如来とひとし」と呼ぶのは、念仏者が自利利他をなす菩薩としての主体を成立させるからである。[*21] 親鸞にとって真宗は「大乗のなかの至極」[*22] であり、その大乗仏教の課題は一切衆生の救済にあった。その課題を担う主体こそ菩薩であり、親鸞はそうした主体をいかにして成立させるかを追究していたのである。

親鸞は八五歳のときに記した『末灯鈔』第八通のなかで、「四乗の中には仏乗なり」[*23] という法然の説明を読み替えて、「四乗といふは、一には仏乗、二には菩薩乗、三には縁覚乗《えんがくじょう》、四には声聞乗《しょうもんじょう》なり。いまこの浄土宗は菩薩乗なり」[*24] としている。また『教行信証』「行文類」では、通常は「必定のもろもろの菩薩を念ず」と読む『十住毘婆沙論』「地相品」の文を、あえて「念必定のもろもろの菩薩」[*25] と読み換えており、『愚禿鈔』でも同じように、

本願を信受するは、前念命終なり。　「即ち正定聚の数に入る」文
即得往生は、後念即生なり。　「即の時必定に入る」文
また「又必定の菩薩と名づくるなり」文[*26]

と読んでいる。こうした読み換えからも、親鸞が正定聚に定まった念仏者を菩薩と認識していたことが裏付けられるであろう。

以上のように、親鸞は現生で菩薩たろうという課題をきわめて重視していた。念仏者が「不浄造悪」の身にもかかわらず、「弥勒とおなじ」「如来とひとし」とされたのは、煩悩具足の凡夫でありながらも、与えられた「信心の智慧」「大菩提心」によって、必ず仏に成ることが現生で定まり、弥陀の大悲を担う新しい主

体が成立するからであった。

三　凡夫の菩薩としての主体性

親鸞が信心のひとを仏に成ることが定まった菩薩と理解していたことを確認してきたが、その菩薩としての念仏者は状況のなかでどのような主体性を発揮するのであろうか。

よくいわれるように、親鸞は「凡夫といふは、無明煩悩われらがみにみちみちて、欲もおほく、いかり・はらだち・そねみ・ねたむこゝろおほくひまなくして、臨終の一念にいたるまでとどまらず。きえず、たえずと[27]」と述べており、凡夫は生涯において煩悩を具足した存在であると理解されていた。しかしその一方で親鸞は、「煩悩具足の凡夫人、仏願力によって摂取を獲、この人は凡数の摂にあらず[28]」とも述べている。つまり、本願力によって凡夫は「凡数の摂」（凡夫の仲間）とは一線を画した存在に成るというのである。凡夫でありながらもただの凡夫ではない。それは言い換えれば、信心を獲ることで凡夫でありながら菩薩になるということである。いうまでもないが、凡夫であることと菩薩であることは決して矛盾しない。[29]菩薩はいまだ仏ではないので、依然として煩悩を具足している凡夫に違いないのであるが、しかし「ただの凡夫」と「凡夫の菩薩」の間には、その主体性に決定的な相違があらわれる。

晩年の親鸞が東国の門弟に宛てた消息のなかで何度も記しているように、凡夫の菩薩としての念仏者は煩悩を持ちながらも、それに振り回されない主体を成立させる。たとえば、『末灯鈔』第二〇通には次のように記されている。

もとは無明のさけにえひふして、貪欲《とんよく》・瞋恚《しんい》・愚痴の三毒をのみこのみめしあふてさふらふつるに、仏

> のちかひをききはじめしより、無明のえひもやうやうすこしづゝさめ、三毒をもすこしづゝこのまずして、阿弥陀仏のくすりをつねにこのみめす身となりておはしましあふてさふらふぞかし（中略）仏の御名をもきき念仏をまふして、ひさしくなりておはしまさんひとびとは後世のあしきことをいとふしるし、この身のあしきことをばいとひすてんとおぼしめすしるしもさふらふべしとこそおぼえさふらへ。[30]

このように菩薩としての念仏者は、煩悩具足の凡夫であるにもかかわらず、自己への執着（無明）から生じる「三毒の煩悩」（貪欲・瞋恚・愚痴）を抑制し、この身の悪を厭い棄てようとする「しるし」を示す。そして、煩悩の支配からの脱却を志向するがゆえに、我見・貪愛・我慢の心を離れず世間の名利恭敬に貪著《とんじゃく》する神祇崇拝・占い・祈禱・祭祀などの宗教的行為を一切おこなわないという主体的な決断をくだすようになる。[31]

こうした主体性を発揮する念仏者は、神祇崇拝等を宗教的な基盤とする体制とは異質な人間関係（教団）の形成をめざすが、それゆえに度重なる迫害にさらされることになった。親鸞は晩年、消息のなかで領家・地頭・名主が念仏者を圧迫することは「やうあるべきこと（いわれがあるはずのこと）[32]」であると、その必然性を訴え、さらに『正像末和讃』（初稿本）では念仏者がおかれている状況を「五濁の時機いたりては、道俗ともにあらそいて、念仏信ずる人をみて、疑謗破滅さかりなり[33]」と詠いあげている。このような危機的状況下において親鸞は、

> しかれば、諸仏の御おしえをそしることなし、余の善根を行ずる人をそしることなし。この念仏する人をにくみそしる人おも、にくみそしることあるべからず、あわれみをなし、かなしむこゝろをもつべしとこそ、聖人はおほせごとありしか。[34]

と、念仏者を憎み謗《そし》るひとに対してさえも憎むのではなく、かえって、あわれみ悲しむ心から彼らのために念仏せよという。ただの愚かな凡夫であれば、憎しみを憎しみで返すであろう。しかし、この消息に記されているように菩薩としての念仏者には、未信の凡夫のままでは到底なし得ない主体性が期待されている。このように親鸞の「如来等同」思想は、「ただの凡夫」を「凡夫の菩薩」へと転身させ、新たな主体性を発揮させる。凡夫の菩薩は凡夫であるがゆえに煩悩に翻弄されることがある。だが、菩薩であるがゆえに自らの煩悩・自力の執心を罪障として自覚し、それを繰り返し反省しようとする。親鸞の悲嘆や罪悪感はそのあらわれにほかならない。

大乗菩薩道に基づく浄土信仰は、空也（九〇三〜九七二）・千観（九一八〜九八三）・源信（九四二〜一〇一七）などにも見られたが[35]、菩薩としての主体の確立は、日本浄土教史のなかで親鸞によってはじめて明確に主張されたもので、真宗の大きな特徴のひとつである。しかも当時、「いし・かわら・つぶて[36]」と蔑まされ、いわば最下層に位置づけられていた人びとを、信心によって菩薩と同じ存在になれると説いたことの意義を見落としてはならない。

四　覚如の真宗における「如来等同」思想の欠落

親鸞の墓所である大谷廟堂を寺院化し、本願寺教団の基礎を形成した覚如は、幼少のころから真宗以外の教義を学び、興福寺一乗院で得度《とくど》し東大寺戒壇で受戒している。覚如は禅と日蓮の系統を除くほとんどの仏教諸宗と接触しており、その幅広い修学は諸宗兼学という当時の一般的修学の在り方を踏襲したものであった[37]。覚如が真宗を本格的に学びはじめたのは、一八歳のときに伯父にあたる如信より「他力摂生の信証」を口伝されたときからである。[*38] 翌年には、常陸河田の唯円と対談し法門についての疑義をただしたという。[*39] つまり覚如は如信・唯円から真宗を継承したのであり、親鸞の謦咳《けいがい》に接したわけではなかった。

こうした修学を下地に形成された覚如の真宗は、既知の通り「信心正因」「称名報恩」「平生業成」を特徴としている。覚如は京都においてその勢力を拡張しつつあった西山派・鎮西派が説く諸行往生や多念義に対して、信心と称名《しょうみょう》の役割を明確にするために、他力の信心が浄土往生の正因であり、称名は獲信後の仏恩報謝の行にほかならないと主張し、また臨終来迎《らいごう》説を意識して、臨終ではなく信心を獲得したときに往生が定まると説いたのである。[*40]

覚如の真宗においては信心はあくまで浄土往生の正因であり、それが智慧であり菩提心であるという理解は示されない。しかも信楽峻磨によると、覚如は「信じる」という言葉に代えて「帰す」「帰属」「帰托」という語を多用し、本願・名号を信の対象とする心的態度を信心と理解しているという。[*41] こうした理解は西山教学の影響ではないかと信楽は述べているが、いずれにせよ覚如には親鸞とは異なる対象的な信心理解が見られる。

また、覚如は親鸞と同様に「臨終来迎」を説かず、現世における「入正定聚」を強調するが、親鸞浄土教の特徴である「往生即成仏」を前面に出さず、しかも二種廻向のひとつである還相廻向については全く語らない。そのため、覚如が説く「入正定聚」には、親鸞の説く「入正定聚」からの明らかな変質が見られる。それを如実に示しているのが、親鸞には見られなかった「平生業成」という用語の使用である。[*42] 平生業成とは、浄土往生の業因が臨終ではなく平生に成就するといった意味で、親鸞が説いた「入正定聚」と比べると、より限定された内容となっており、しかも親鸞がそこに持たせた現実的意義が矮小化されている。つまり、覚如は「入正定聚」を「平生業成」とすることで、その意味するところを、生きている間に往生が確約されたということにとどまらせたのである。[*43]

ではなぜ既存の浄土信仰とは異なり、覚如は平生における往生の決定を重視したのであろうか。『執持鈔』第五条のなかで覚如は次のように述べている。

一切衆生のありさま、過去の業因まちまちなり。また死の縁無量なり。病にをかされて死するものあり、鉤にあたりて死するものあり、水にをぼれて死するものあり、火にやけて死するものあり、乃至寝死するものあり、酒狂して死するたぐひあり。これみな先世の業因なり、さらにのがるべきにあらず。かくのごときの死期にいたりて、一旦の妄心をおこさむほか、いかでか凡夫のならひ、名号称念の正念もおこり、往生浄土の願心もあらむや。平生のとき期するところの約束、もしたがわば往生ののぞみむなしかるべし。しかれば平生の一念によりて往生の得否はさだまるものなり。[*44]

死の縁は「先世の業因」によってすでに決められており、我々はいつどこで死を迎えるかわからない存在である。だからこそ、平生において往生を決めておく必要がある、というのだ。このように述べる背景には、既存の浄土信仰と同様に、浄土往生を決定せねば、「悪人」「凡夫」は死後、三悪道（地獄・餓鬼・畜生）に堕ちるという社会通念を覚如が保持していたからにほかならない。[*45]そうしたなかで覚如は平生業成を説いたのである。

こうした覚如の真宗が堕地獄の回避＝安楽の追求に立脚していることは明らかであろう。往生願望の根幹にあるのは、極楽へ往きたいという自己の欲望なのであり、仏果を得て衆生利益を成し遂げたいという思いは皆無であった。覚如の真宗は顕密仏教から見放されていた凡夫を救済対象に据えていたが、それは信心獲得の機会と死後の安楽を平等に保証するというものにすぎず、「衆生利益のため」という大乗仏教の課題を欠落させたところに成立していたのである。[*46]したがって、その救いは来世浄土への往生を超えるものではなく、信を獲た後に、どのような主体となるかが問題とならなかった。

このような欲望充足を基調とする覚如の真宗において、信心は智慧・菩提心である必要はなく、したがって、浄土往生のための条件（正因）という側面で理解され、称名《しょうみょう》は地獄に堕ちることが回避されたことへの感謝の念仏と位置づけられた。そして現生での正定聚は、仏の前段階としての菩薩的地位に定まることではなく、来世の浄土往生＝堕地獄の回避が定まることをその内実としたのである。このような真宗理解に菩薩としての主体を求めることはできない。つまり、覚如が「如来等同」思想を語らなかったのは、それを成立させる真宗理解を持っていなかったからにほかならないのである。

五　覚如の念仏者像

「如来等同」思想を説かない覚如は、真宗の念仏者がどのような主体になると考えていたのであろうか。覚如は『口伝鈔』第十七条のなかで凡夫としてのありように変化はないとして、次のように述べている。

> うちまかせての凡夫のありさまにかはりめあるべからず。往生の一大事をば如来にまかせたてまつり、今生の身のふるまひ心のむけやう、口にいふこと、貪・瞋・痴の三毒を根として殺生等の十悪、穢身のあらんほどはたちがたく伏しがたきによりて、これをはなるることあるべからざれば、なかなかをろかにつたなげなる煩悩成就の凡夫にて、たゞありにかざるところなきすがたにてはむべらんこそ浄土真宗の本願の正機たるべけれと、まさしくおほせありき。[*47]

現生において凡夫は三毒の煩悩を厭い捨てようとすることはできないのであり、自らを飾り立てることなく煩悩をそのまま肯定する姿勢が承認されている。覚如にとって、凡夫は信心を獲得した後も依然としてただの凡夫にすぎないのであり、信心のひとが新たな主体と成ることは想定されていない。だからこそ、覚如は親鸞の教え（信心）を知ることこそが門弟の「しるし」であり、そのほか外相《げそう》に専修念仏者としての「しるし」を示す理由はないという。たとえば『改邪鈔』第十五条では次のように述べている。

それ本願の三信心と云は、（中略）しかれば、祖師聖人御相承弘通の一流の肝要、これにあり。こゝをしらざるをもて他門とし、これをしれるをもて御門弟のしるしとす。そのほか、かならずしも外相にをいて、一向専修行者のしるしをあらはすべきゆへなし。[*48]

また『改邪鈔』第三条では「遁世のかたちをことゝし、異形をこのみ、裳無衣を着し、黒袈裟をもちゐる、しかるべからざる事」と題して、外相にしるしを示さない本願寺門徒のとるべき態度を以下のように記している。

それ出世の法にをいて五戒と称し、世法にありては五常となづくる仁・義・礼・智・信をまもりて、内心には他力の不思議をたもつべきよし師資相承したてまつるところなり。[*49]

ここでは仏教の五戒と儒教の五常が同義とされ、外面ではそれを遵守し内心に他力の信心を保つことが要請されている。[*50] こうした覚如の発言は、裳無衣・黒袈裟を着用し遁世者の風体を装う時衆《じしゅ》の遊行集団を意識したもので、当時、鎌倉幕府の禁圧対象とされていた「諸国横行」を繰りかえす時衆と本願寺門徒とを区別するためのものであった。鎌倉幕府は治安維持の観点から、文暦二（一二三五）年に「念仏者と称し、黒衣を着するの輩、近年都鄙《とひ》に充満し、諸所に横行し、ややもすれば不当の濫行を現すと云々。もっとも停廃せらる可し」[51]との命令を出しており、嘉元元（一三〇三）年にも御教書を出し、一向衆と号して諸国を横行することを禁止している。[52]実際、本願寺門徒が一遍の時衆と混同されて鎌倉幕府による取り締まりを受けたために、覚如は禁制を解除するよう愁申状を認め、当時本願寺の「本所」であった妙香院門跡からの挙状を得て、これを添付し幕府へと提出している。[53]『改邪鈔』第三条はこうした状況を踏まえて記されたのであり、さきの引用に続けて覚如は次のようにも言及している。

しかるに、いま風聞するところの異様の儀にをいては、世間法をばわすれて仏法の義ばかりをさきとすべしと云々。これによりて世法を放呵するすがたとおぼしくて、裳無衣を着し黒袈裟をもちゐる歟、はなはだしかるべからず。（中略）当世都鄙に流布して遁世者と号するは、多分一遍房他阿弥陀仏等の門人をいふ歟。かのともがらは、むねと後世者気色をさきとし、仏法者とみえて威儀をひとすがたあらはさんとさだめ、振舞歟。（中略）これによりてたとひ牛盗とはいはるとも、もしは善人もしは後世者もしは仏法者とみゆるやうに振舞べからずとおほせあり。この条、かの裳無衣・黒袈裟をまなぶともがらの、意巧に雲泥懸隔なるものをや。顕密の諸宗大小乗の教法になを超過せる弥陀他力の宗旨を心底にたくはへて外相にはその徳をかくしましますﾞ[54]

覚如は本願寺門徒が遁世僧（時衆）と同一視され、幕府から排除されるのを回避するために、真宗は顕密諸宗を超過するという自負をもちながらも、それを心底にたくわえ外相に誤解を招くような風采を示さないように注意を促している。いまだ微弱な勢力でしかなかった本願寺の社会的定着をめざしていた覚如にとって、最も重要だったのは、本願寺に及ぶ危機の回避であった。したがって、「往生の正因」である信心さえ譲らなければ、外面における生き方はとりわけ問題とはならず、置かれた状況に応じて恣意的に判断すればよかったのである。

伝記によると、覚如は信仰と生き方を分断し世俗に迎合する生き方を自ら実践していたという。覚如の門弟乗専が述作した『最須敬重絵詞』には、「とりわき外相に遁世の儀を標せらるゝ事もなし、たゞ内心に後生の得脱をねがひ給ばかりなり」[*55]とあり、乗専のすすめによって次子従覚が作製した『慕帰絵』の末尾には、「法印平生の振舞もたゞよのつねに順じて」[*56]と述べられている。覚如は信仰を「内心」の領域に限定し、現世ではあえて専修念仏者の「しるし」を示さず、「よのつね」に従って生きるべきことを説き、自らそれを実践していたのである。実際に覚如は顕密諸宗や公家と積極的に交流しており、北野聖廟（天神）にて歌会が開催された際は、親王・公卿とともに参座している。[*57]覚如は幼少の時から官僧的・貴族（世俗）的な地位にあり、その生活もそれに準じたものであった。それは生まれ育った環境に大きく制約されたものであったといえなくもないが、覚如は真宗を受容して以降も新しい主体を成立させることはなく、一貫して通俗的な生き方をし続けたのである。

おわりに

以上の考察によって、覚如における「如来等同」思想の欠落は、覚如自身の真宗理解の問題に帰着することが明らかになったと考える。覚如の真宗には、信心を智慧・菩提心とする理解が見られず、その土台となる浄土教理解も地獄に堕ちることを回避して安楽を求めるという、大乗的性格を欠落させたものであった。浄土往生が単に死後の問題に限定されることで、浄土往生の対象と条件だけが問題とされ、浄土往生が定まった者はどうあるべきなのかという当為の問題は放棄されることになったのである。

こうした真宗から創出される念仏者は、状況に応じて恣意的な判断を繰り返す通俗的な主体性を発揮するにとどまり、独自の生き方を成立させることはなかった。このようにして、親鸞によって歴史のなかに登場した菩薩としての主体は、親鸞没後かなり早い段階で見失われることになったのである。

＊史料の引用に際しては、一部の旧字体を新字体に直し、片仮名表記は平仮名表記に改め、適宜、濁点を補った。また改行箇所には「／」を入れて示した。

◉註

＊1　「如来等同」という表現は、信心のひとは「如来とおなじ」という意味を含むため、やや正確さを欠く表現ではあるが、ここでは、あくまで信心のひとを「如来とひとし」「弥勒とおなじ」とする思想という意味で「如来等同」思想という概念を使用する。

＊2　その一因として、現代の親鸞・真宗に対する一般的なイメージが、「悪人正機」を説く『歎異抄』の影響を受けて構築されたものであるという点を挙げることができる。詳しくは、子安宣邦『歎異抄の近代』（白澤社、二〇一四年）を参照。

＊3　覚如は『口伝鈔』第十九条のなかで、「傍機たる善凡夫なを往生せば、もはら正機たる悪凡夫いかでか往生せざらん。しかれば善人なをもて往生す、いかにいはむや悪人をやといふべしとおほせごとありき。」（『真宗史料集成』第一巻、六四九～六五〇頁）と述べている。それが『歎異抄』の「悪人正機」説と同じ内容であるかに関しては、慎重に検討する必要がある。たとえば平雅行は覚如のそれを「階層的悪人正機説」とし、弥陀が「善人」（プラス価値）ではなく、「悪人」（マイナス価値）を「正機」とする点で「民衆の愚民視を随伴した救済論」にほかならないと位置づけている（平雅行「専修念仏の歴史的意義」同『日本中世の社会と仏教』塙書房、一九九二年、初出一九八〇年）。

＊4　拙稿「『歎異抄』にみられる真宗信仰の変容――特に「如来とひとし」ということを手がかりにして――」（『国史学研究』第三十号、二〇〇七年）参照。

＊5　たとえば徳永道雄は「親鸞が『教行信証』においても触れ、晩年の和語の著作、特にその書簡にはまことに頻繁に

見られるこの思想が、教団教学の設定した論題からは全く欠落しているという事実は、きわめて異常なことだと言わざるを得ない」と述べている（徳永道雄「親鸞の諸仏等同について」（『日本仏教学会年報』第五三号、一九八八年）。

＊6　稲田静真「蓮如上人における信益の背景――「与諸如来等」「便同弥勒」等について――」（『宗学院論集』第六六号、一九九三年）、普賢保之「蓮如における『如来とひとし』の意義とその背景」（『中央仏教学院紀要』第十一号、一九九七年）など。

＊7　葛野洋明「真宗証果論の研究」（『宗学院論集』第七三号、二〇〇一年）。

＊8　『末灯鈔』第十四通（『真宗史料集成』第一巻、四三八頁）。

＊9　赤松俊秀『親鸞』（吉川弘文館、一九六一年）、三三二頁。

＊10　金龍静『蓮如』（吉川弘文館、一九九七年）、二二頁。

＊11　拙稿「初期真宗における教団と信仰――性信と横曾根門弟を通して――」（光華会編『親鸞と人間――光華会宗教研究論集　第四巻――』永田文昌堂、二〇一三年）参照。

＊12　松野純孝『増補　親鸞』（真宗大谷派宗務所出版部、二〇一〇年、初出一九五九年）、四七七頁。

＊13　覚如に関しては、拙稿「真宗教団の体制化と往生信仰の変質――覚如の宗教的・社会的立場――」（赤松徹眞編『日本仏教の受容と変容』永田文昌堂、二〇一三年）でも検討した。

＊14　『末灯鈔』第三通（『真宗史料集成』第一巻、四三〇〜四三一頁）。

＊15　『真筆消息』第四通「蓮位添状」（『真宗史料集成』第一巻、四一四頁）。

＊16　『正像末和讃』（草稿本）（『真宗史料集成』第一巻、二八四頁）。

＊17　『弥陀如来名号徳』（『真宗史料集成』第一巻、四〇五頁）。

＊18　『教行信証』「信文類」（『真宗史料集成』第一巻、一四六頁）。

＊19　『唯信鈔文意』（『真宗史料集成』第一巻、三三四頁）。

＊20　『正像末和讃』（草稿本）（『真宗史料集成』第一巻、二八五頁）。

＊21　玉木興慈「「便同弥勒」「諸仏等同」についての一考察――第十七願との関連から――」（『真宗研究』第四三輯、一九九九年）、同「「信巻」真仏弟子釈についての一考察――『安楽集』引文を中心に――」（『真宗学』第一一八号、二〇〇八年）参照。

＊22　『末灯鈔』第一通（『真宗史料集成』第一巻、四二八頁）。

＊23　『西方指南抄』下本（『定本親鸞聖人全集』第五巻、二八九頁）。
＊24　『末灯鈔』第八通（『真宗史料集成』第一巻、四三四頁）。
＊25　『教行信証』「行文類」（『真宗史料集成』第一巻、一〇一頁、原漢文）。
＊26　『愚禿鈔』（『真宗史料集成』第一巻、三六八頁、原漢文）。
＊27　『一念多念文意』（『真宗史料集成』第一巻、三九九～四〇〇頁）。
＊28　『入出二門偈頌』（『真宗史料集成』第一巻、三八七頁、原漢文）。
＊29　たとえば静谷正雄は、「原始大乗」の主軸となる思想は、釈迦菩薩のような特定の菩薩だけを考えるのではなくて、誰でも作仏の誓願を起こして菩薩の道に進むならば、その人は菩薩であり、将来かならず作仏できるとする「凡夫の菩薩」の思想である」と述べている（同『初期大乗仏教の成立過程』百華苑、一九七四年、二三八頁）。
＊30　『末灯鈔』第二〇通（『真宗史料集成』第一巻、四四六～四四七頁）。
＊31　たとえば『教行信証』「化身土文類」では『起信論』を引用して「知るべし、外道の所有の三昧は、みな見愛我慢の心を離れず、世間の名利恭敬に貪著するがゆえなり。」（『真宗史料集成』第一巻、二三六頁、原漢文）と述べており、『一念多念文意』でも「異学といふは、聖道・外道におもむきて、余行を修し、余仏を念ず、吉日良辰をえらび、占相祭祀をこのむものなり。これは外道なり、これらはひとへに自力をたのむものなり。」（『真宗史料集成』第一巻、三九六頁）と論じている。
＊32　『親鸞聖人御消息集（略本）』第四通（『真宗史料集成』第一巻、四五三頁）。
＊33　『正像末和讃』（『真宗史料集成』第一巻、二九〇～二九一頁）。
＊34　『真筆消息』第一通（『真宗史料集成』第一巻、四一〇頁）。
＊35　二葉憲香「空也浄土教について——千観との共通性を通じて——」（『二葉憲香著作集』第五巻、永田文昌堂、二〇〇〇年、初出一九六九年）参照。
＊36　『唯信鈔文意』（『真宗史料集成』第一巻、三三二頁）。
＊37　山田雅教「初期本願寺教団における顕密諸宗との交流——覚如と存覚の修学を基にして——」（『仏教史研究』第二七号、一九九〇年）。
＊38　『慕帰絵』第三巻（『真宗史料集成』第一巻、九三〇頁）。

＊39　同右。
＊40　普賢晃壽「覚如教学の特色」（『中世真宗教学の展開』永田文昌堂、一九九四年）参照。
＊41　信楽峻麿「覚如における信の思想」（『信楽峻麿著作集第二巻　改訂 親鸞における信の研究　上巻』法藏館、二〇〇七年）参照。
＊42　『改邪鈔』第一条（『真宗史料集成』第一巻、六五五頁）。
＊43　藤村研之「真宗における信と実践――現生正定聚理解の変容を問題として――」（前註13書）参照。
＊44　『執持鈔』第五条（『真宗史料集成』第一巻、六二九頁）。
＊45　平雅行「専修念仏の歴史的意義」（同『日本中世の社会と仏教』）、同「殺生禁断と殺生罪業観」（脇田晴子／マーチン・コルカット／平雅行編『周縁文化と身分制』思文閣出版、二〇〇五年）参照。
＊46　たとえば『口伝鈔』第十一条のなかには、『恵信尼消息』第五通に記されている三部経千部読誦の逸話が引用されているが、覚如はそこから「衆生利益のため」という親鸞の伝道のモチーフを端的に示す文言を削り、話の内容を「助業をなをかたわらにしましまします事」という自力の否定をうながすものへと矮小化させている（『口伝鈔』第十一条、『真宗史料集成』第一巻、六四一～六四二頁）。
＊47　『口伝鈔』第十七条（『真宗史料集成』第一巻、六四八頁）。
＊48　『改邪鈔』第十五条（『真宗史料集成』第一巻、六六二頁）。
＊49　『改邪鈔』第三条（『真宗史料集成』第一巻、六五六頁）。
＊50　仏教の五戒と儒教の五常を融合させる思考は中国仏教において数多く見られる（道端良秀「中国仏教に於ける五戒と五常の問題」『印度学仏教学研究』四―二、一九五六年）し、日本でも『停止一向専修記』の第六条に「仏法に五戒あり、世間に五常あり。その言は異なりと雖も、その旨は惟れ同じ。」（伊藤真徹『日本浄土教文化史研究』隆文館、一九七五年、四三七頁、原漢文）とある。
＊51　『鎌倉幕府法』「追加法」（『中世法制史料集』第一巻、岩波書店、一九九五年、一〇一頁、原漢文）。
＊52　この御教書は原文が遺存せず、その全貌は明らかではないが、『専修寺文書』所収の「沙門唯善施行状」によって御教書が発給された事実を知ることができる（『真宗史料集成』第四巻、一六一頁）。
＊53　「本願寺親鸞上人門弟等愁申状」（『真宗史料集成』第一巻、九九五頁）、「妙香院挙状案」（同上）。

＊54『改邪鈔』第三条（『真宗史料集成』第一巻、六五六頁）。
＊55『最須敬重絵詞』第一巻（『真宗史料集成』第一巻、九五三頁）。
＊56『慕帰絵』第十巻（『真宗史料集成』第一巻、九四七頁）。
＊57『慕帰絵』第六巻（『真宗史料集成』第一巻、九三四頁）。

III 社会性

［第十一章］

『教行信証』における往相・還相の問題

末木文美士

要旨

近代的な世界観が崩壊し、仏教に関しても、近代的、合理的な解釈ではもはや通用しないことが明らかになってきた。鎌倉新仏教中心論が崩壊した今日、親鸞を新仏教の代表として、その近代性を誇ることはできなくなった。他力の信のみ重視する近代的解釈は、真宗者が現実に社会的な活動を行なおうという際にかえって障害となって、教学上の問題を惹き起こしている。即ち、従来の親鸞解釈では、ボランティアなどの社会的活動も自力とされて認められないのではないか、という深刻な問題が提起されている。しかし、それはどう考えてもおかしい。それでは、どう考えたらよいのであろうか。

本稿では、それに対して往相・還相の二種回向を中心として『教行信証』の証巻を中心に検討する。従来の解釈では、現世の衆生は往相しかなく、それも阿弥陀仏の他力の回向で成り立つものであり、自分の意向は入らないとされ、それに対して、還相回向は往生してから後のことであるから、現世で考えるべきことではないと主張されてきた。しかし、仏の還相回向の力が凡夫にもはたらくことを認めるとすれば、「信」という問題だけにとどまらず、凡夫の活動全体にその力がはたらいているはずである。仏壇に向かっている時だけに仏の還相の力がはたらくわけではない。そうなれば、凡夫の活動すべてが念仏であるということもできよう。そうであれば、社会性、主体性を持った活動もまた、弥陀の還相の力を受けた念仏として理解される。

田辺元によれば、私たちすべてが他者への配慮を持った菩薩であるという。そのような大乗仏教的な菩薩論は、親鸞の往相・還相構造にも生かされている。往相・還相論は、菩薩論として読み直すことができる。

▼▼▼キーワード▼往相・還相、菩薩、教行信証、行・信、田辺元

はじめに

先に拙著『浄土思想論』において、親鸞の思想に関して、従来の解釈を批判して、次のような点を指摘した。*1

一、従来しばしば『歎異抄』の悪人正機説（または悪人正因説）こそが、親鸞の根本思想のように考えられてきたが、もはやそれは通用しない。『歎異抄』はあくまでも聞書きであり、それをもって心血を注いだ『教行信証』に優越すると見ることはできない。また、謗法者に対する糾弾を含んだ『教行信証』の厳しい悪人論は、『歎異抄』に十分に反映していない。その点に関して、従来、王権への批判を含む『教行信証』後序の部分を、本文の思想とは無関係に切り離して見る傾向があったが、化身土巻の後半の外道批判に直結させて考えるべきである。五逆謗法の悪人は、懺悔し、仏法を信じない限り、救われることはない。

二、従来、『教行信証』を論ずる際に、信巻を中心として見ることが多かった。これは、信によってのみ義とされる、近代的なプロテスタンティズムを親鸞に読み込もうとするものであり、『教行信証』全体を適切に解釈したものとは言い難い。『教行信証』自体が明言しているように、往相《おうそう》・還相《げんそう》の二種回向を中心に理解すべきである。それとともに、何でも主体を阿弥陀仏の側に帰する他力主義だけでよいのか、という問題が生ずる。自力と他力はもっと相関的に捉えられなければならないのではないか。

ここでは、第二の点を中心としながら、『教行信証』の往相・還相構造をもう少し立ち入って検討してみたい。往相・還相論を中心とした解釈は、主体性、社会性を持った活動を可能にするものである。以下、その点を念頭に置きながら、考察していこう。[*2]

一、基本となる往相・還相構造

『教行信証』本文は、「つつしんで浄土真宗を案ずるに、二種の回向あり。一つには往相、二つには還相なり。往相の回向について真実の教行信証あり」（一三五頁）[*3]という文で始まる。往相回向は、教・行・信の各巻と、証巻の前半まで続き、証巻の後半で、「二つに還相の回向といふは、すなはちこれ利他教化地の益なり」（三一三頁）というところから、還相回向に入る。その点は明確であるが、還相回向がどこまで続くか、必ずしもはっきりしない。化身土巻はあえて言えば、往相回向と考えられるが、必ずしも往相・還相の枠に入らないと考えるのが適当であろう。真仏土巻は、証巻の延長として、衆生救済の姿が光明・寿命の無量というところに示されるのであるから、還相回向の枠の中に入るであろう。そうして見ると、次の図式のように考えられる。なお、括弧内に、それぞれの巻の主題となる願を挙げた。

教巻	往相回向
行巻〔第十七願・諸仏称名〕	往相回向
信巻〔第十八願・至心信楽〕	往相回向
証巻〔第十一願・必至滅度〕	往相回向
〔第二十二願・必至補処・一生補処・還相回向〕	還相回向
真仏土巻〔第十二願・光明無量、第十三願・寿命無量〕	還相回向
化身土巻〔第十九願・至心発願、第二十願・至心回向〕	

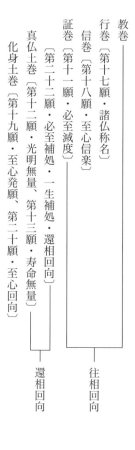

ここで、各巻の頭を揃えずに、上下をつけたのは、各巻の関係を示すためである。すでに触れたように、往相・還相で全体の体系が成り立つはずが、化身土巻ではすでにその通りに行なっていない。このことは、おそらくはもともとの構想になかったためと思われる。『教行信証』の成立に関しては、かつて信巻別撰説が唱えられたことがあったが、その後、坂東本の精査によってほぼ議論は終焉し、その成立過程をめぐる議論はあまり活発ではない。確かに坂東本の原型が成立して以後は、その加筆や訂正箇所が明確化して、もはや大きな巻の規模での成立問題は成り立たないようにも見える。しかし、坂東本成立以前に、そもそものように『教行信証』が構想され、その構想が修正されたかは、ある程度推測できる。一つは、『顕浄土真実教行証文類』というタイトルで、「信」が入らないことは、信巻が最初の構想になく、行巻から展開してできてきたことを暗示する。もう一つは、真仏土が証巻から分立し、さらにそれを補足して化身土ができたという順序も想定されよう。

ところで、二種回向に関して親鸞自身は必ずしもきちんと定義していないが、正確には何を意味するのであろうか。この語はもともとは『往生論註』に出る言葉で、『教行信証』では、その該当箇所を信巻の欲生心の解釈の中に引用している。

回向に二種の相あり。一つには往相、二つには還相なり。往相とは、おのれが功徳をもつて一切衆生に回施したまひて、作願してともにかの阿弥陀如来の安楽浄土に往生せしめたまふなり。還相とは、かの土に生じをはりて、奢摩他・毘婆舎那・方便力成就することを得て、生死の稠林《ちゅうりん》に回入して、一切衆生を教化して、ともに仏道に向らしめたまふなり。もしは往、もしは還、みな衆生を抜いて生死海を渡せんがためにしたまへり。（二四二）

この箇所は、親鸞による独特の訓読により、もとの意味を大きく転換している。もともとの『論註』の文から言えば、往相・還相ともに、行者の側が主体として読むのが適切である。即ち、以下のようになる。

往相とは、己が功徳を以て一切衆生に廻施して、共に彼の阿弥陀如来の安楽浄土に往生せむと作願するなり。還相とは、彼の土に生じ已りて、奢摩他・毘婆舎那を得、方便力成就すれば、生死の稠林に廻入して一切衆生を教化して、共に仏道に向かふなり。若しは往、若しは還、皆衆生を抜きて生死海を渡せむが為なり。

ここで重要なことは、還相はもちろん、往相も自分だけの往生を求めるのではなく、自己の功徳を一切衆生に廻施して、ともに往生しようと願うことであり、往相・還相ともに「衆生を抜きて生死海を渡せむが為」でなければならない。即ち、ここで主体となっている衆生は、他の衆生とともに歩もうとする菩薩であり、自己の利益だけを求める声聞《しょうもん》や縁覚《えんがく》であってはならない。

それが、親鸞の読み方では、回向する主体は阿弥陀仏の側に変わる。往相回向は、阿弥陀仏が自らの功徳を衆生に廻施して、阿弥陀如来の安楽浄土に往生させるのであり、還相回向は、往生した衆生を阿弥陀仏が生死の世界に送り返し、一切衆生を教化して仏道に向わせるというのである。従来の解釈は、この親鸞の読みに従い、現世の衆生は往相しかなく、それも阿弥陀仏の他力の回向で成り立つものであり、自分の意向は入らないとされ、それに対して、還相回向は往生してから後のことであるから、現世で考えるべきことではないと主張されてきた。しかし、それほど単純であろうか。この問題は、菩薩とは何かという問題に関わり、仏教の根幹となる問題を含んでくる。そこで、もう少し考えてみたい。

二、菩薩の理念

『論註』の往相・還相論は、一切衆生とともにあるという、やむにやまれぬ菩薩の心から生まれている。親鸞がそれを読み換えたのは、決してそのやむにやまれぬ心情を無視したり圧殺したりするということではないはずだ。身近な人が病気の時、あるいは目の前で大きな災害が起こった時、それに目をふさぐことを求めているわけではないであろう。

ここで、菩薩ということについて少し考えておく必要がある。*4 菩薩の原理は、大乗仏教において大きく発展するが、その根底は、他者とともにあるということである。初期仏教においては、実際にはサンガという共同体が必要とされるにもかかわらず、原理的には悟りは個人として達しうるものであり、四諦の原理に他者の要素は入ってこない。しかし、菩薩の利他という要素が入る時、他者は不可欠の要素となる。他者なしに利他ということはあり得ない。『法華経』が「一切衆生は菩薩である」と主張するのは、単にいつか将来成仏するということではなく、第一義的には、「一切衆生は他者なしにはあり得ない」という根本の原理を主張しているのである。そのことは、現世に始まることではなく、過去世からずっと続いている。その間、ずっと私に関わり続け、私に配慮している他者こそ仏に他ならない。

もちろん、他者との関わりはよいことばかりではない。そこには執着が生まれ、憎しみが生まれる。愛別離苦や怨憎会苦という苦を生ずる。菩薩はこのような他者との関係を自覚し、そのマイナスの面ではなく、プラスの側面から引き受けようとする。苦を離脱するのではなく、苦を引き受け、輪廻の世界に積極的に入っていくのである。「一切衆生は菩薩である」と言うとき、その菩薩は無自覚的な状態にあるが、それを自覚した時に、他者との関係を積極的に引き受けようという菩薩の倫理が生ずる。このような菩薩のあり方が大乗仏教の根本をなすということができる。それは、もちろん現世内のことを含みつつ、現世を超えていく。

このことを、もっとも見事に定式化したのは、田辺元であった。田辺は、晩年の「死の哲学」において、死者との「実存協同」を主張する。その詳細は略すが、[*5]愛により死を超えて結びあう関係の可能性を説き、それを仏教の菩薩の理想に見る。具体的な例として、田辺は『碧巌録』第五十五則の道吾とその弟子漸源の場合を挙げる。

生死の問題に熱中する若年の僧漸源が、師僧の道吾に随って一檀家の不幸を弔慰したとき、棺を拍って師に「生か死か」と問う、しかし師はただ「生ともいわじ死ともいわじ」と言うのみであった。……そののち道吾他界するに及び、漸源は兄弟子にあたる石霜に事のいきさつを語ったところ、石霜もまた不道不道《いわじいわじ》というのみであった。漸源ここに至って始めて、……先師道吾が自分の問に答えなかったのは、彼をしてこの理を自ら悟らしめるための慈悲であり、その慈悲いま現に彼にはたらく以上は、道吾はその死にかかわらず彼に対し復活して彼の内に生きるものなることを自覚し、懺悔感謝の業に出でたというのである。（「メメント　モリ」[*6]）

この例は非常に分かりやすい。師と弟子の関係は、生死を超えて継続する。師は死んでも弟子を導き、弟子は死者としての師に導かれて悟りを開く。これは禅の例であるが、浄土教においても同じように考えることができる。生者が仏（あるいは死者）に導かれて悟りに向かうのが往相であり、仏（あるいは死者）が生者を導くのが還相に当たる。それを図示すると、次頁の図のようになるであろう。ここで、仏と衆生をイコールで結んだのは、仏は菩薩の完成系であり、衆生もまた菩薩であり、その点で、仏も衆生も同じである。

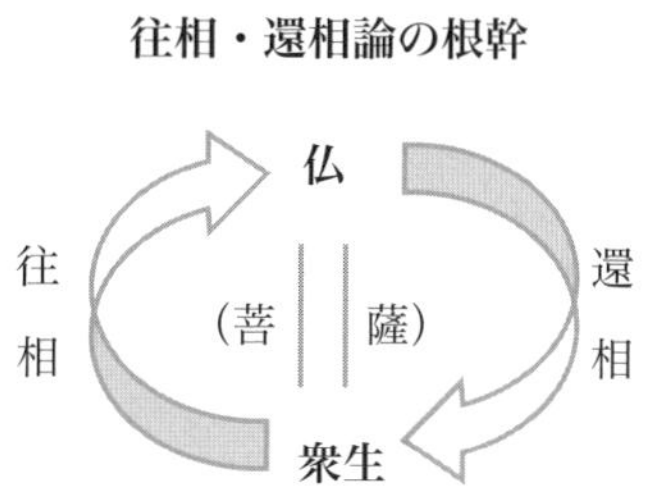

三、往相・還相論再考

以上のような一般論を前提に、もう少し『教行信証』の往相・還相構造を考えてみよう。往相が還相に転ずるのは、証巻においてである。証巻の冒頭は次のように始まる。

つつしんで真実の証を顕さば、すなはちこれ利他円満の妙位、無上涅槃の極果なり。すなはちこれ必至滅度の願より出でたり。また証大涅槃の願と名づくるなり。しかるに煩悩成就の凡夫、生死罪濁の群萠、往相回向の心行を獲れば、即の時に大乗正定聚《しょうじょうじゅ》の数に入るなり。正定聚に住するがゆゑに、かならず滅度に至る。かならず滅度に至るはすなはちこれ常楽なり。常楽はすなはちこれ畢竟《ひっきょう》寂滅なり。寂滅はすなはちこれ無上涅槃なり。無上涅槃はすなはちこれ無為法身なり。無為法身はすなはちこれ実相なり。実相はすなはちこれ法性なり。法性はすなはちこれ真如なり。真如はすなはちこれ一如なり。しかれば、弥陀如来は如より来生して、報・応・化、種々の身を示し現じたまふなり。（三〇七）

これは、往相の結果、到達する世界である。「必至滅度の願」は第十一願で、「たとひわれ仏を得たらんに、国のうちの人天、定聚に住し、かならず滅度に至らずは、正覚を取らじ」というものである。この滅度について、常楽＝畢竟寂滅＝無上涅槃＝無為法身＝実相＝法性＝真如＝一如と言い換えられている。往相の結果到達されるのは極楽世界であるが、ここには通常極楽という言葉で思い浮かぶ美的、感覚的な表現は出てこないで、きわめて抽象的に悟りの世界を表す言葉が列挙される。晩年の和讃になると、極楽の感覚的イメージを表す表現が多く出るようになるが、その点、『教行信証』はいささか異なっている。これは、あくまでも究極的に到達される「滅度」の境地を、仏教教理の言葉で表現しようとしたためと考えられる。ちなみに、真仏土巻においても、願としては光明無量の願（第十二願）と寿命無量の願（第十三願）を挙げるにもかかわらず、『涅槃経』を長く引用し、そこでは仏＝仏性の常・楽・我・常を主張している。

このように見るならば、往生して到達されるのは決して感覚的に感受されるような浄土ではなく、無上涅槃であり、無為法身であり、真如であることになる。なぜ到達される境地がこのような抽象的な言葉で表現されなければならないのであろうか。それは、浄土は往生してとどまるべき場所ではないということであろう。そこで転換して還相に出なければならないのであり、往生して涅槃に達するということは、何よりもその転換点に達するということである。ちなみに、晩年の和讃では、浄土は感覚的に表現されている。

ところで、先に引いた証巻の冒頭部の最後に、「しかれば、弥陀如来は如より来生して、報・応・化、種々の身を示し現じたまふなり」とあることは注目される。衆生の往相の到達される境地を述べたところで、いきなり弥陀のほうに話が飛ぶのである。これには二つのことが含意されているであろう。第一に、ここではじめて法身・真如等と言われる究極の世界が開示されることから、信巻までに出てきた弥陀がどのように位置づけられるかが、ここで明らかにされるのである。第二に、後に出る還相の菩薩のあり方と如来との関係が問題とされてくる。

第一点であるが、これはもちろん、「如来」という言葉が「如より来たる」(thatā-āgata) という語源的な解釈に基づくもので、その限りでは一般的な解釈である。しかし、弥陀が「如(真如)」という原理から出てくるとすると、弥陀の人格性、あるいは他者性は解消してしまう。このことは、還相回向に引かれる『論註』の言葉を使えば、法性法身と方便法身の関係になり、さらに晩年の「自然法爾」の立場では、「無上仏と申すは、かたちもなくまします。かたちもましまさぬゆゑに、自然とは申すなり。……かたちもましまさぬやうをしらせんとて、はじめに弥陀仏とぞききならひて候ふ。弥陀仏は自然のやうをしらせんれうなり」と表現されるようになる。

真如と弥陀の関係は、さらに深く検討すべき問題であるが、ここでは深く立ち入らない。他で検討したように[*7]、場所的なものに解消される真如と、仏のような他者との関係は緊張を持っており、簡単に真如(法身)=場所から仏(報身)=他者が出てくるという説明だけでは割り切れないところがある。第一に、真如そのものがたやすく到達されないものであり、涅槃に至ることではじめて到達される。それ故、真如自体が不可知の他者性を持つと言える。第二に、確かに真如はそこから如来が生まれ、世界が生まれる究極の場所であるが、しかし他方、他者は場所を無化して、唐突に現れる。それ故、単純に場所的なものに解消しきれない。弥陀は真如から発しつつも、真如に解消しきれないのである。

第二点の問題を考えてみよう。涅槃=法身=真如に到達して、そこから還相的に弥陀仏が出てくるとすれば、それは衆生が往生して、涅槃に達し、還相へと向かうのと同じ構造ではないか、という疑問が生ずる。実際、その通りであろう。弥陀もまた、菩薩として発願し、それが成就して仏となったのであり、その点では衆生=菩薩と何ら変わらない。弥陀は自力で修行したのではないか、と言われるかもしれないが、弥陀もまた世自在王仏の他力を受けているのであり、その点でも基本的には変わらない。そんなことは単なる作られたお話にすぎないと否定するのは自由だが、それは物理的なこの宇宙を唯一のものと決定してしまう狭小な一宇宙論に陥ることであり、その狭い範囲で成り立つことでしかない。

そこで、親鸞自身が証巻の後半、還相回向のところでどのように説いているかを見てみよう。還相回向の願は第二十二願であるが、還相回向に入る最初のところには、こう記されている。

二つに還相の回向といふは、すなはちこれ利他教化地の益なり。すなはちこれ必至補処の願より出でたり。また一生補処の願と名づく。また還相回向の願と名づくべきなり。（三一三）

注目すべきは、「必至補処」とか「一生補処」と呼ばれていることである。このことは、願文に出ていることから、当然とも言えるが、晩年には、現世で弥勒と等しい補処に至ることを主張するようになるので、その点、多少異なっているとも言える。証巻では、『論註』を還相回向の主要な論拠として引用するが、そこでは、「すなはちかの仏を見たてまつれば、未証浄心の菩薩、畢竟じて平等法身を得証す。浄心の菩薩と、上地のもろもろの菩薩と、畢竟じて同じく寂滅平等を得るがゆゑに」という『浄土論』の分を注釈して、次のように説明する。

「平等法身」とは、八地以上法性生身の菩薩なり。「寂滅平等」とは、すなはちこの法身の菩薩の所証の寂滅平等の法なり。この寂滅平等の法を得るをもつてのゆゑに、名づけて平等法身とす。平等法身の菩薩の所得なるをもつてのゆゑに、名づけて「寂滅平等」の法とするなり。この菩薩は報生三昧を得。三昧神力をもつて、よく一処・一念・一時に、十方世界に遍して、種々に一切諸仏および諸仏大会衆海を供養す。よく無量世界に仏法僧ましまさぬ処にして、種々に示現し、種々に一切衆生を教化し度脱して、つねに仏事をなす。(中略)「未証浄心の菩薩」とは、初地以上七地以還のもろもろの菩薩なり。この菩薩、またよく身を現ずること、もしは百もしは千、もしは万もしは億、もしは百千万億、無仏の国土にして仏事を施作す。(中略)この菩薩、安楽浄土に生じてすなはち阿弥陀仏を見んと願ず。阿弥陀仏を見る時、上地のもろもろの菩薩と、畢竟じて身等しく法等しと。(三一四―三一五)

この説明によると、「平等法身」を得た法身の菩薩とは、八地以上の菩薩であり、無量世界の仏法僧《ぶっぽうそう》のないところで(仏法僧があれば、必要ないから)、仏の代わりに一切衆生を教化し、度脱することができる。それ以下の「未証浄心の菩薩」とは、初地以上七地以下の菩薩であるが、浄土に生まれて阿弥陀仏を見ると、上位の菩薩と同じはたらきを示すことができる、というのである。

この説明を見れば、高位の菩薩は仏と同じはたらきを示すことができるのであり、菩薩と仏の間の決定的な断絶を考えるのは、必ずしも適当でないことになる。先にも触れたように、仏は利他を求める菩薩の完成形であり、それに対して、凡夫も他者との関わりの中にいるという点で菩薩であるとすれば、菩薩ということを介して仏と菩薩は同質ということができる。「仏も昔は凡夫なり、我らも終には仏なり」という今様(『平家物語』)はその点できわめて適切であろう。しかも凡夫においても、仏の還相回向の力がはたらくとすれば、他者のためにはたらく凡夫の活動は、そのまま仏の活動となると言っても、誤りとは言えないであろう。仏と凡夫、死者と生者の垣根は、必ずしも絶対的な断絶ではない。

ちなみに、証巻では独立した形では第二十二願を引かず、『論註』の引用という形で引いているが、その文は以下のとおりである。

たとひわれ仏を得たらんに、他方仏土のもろもろの菩薩衆、わが国に来生して、究竟《くっきょう》してかならず一生補処に至らん。その本願の自在の所化、衆生のためのゆゑに、弘誓の鎧を被て、徳本を積累し、一切を度脱せしめ、諸仏の国に遊びて、菩薩の行を修し、十方の諸仏如来を供養し、恒沙無量の衆生を開化して無上正真の道を立せしめんをば除く。常倫に超出し、諸地の行現前し、普賢の徳を修習せん。もししからずは、正覚を取らじ。（三一六）

このように、第二十二願は、往生した菩薩が一生補処に至ることを誓うと同時に、菩薩が「弘誓の鎧」を身に付けて他者救済に赴く場合は、それを優先させるという例外規定を設けている。従来の親鸞解釈は、このような菩薩の倫理をあまりに無視し過ぎてきていなかっただろうか。

ところで、ここにもう一つ問題がある。このように仏と凡夫を菩薩という点で結び、そこに往相・還相関係を考えるとしたら、その仏は必ずしも弥陀でなくてもよいのではないか、ということである。ある意味では、確かにそのように言うことができよう。実際、『法華経』では、釈迦仏を久遠実成と説くことで、釈迦仏中心の仏陀観を提示している。弥陀がその誓願による救済を説いて、往相・還相構造をもっとも的確に示しているということはできるかもしれないが、すでに田辺元が指摘しているように、それはもっと広く大乗仏教全体に通ずる構造である。

親鸞は、晩年の和讃では、弥陀を諸仏を統合する最高仏的な位置づけを与えるようになる。例えば、『浄土和讃』には、「久遠実成阿弥陀仏／五濁の凡愚をあはれみて／釈迦牟尼仏としめしてぞ／迦耶城には応現する」と説いて、阿弥陀仏こそが「久遠実成」であり、釈迦牟尼仏はその応現の姿だとしている。中世仏教においては、一仏中心主義や、心にすべてを集約する禅のように、多なるものを統一する原理を追求する傾向が強まる。親鸞の浄土教もそのような方向へ向かう一つのあり方を示しているということができよう。

むすび——行・信問題への展望

以上、本稿においては、往相・還相の二種回向という点に焦点を当てて、従来無視されることが多かった『教行信証』の証巻にいささかの検討を加えてみた。仏の還相回向の力が凡夫にもはたらくことを認めるとすれば、「信」という問題だけにとどまらず、凡夫の活動全体にその力がはたらいているはずである。仏壇に向かっている時だけに仏の還相の力がはたらくというのではないであろう。そうなれば、凡夫の活動すべてが念仏であるということもできよう。そうとすれば、社会性、主体性を持った活動もまた、弥陀の還相の力を受けた念仏として理解される。そのような観点から、往相・還相の問題を考え直すことができよう。

また、「行」と「信」の問題も、もう一度考え直す必要がある。公式的に言われるように、「行」は弥陀がすべて果たしてくれて、衆生はそれを信ずればよく、その信もまた、すべて弥陀が与えた他力であるというのであれば、要するに弥陀が行じ、弥陀が信ずるということになり、弥陀一人で自己内完結していることになってしまう。まさかそうではあるまい。

行巻で取り上げるのは第十七願の「諸仏称名の願」であるが、じつはこの願は『無量寿経』の古形を示す『大阿弥陀経』では第四願に当たり、*8 親鸞も引用している。

某作仏せしめん時、わが名字をもつてみな、八方上下無央数の仏国に聞かしめん。みな諸仏おのおの比丘僧大衆のなかにして、わが功徳・国土の善を説かしめん。諸天・人民、蜎飛蠕動の類、わが名字を聞きて慈心せざるはなけん。歓喜踊躍せんもの、みなわが国に来生せしめ、この願を得ていまし作仏せん。この願を得ずは、つひに作仏せじ。（一四三）

ここではまず、弥陀は自らの名号をあらゆる仏国に聞かせようというのであり、それを聞いた衆生が歓喜し、弥陀の国に往生するようにさせようと誓われている。自らの名号を聞かせるという弥陀の側の呼びかけに対して、衆生の側が応答する、その応答が「信」と呼ばれるのである。その呼びかけが聞こえた時、それを放置することができず、応答せざるを得なくなる。応答を拒否するという道はなく、あたかもローレライの声に魅せられた舟人のように、引き寄せられていくのである。それが他力の信ということである。そのような呼びかけに応答しつつ衆生が生きていくとすれば、その生きること、活動することすべてが呼びかけへの応答ということができるのではないだろうか。基本的な往相・還相構造は、このような呼びかけと応答という形で、具体的に実現していくと考えられるのである。

◉註

＊1　拙著『浄土思想論』（春秋社、二〇一四）、第六章。

＊2　本稿執筆後、拙著『親鸞』（ミネルヴァ書房、二〇一六）の中に、その基本的な構想を生かしたので、重複のある点はお許しいただきたい。

＊3　『教行信証』の訓読は、『浄土真宗聖典（註釈版）』（本願寺出版社、一九八八）により、頁数のみ記す。

＊4　拙著『反・仏教学』（ちくま学芸文庫、二〇一三）参照。

＊5　拙著『他者／死者／私』（岩波書店、二〇〇七）、第三章。

＊6　藤田正勝編『死の哲学』（岩波文庫、二〇一〇）、一八―一九頁。

＊7　拙稿「他者・死者と場所」（『日本の哲学』一六、二〇一五）。また、真如については、拙著『草木成仏の思想』（サンガ、二〇一五）参照。

＊8　第四願の聞名往生が、『大阿弥陀経』の中でも中心的な重要性を持つことについては、拙稿「阿弥陀仏浄土の誕生」（『シリーズ大乗仏教』五、春秋社、二〇一三）参照。

［第十二章］

如来の智慧のなかに生きる意味

還相回向と仏身仏土

加来雄之

要旨

親鸞は源空を通して出遇った仏道を浄土真宗と名づけ、『顕浄土真実教行証文類』（以下『教行信証』）に「謹んで浄土真宗を按ずるに二種の回向あり。一には往相、二には還相なり」（教巻）と記した。この二種の回向の主体は如来である。如来の功徳が私たちに恵む意味を利益というが、「如来の回向」とは私たちにとってどのような意味をもつのであろうか。二回向の利益は「証巻」において次のように記されている。

夫案真宗教行信証者如来大悲回向之利益

還相回向者則是利他教化地益也……還相利益顕利他正意

『教行信証』は、如来の往相回向が私たちに実現する利益を「真宗の教行信証」として、また如来の還相回向が私たちに実現する利益を「利他の正意を顕す」として明示している。では「利他の正意を顕す」とは私たちにとって具体的にどのような利益なのであろうか。多くの先学は、親鸞は還相回向が私たちに実現する利益の具体相を明示していないと解しているようである。

本論文は、『相伝義書』などが、還相回向の本質を「従如来生」とおさえ、その具体的なはたらきを仏身仏土（真仏土・方便化身土）とする見解に注目する。つまり往相回向によって真実の教行信証を実現すれば、私たちは如来の願海のなかに、つまり如来の智慧による摂化のなかに生きるものとされる。この摂化の事実こそが還相回向としての「利他教化地の益」の具体性ではないか。この理解を発展させれば、私たちは還相回向の成就を、死後に追いやる必要もなく、また自分とは異なる他者の事業とみなす必要もなく、如来の摂化によってこの穢土において他者とともに仏道を歩むという、わが身の具体的な事実として活き活きと受けとめることができる。

浄土真宗における主体性は、往相回向によって如来の智慧に目覚める「我一心」を賜ることであり、その社会性は、還相回向によって如来の願海のなかにこの時代社会を他者とともに生きていく意味を賜ることである。

▼▼▼キーワード▼還相回向、浄土、親鸞、相伝義書

浄土真宗における衆生利益

現代において還相回向が問題とされる理由はなにか。そこには、浄土真宗が実現する主体が苦悩し迷悶する他者もしくは社会へ関わる契機をもつのか、またそのための原理や具体的な実践を提示できるのか、換言すれば、浄土真宗の救済は、自身の救済という関心にとどまるのか、それとも他者の救済という使命を包んでいるのか、さらには他者を切り捨てた私的で主観的なものにとどまるのか、また自身の信仰の原理と他者に関わる原則についてダブルスタンダード（悪しき意味での真俗二諦論）ではないか、などの問いかけがあるからであろう。もし浄土真宗が、他者へ関わる明瞭な原理・原則をもたず、具体相を示すことができないとすれば、「宗教は心の問題だ」とする主観的で閉塞的な信仰のあり方を批判することは難しいし、また時代社会の価値観に流されるご都合主義的な道徳関心を批判することもできないだろう。

浄土真宗を学び、他者への関わりを課題とする人の多くが還相回向を取り上げる理由は、浄土真宗において迷いや苦しみのなかにある他者に関わっていく視座が「還相回向」として示されていると考えているからであろう。このような他者への契機という重要な概念でありながら、還相回向の実践的意義がかならずしも明晰でないのはなぜだろうか。親鸞は還相回向が実現する具体相を私たちに示さなかったのだろうか。

この論文の目的は、如来の「還相の回向」の成就による「還相の利益」を仏身仏土と関係づけてあきらかにすることにある。この論文では「還相の回向」と「還相の利益」とを区別する。「還相の回向」は如来のはたらきであるが、「還相の利益」は私たちの事実でなければならないからである。後に述べるように、「還相回向」は如来が迷いの世界に回入することであり、「還相の利益」は私たちに「利他の正意を顕わす」ことである。その「利他の正意」をかたちとして荘厳したのが、摂化の世界である仏身仏土である。つまり「還相回向」は、私たち濁世の衆生を如来の智慧による摂化のなかにあるという利他教化の事実に目覚めさせるのである。

さて源空は、迷いの世に生きる凡夫の立場で衆生利益を企図してはならないと誡《いまし》め、まず浄土に生まれて、そののちに教化に出ることを勧めている。[*1] 親鸞の手紙や『歎異抄』（第四・五・六章など）が伝える表現から、親鸞がこの源空の姿勢を継承していたことを読み取ることができる。この二人の師弟に流れているのは、真実の智慧がない凡夫の立場で他者を利益しようとする虚偽性と傲慢さによって「顚倒に堕す」[*2] 危うさに対する深刻な問題意識である。親鸞がこの問題意識に立って衆生を利益することについて深い内省を行っていることはよく知られている。[*3]

しかし同時に親鸞には、衆生利益に積極的に関わる表現を見いだすこともできる。たとえば『高僧和讃』曇鸞讃の「弥陀の回向成就して　往相《おうそう》・還相《げんそう》ふたつなり」について「往相はこれより往生せさせんとおぼしめす回向なり。還相は浄土にまいり、果ては普賢のふるまいをせさせて、衆生利益せさせんと回向したまえるなり」[*4] と左訓していることは回向の目的が衆生利益にあることをあらわす証左である。

親鸞の衆生利益に対するこれらの二つの態度は矛盾しているのであろうか。試みに『讃阿弥陀仏偈和讃』にあらわれる穢土の衆生の教化に関わる和讃を取り上げて検討してみよう。

〔十五〕　安楽無量の大菩薩は　一生補処にいたるなり
　　普賢の徳に帰してこそ　穢国にかならず化するなれ

〔十八〕　安楽浄土にいたるひと　五濁悪世にかえりては
　　釈迦牟尼仏のごとくにて　利益衆生はきわもなし

〔四十八〕　仏恵功徳をほめしめて　十方の有縁にきかしめん
　　信心すでにえんひとは　つねに仏恩報ずべし（『真典全』二・三四三頁、三四五頁、三六〇頁）

第十五首は「安楽無量の大菩薩」の事業を讃えているが、「普賢の徳」に「われら衆生極楽に参りなば大慈大悲をおこして十方にいたりて衆生を利益するなり。仏の至極の慈悲を普賢とまうすなり」との左訓があるように、浄土に生まれたものが衆生を利益することをあらわしている。また第十八首は「安楽浄土にいたるひと」の仕事として利益衆生があらわされている。このように前の二つの和讃では、浄土に生まれた衆生が、穢土《えど》の衆生を教化し利益することを強調している。ところが第四十八首は、曇鸞の『讃阿弥陀仏偈』に返せば、迷いのなかにある「我[*5]」にとって有縁に関わる唯一の教化の道が「仏恵功徳をほめしめる」こととして表白されているのである。はじめの二首は浄土の菩薩が穢土に還って衆生を教化することであり、第四十八首はどこまでも凡夫の立場からの教化であり、明確に区別されている。

親鸞の言説をよく注意して読めば、穢国における衆生の利益や教化は、かならず浄土、つまり如来の智慧においてのみ成り立つことを徹底して示している。親鸞はどのような教化も、阿弥陀仏と釈迦如来の二尊のはたらきを離れて語ることはない。たとえば、私が他者を教化したように見えても、実は如来のはからいに依るのであり、またさまざまな人々や出来事が私を仏法に導く機縁となるとしても、それらを機縁として受け止めることができるのはやはり如来のはたらきに適うことによるのである。みずからが如来にめざめることも、他者に如来のはたらきを伝えることも、如来のはたらきによるしかない。このように親鸞は、如来や浄土の菩薩の利他教化と衆生による教化（常行大悲・自信教人信）とを峻別《しゅんべつ》する。これが親鸞の基本的な立場だと思われる。しかし迷悶する他者に関わる原理が如来と衆生とで異なるわけではないだろう。では衆生の教化活動と如来の利他教化地とはどのような関係にあるのだろうか。

浄土真宗と二種の回向

親鸞は源空を通して出遇うことになった仏道を浄土真宗と名づけ、次のように定義した。

謹んで浄土真宗を按ずるに、二種の回向有り。一には往相、二には還相なり。往相の回向に就いて、真実の教行信証有り。（『教行信証』教巻『真典全』二・九頁）

このように「浄土真宗」と名づける仏道の根拠を二種の回向があることに求めている。言い換えれば、如来は二種の回向として衆生にはたらく、そのことを顕らかにしている教えが浄土真宗である。親鸞にとって浄土真宗という宗教的事実は如来の二種の回向以外にはないということである。

では、なぜ親鸞は、二種の回向によって浄土真宗を確めようとしたのか。とくに「還相の回向」を説いたのはなぜだろうか。次の金子大栄の言葉が還相回向をめぐる言説の問題の所在をよくあらわしていると思うので、少し長いが引用したい。

その重要さにおいては、往相も還相も変わらないことであらう。しかし『教行信証』では「往相廻向について真実の教・行・信・証」を開きつゝ、還相廻向については「証巻」の後半に付説してあるのみである。この点から真宗信者にとりて重要なることは往相廻向であつて、還相廻向は深く問題としないでもよいやうにも思はれてきた。されど親鸞の道念よりいへば、利他教化の還相こそ深い願いであり、往相廻向はこの願をみたす方法として見出《みいだ》されし喜びであつたに違ひない。……しかれば如来の廻向の有難さは、往相よりも、かへつて還相にありといふべきではないであらうか。（金子大栄『教行信証の諸問題』

二五一頁)

ここで金子は、真宗において還相回向が軽視されている現状を確かめたうえで、「親鸞の道念」にとっては往相よりも還相こそが「深い願い」であったのではないかという思い切った問題提起を行っている。また続けて、

故に還相廻向は浄土のさとりを開いて後のことと説かれてある。『教行信証』に還相廻向を「証巻」に付説するはその意である。『歎異抄《らいしょう》』の第四・第五の二章もその意を伝へたるものであらう。しかし我等はこれによりて還相廻向を来生にのみ限定してはならない。今生においては利他教化はできないといふことは、行信とともに自身の発起しうるところでないといふ反省と同様なるものである。自身に発起しえない行信が如来から廻向されるやうに、今生においてできぬ利他教化も如来の廻向として行はれることであらう。……かくして一方では還相利他は証大涅槃の後にありと顕はされ、一方では二種の廻向によつて、証大涅槃をうと説かれてゐる。しかしこれは矛盾ではない。その形式は大乗仏教一般の通説である。(同二五二頁)

と、還相回向の実現である利他教化を来生に先送りするが、往相回向の実現と同じように利他教化も今生に如来の回向として行われると理解すべきことを主張している。

では如来の二種の回向は、私たちにどのような利益を与えるのだろうか。浄土真宗における衆生の利益は、『教行信証』の総序に示されるように「斉しく苦悩の群萌を拯《すく》い」「正しく逆謗闡提を恵む」ことであろうし、[*6]また教巻でいえば『大無量寿経』の如来の出世本懐文に示されるように「群萌を拯い恵むに真実の利を以

て」*7 することのほかはない。その浄土真宗における利益が証巻では、二種の回向における利益として確かめられている。

夫れ真宗の教行信証を案ずれば如来の大悲回向の利益なり。（証巻『真典全』一三七頁）

まず如来の往相回向の利益が「真宗の教行信証」と、真宗を実現する仏道として示されている。さらに還相回向による利益については次のように示されている。

還相回向と言うは、則ち是れ利他教化地の益也。（証巻『真典全』二・一三七頁）
還相の利益は利他の正意を顕すなり。（証巻『真典全』二・一五一頁）

つまりこの二文によれば、如来の「還相回向」による「還相の利益」とは、私たちに「利他の正意を顕す」ことなのである。このように浄土真宗の二種の回向による利益とは、「真宗の教行信証」と「利他の正意を顕す」ことの二つであるといえる。浄土真宗は二種の回向によって、私たちにこの二種の利益を施与するのである。

しかし「利他の正意を顕わす」とは、私たちにとってどのような利益だろうか。如来の還相回向は、如来の利他についての正しい意趣を私たちに顕らかにする。利他教化の正しい意趣がはっきりと分からないから、私たちは人世において他者との関係に迷い、教化のふるまいに惑うのではないか。ここに「利他の正意を顕す」という還相の利益が私たちにもつ意義がある。思えば、親鸞が「他利利他の深義」として仰ぐ曇鸞の業績も、私たちを自力ではなく徹底的に仏力に立たせることにあったのである。

「還相回向の願」の成就

親鸞の『教行信証』においては、重要な意味をもつ願（真仮八願）の成就が、それぞれ独特の表現をもって示されている。真実の行・信・証をあらわす第十七、十八、十一願の三つの願の成就については、『大無量寿経』下巻の巻頭の文に基づいて、願とその成就が明確な対応関係をもって示される。また真仏土をあらわす第十二、十三願は二願を合わせた成就文として示される。ところが方便化身土をあらわす第十九願の成就文については、三輩文がそれに当たることを指示しながら経文自体は省略し、第二十願については「成就文」さえ明示しない。このように、それぞれについて独特の表現形式をとるのは、親鸞が、それぞれの願がみずからのうえに成就している事実を正確に記述しようと努めたためであろうと思われる。とすれば私たちは、親鸞が第二十二願の願文とその成就文をどのように取り扱うかについても注意深くなくてはならない。親鸞は、「還相の回向」について次のように述べている。

二に還相の回向と言うは、すなわちこれ利他教化地の益なり。すなわちこれ「必至補処の願」より出《い》でたり。また「一生補処の願」と名づく。また「還相回向の願」と名づくべき也。『註論』に顕れたり。かるがゆえに願文を出ださず。『論の註』を披《ひら》くべし。（証巻『真典全』二・一三七頁）

ここには「還相の回向」の「利他教化他の益」が第二十二願より出来《しゅったい》することが示される。また願文については曇鸞の『論註』の中に引用される文脈で理解するように指示するのみである。おそらくその理由は、曇鸞による独自の解釈によって理解されなければならないからであろう。また、第二十二願の成就については何も示していない。[*8]ただ還相回向を釈する引文のなかには「如来の自利利他の功徳荘厳、次第に成就したまえるを示現したまえり」[*9]とか「第五門は出の功徳を成就したまえり」[*10]などと、「成就したまえり」という敬語表現を使用している。このことから、親鸞は還相回向についての『論註』の文を第二十二願、つまり本願によって衆生教化のために迷いの世界に回入する如来の意欲の成就をあらわす文として理解したという可能性もある。とにかく、さまざまな見解が成り立つとしても、還相回向の成就が、迷いの世界に「回入」して、すべての衆生を「教化」し仏道に立たせるためにはたらき続けていることを意味することには異論がないだろう。

さて『教行信証』証巻において「還相の回向」を解釈するために引用される証文は三つである。最初の二文、『浄土論』の出第五門の文と『論註』下巻の起観生信章・回向門釈の後半の文とは、天親と曇鸞とがそれぞれ還相回向を受け止めた証言であるといえよう。

『浄土論』に曰わく、「出第五門」は、大慈悲を以て一切苦悩の衆生を観察して、応化の身を示す。生死の園、煩悩の林の中に回入して、神通に遊戯して教化地に至る。本願力の回向をもってのゆえに。これを「出第五門」と名づく、と。已上

『論註』に曰わく、「還相」とは、かの土に生じ已りて、奢摩他・毘婆舎那・方便力成就することを得て、生死の稠林に回入して、一切衆生を教化して、ともに仏道に向かえしむるなり。もしは往、もしは還、みな衆生を抜いて、生死海を渡せんがためなり。このゆえに「回向を首として、大悲心を成就することを得たまえるがゆえに」（論）と言えり。（証巻『真典全』二・一三七頁）

天親によれば「生死の園煩悩の林の中に回入して」「応化の身を示し」「教化地に至る」ことが、曇鸞によ

れば「生死の林に回入して、一切衆生を教化して、共に仏道に向えしむる」ということが還相回向の成就である。

還相回向と浄土〈仏身仏土〉理解

親鸞は、如来の二種の回向というきわめて独創的な表現をもって、如来が衆生を仏道に立たせる大涅槃の原理を言い当てた。二種の回向という教相のもとは、曇鸞が『浄土論』の五念門の回向門を解釈するときに往相と還相との二種の相を立てたことにある。曇鸞が二相を立てるのは如来回向が浄土〈仏身仏土〉を前提として成立すると解したからである。ここに往相と還相という具体相を考えようとするならば、回向と浄土という二つの概念の関係を問わなくてはならない理由がある。私は、親鸞の如来の二種の回向という独自の思想を理解するためには、親鸞の浄土についての独創的な概念を正確に理解することが不可欠であると思う。

たとえば本願寺派の教学者・信楽峻麿は、「真宗教義とは、大乗仏教の至極の教説として、このような一元論を立場として語られている」のに「東西本願寺教団における伝統教学は、それとは相違して、基本的には二元論の立場に立っている」ので「そこで語られる真宗教義は、大乗仏教の根本原理から遠く逸脱し、したがってまた、親鸞の根本意趣にも明らかに背反している」*[11]と、従来の阿弥陀仏を二元的、外在的に捉えることについて「非仏教的、反親鸞的な真宗理解」*[12]と厳しく批判する。ところがその信楽が還相回向の利益についてはは次のような了解なのである。*[13]

　親鸞においては、往生は現世、今生において語られ、成仏は来世、死後において説かれるべきものであったのです（信楽『真宗学概論』二八五頁）

「かくして、「還相回向」とは、浄土に往生成仏したものが、衆生救済のために再びこの現実の娑婆世界に還ってきて、利他行を実践すること」（同二九三頁）

「親鸞が、死後、来世における他者利益・他者救済の実践を説くことは、多くの諸宗教、諸宗派の中でも、まったく独自の教義であって、充分に注目されるべきところでありました。」（同二九五頁）

この信楽の了解は、浄土〈仏身仏土〉や往生を実体化する通俗的な二元論的な解釈を超えておらず、また親鸞の独創的な三往生の説についての目配りが十分でないように思える。

次に真宗大谷派の教学者・寺川俊昭は、還相回向について次のように述べている。

親鸞がその独自の知見を形成し展開していくときには、……必ずその思索・推究の立脚地となり素材となる具体的な体験があることを、例えば往相の回向についていえば、その根本のところに名号の施与あるいは行信の獲得という、なまなましい具体的な体験があり、その体験が聞思によって鍛えられ、自覚化されていくのである。全く同じように還相の回向については、有縁の師の懇《ねんご》ろな教化を受けるという体験が、その基本のところにあると考えなければならないのではあるまいか。還相の回向の要点は、応化身による教化であるが、親鸞が「良に師教の恩厚を仰ぐ」と述懐した、自分にかけられた師の教化の恩徳への感謝があり、感佩がそこにはある。この意味深い体験こそが、還相の回向の知見が感得されていく、体験的立脚地である。（寺川『真宗の大綱』五六〜七頁）

親鸞の思想の根底に具体的な体験と聞思とがあるという視点は重要である。これによって還相回向という概念を生き生きとした具体的な体験として受け取ることができるようになるからである。寺川は、さらに曽土がもつ意味が明瞭ではないように思われる。

信楽は、浄土往生を死後と理解したために、還相回向も死後の彼方に追いやってしまった。寺川は、往還二回向を真実の教行信証の根拠としてのみ限定したために、浄土の問題を救済の体験から取り除いてしまった。このすぐれた二人の教学者にして、仏身仏土という理解が不十分ではないかという印象をもたないわけにはいかない。還相回向の成就を死後に見る立場には『教行信証』の仏身仏土に対する無理解がある。また還相回向の成就を自己以外の他者のはたらきだけに見ようとする見解も仏身仏土の領解が不十分であるように思われる。還相回向の成就を死後におく見解の多くは、往生が穢土を去って浄土に生まれるという実体的な理解にとどまっているためと思われる。すくなくとも親鸞が方便の往生と区別して難思議往生として語るような真実の往生は、如来の大涅槃のはたらきに摂取される自己という視点がなければ理解できないだろう。

私は還相回向の成就を理解する鍵が、仏身仏土についての理解にあるのではないか、もう少し正確に表現すれば真仏土・化身土の理解にあるのではないかと思っている。いわば天親と曇鸞の伝統に立って、阿弥陀仏の仏身仏土を願心荘厳の世界として理解できるかどうかが、還相回向の理解に決定的な意味をもつのである。親鸞の『教行信証』を精読すれば、仏身仏土が如来の願海に報いた世界として示されていることは明らかである。化身土であっても衆生の心境が作り上げる世界ではなく、如来の仮の願海に酬報した方便悲願の世界である。私は『教行信証』の仏身仏土はどこまでも如来が苦悩する衆生を摂化するはたらきを荘厳していると理解したい。

ちなみに親鸞は、信巻において欲生心成就をあらわす証文として、『浄土論註』の回向に往還の二相を立てる文を引いたのちに、浄土が法蔵菩薩の願心の荘厳であることを示す文と出第五門の文を引用している。

この基本構造は証巻の還相回向釈に引用される第二・三文でも同じである。このことは『浄土論』『浄土論註』の「願心荘厳」の浄土という理解が、「本願力回向」の、ひいては還相回向の理解に重要な意味をもつことを示唆している。

親鸞の『教行信証』における仏身仏土は、私たちの行業に感得する自力の浄土ではなく、如来の願海に酬報した利他の世界、他力の浄土である。繰り返すが、『教行信証』が語る仏身仏土は、私たちの心の対象でもなく、空間的な実体な場所でもなく、如来が衆生を摂取し教化する真仮の願海に酬報した世界をあらわしているのである。

「如より来生して」──真実証と還相回向

存覚が注目しているように、『教行信証』における還相回向を理解するためには、真実証と還相回向との関係、および還相回向と仏身仏土との関係を問う必要がある[*15]。

まず真実証と還相回向との関係について、注目したいのは、証巻の冒頭に置かれる親鸞の自釈である。

謹んで真実証を顕さば、すなわちこれ利他円満の妙位、無上涅槃の極果也。すなわちこれ必至滅度の願より出《い》でたり。また証大涅槃の願と名づくる也。(『真典全』二・一三三頁)

親鸞は、往相回向の果である真実証が如来の無上妙果であることを顕わし、そのうえで、その如来の無上妙果と私たちとの関係を次のように確かめている。

しかるに煩悩成就の凡夫、生死罪濁の群萠、往相回向の心行を獲れば、即の時に大乗正定聚の数に入るなり。正定聚に住するが故に、必ず滅度に至る。必ず滅度に至るは、すなわちこれ常楽なり。常楽はすなわちこれ畢竟《ひっきょう》寂滅なり。寂滅はすなわちこれ無上涅槃なり。無上涅槃はすなわちこれ無為法身なり。無為法身はすなわちこれ実相なり。実相はすなわちこれ法性なり。法性はすなわちこれ真如なり。真如はすなわちこれ一如なり。しかれば弥陀如来は如より来生して、報応化種種の身を示し現じたもう也。
（『真典全』二、一三三頁）

「煩悩成就の凡夫・生死罪濁の群萌」は、往相回向の心行を獲ることによって、如来の無上妙果をわが事実とする。言い換えれば、私たちは「如来よりたまわりたる信心」によって如来の無上涅槃のはたらきを生きる身とされる。その事実を第十一願は「必ず滅度に至る」（『無量寿如来会』では「大涅槃を証する」）とあらわしているのである。さらに「必至滅度」の転釈を受けて、自釈は「しかれば弥陀如来、如より来生して報応化種種身を示し現じたまう」と結ばれる。この結びの文については、さまざまな解釈がある。*[16] 今ここで、重要なことは、この文に如来の利他教化の構造を見出《いだ》すことができるのかということである。*[17] もちろん何人かの先人が指摘するように、この文は直接には還相回向に関する言説ではない。しかし親鸞は『唯信鈔文意』（正嘉本）で次のように述べている。

「来」はかえるという、きたるという、法性のみやこへむかえいてかえらしむと也。法性のみやこより、衆生利益のために娑婆界にきたりたもうゆえに、「来」をきたるという也。『経』には「従如来生」とのたまえり。「従如」というは真如よりともうす、「来生」というはきたり生ずというなり（『真典全』二・六九四頁）

ここでは「従如来生」を、「衆生利益のために娑婆界にきたりたもう」と受け止めている。さらに「極楽無為涅槃界」（『五会法事讃』）の解釈のなかで「大涅槃」を転釈して次のように述べていく。

> この一如よりかたちをあらわして、方便法身ともうすその御すがたに、法蔵比丘となのりたまいて、不可思議の四十八の大願をおこしあらわしたもうなり。この誓願の中に、光明无量の本願、寿命无量の弘誓を本としてあらわれたまえる御かたちを、世親菩薩は尽十方無碍光如来となづけたてまつりたまえり。この如来すなわち誓願の業因にむくいたまいて報身如来ともうすなり、すなわち阿弥陀如来ともうす也。この報身より応化等の无量无数の身をあらわして、微塵世界に无碍《むげ》の智慧光をはなたしめたもうゆえに尽十方无碍光仏ともうすひかりの御かたちにて、いろもましまさず、かたちもましまさず、すなわち法性法身におなじくして、无明のやみをはらい悪業にさえられず、このゆえに无碍光ともうす也。（『真典全』二・七〇二～三頁、□囲みは筆者）

「如」という普通は静的な真理とみなされる概念が、さまざまな「身」として展開していくことによって衆生の無明や悪業に応えていく。この一連の文は「弥陀如来従如来生示現報応化種種身」を、より精緻な表現をもって記述していると理解できる。「従如来生」が「一如よりかたちをあらわし」「光明無量の本願、寿命無量の弘誓を本としてあらわれたまえる」などと表現され、また「示現報応化種種身」が、「方便法身」、「報身如来」、「報身」、「応化等の無量無数の身」など「身」として示されている。[*18]

では阿弥陀如来が「如より来生」して、「報応化種種身を示し現じたもう」とは具体的にはどのような事実なのであろうか。私は『相伝義書』の「深解科文」「深解別伝」などに述べられる還相回向の理解に注目してみたい。その理由は、これらが、還相回向の「利他教化地の利益」の具体的なあり方を仏身仏土と関係させて理解するという興味深い見解を示しているからである。[*19] つまり真仏土巻・化身土巻の内容を、証巻の還相廻向釈から展開する「証果の上の相貌」（『相伝義書』一・六〇頁）であるとして、次のような図で示している。

- 二　正宗分浄土真宗有二種回向
  - 一　往相回向三
    - 一　標　①
    - 二　釈四
      - 一　顕真実教
      - 二　顕真実行
      - 三　顕真実信
      - 四　顕真実証二
        - 一　従如　②
        - 二　来生　③
    - 三　結
  - 二　還相回向三
    - 一　報身土——真仏土巻
    - 二　応化身土——化身土上巻
    - 三　種々身——化身土下巻④

⑤

（『相伝義書』深解科文、五九〜六〇頁[*20]）

このように還相回向釈を仏身仏土の巻の根源と位置づけている。「来生」とは「法性のみやこより、衆生

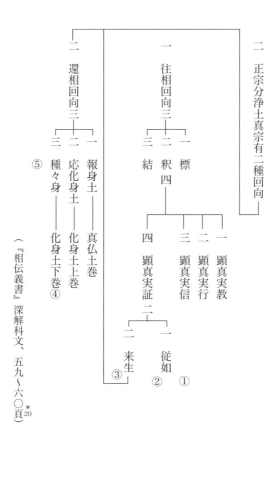

利益のために娑婆界にきたりたもう」という意味である。つまり還相回向釈は「煩悩具足の凡夫・生死罪濁の群萌」がこの「来生」する如来大悲のはたらきに入っていく歩みを説いている。[*21]「報応化種種の身を示し現じたもう」とは、如来大悲が衆生を摂化するためのさまざまな仏身となることであり、これらの身が仏土として衆生を摂取し教化するのである。とすれば仏身仏土こそ実は還相回向の利他教化地の益の具体的な展開であり、「利他の正意を顕」わしていると理解できるのではないか。

利他教化地としての仏身仏土〈真仏土・化身土〉

以上のような考察を通して往相の回向と還相の回向が私たちの求道にもつ意味を捉え直してみたい。親鸞は、源空との値遇によって信を獲た体験を「本願に帰す」（『教行信証』後序）[*22]と表白している。この体験がもつ深い意味を、『大無量寿経』と『論』『論註』の教えに導かれながら、如来の二種の回向として厳密に記述していくのが『教行信証』である。

如来が衆生に「わが国に生まれんと欲え」と呼びかける、この呼びかけに目覚ませる仏道を与えるのが往相の回向である。その呼びかけに目覚めた衆生を、如来の大悲の利他教化のはたらきの中に摂める、これが還相の回向である。往相の利益である真宗の教行信証は私たちに衆生とともに往生しようという宗教的主体を回向し、還相の利益は利他の正意を顕わして他の衆生とともに如来の摂化のなかで仏道に向かうものとする。往相の回向によって本願力に帰命し、還相の回向によって本願海に帰入するといってもよい。

私たちは「利他の正意を顕わす」「還相の利益」によって、如来の利他のなかに、大涅槃の智慧慈悲方便にもとづく摂化のはたらきのなかに自己を正しく見いだす。その如来大悲の摂化を顕らかにするのが真仏土・化身土である。一応、真仏土は摂取を、化身土は教化をあらわすといえようか。

仏身仏土	摂	摂取　報（身）	真仏土
	化	教化　応化種々身	化身土

この理解に立てば「従如来生」は、抽象的な真理などではなく、真仮の二重構造をもって如来の摂化の中にある自己の事実を言い当てるダイナミックなはたらきなのである。

金子は真仏土と化身土の一貫性を主張し、方便とは真実に入らせるだけでなく、真実を感知せしめるもの、つまり「化身土は真仏土を象徴する」[*23]と理解する。とすれば「真仏土」として示された「不可思議光如来」「無量光明土」たる大悲の世界は、濁世と呼ばれる歴史的現実においては「方便化身土」としてはたらいているのである。

従如来生	大悲の誓願	真仏土	大悲利他の摂取の光明の中にあることを言い当てる
	方便の悲願	化身土	利他教化の方便の中にあることを言い当てる

親鸞は「真仮を知らざるによって、如来広大の恩徳を迷失す」（真仏土巻『真典全』二・一八〇頁）という。それは真と仮とを区別せよという意味であるとともに、真が仮として私たちの迷いの世界にはたらく大悲の恩徳を思い知れということでもある。

親鸞は善導の「真の仏弟子」ということばを解釈して「真の言は偽に対し仮に対する也」（『真典全』二、九八頁）という。「真の言」が「偽に対し仮に対」していくのが「方便化身土」である。「仮に対す」ことによって虚仮なるあり方を超えて如来の願海のなかにあることを信知し、「偽に対」することによって邪偽なるあり方を教誡するのである。[*24]

このように仏陀の教化の歴史のなかに阿弥陀如来の大悲の誓願と方便の悲願のはたらきを見いだし、そのはたらきのなかにみずからの生を位置づけることによって、私たちに「偽に対し、仮に対する」という終わることのない「真仏弟子」（『真典全』二、九八頁）としての歩みを実現する。そのとき還相回向の「応化身」は、「釈迦牟尼仏」の方便の言説（「方便蔵」）として私たちのまえに具体的なすがたをもって立ち現れてくる。

還相回向の展開として実現する仏身仏土という視点は、還相回向による衆生教化を、死後・来世の問題とするのでもなく、私以外の他者の事柄として押しやるのでもなく、また抽象的な理念に終わらせるのでもなく、今、この身においてさまざまな他者とともに如来の利他教化の中を生きることとして受けとめることを可能にする。

また「還相の利益」という視点を通して仏身仏土を受け取るならば、私たちは仏身仏土を、神話的理解や実体的理解を破って、どこまでも如来の利他による摂取教化の内容として受けとめることができる。とくに方便化身土を還相回向の利他教化地のはたらきとして受けとめることができるならば、この濁世の中で釈尊が定散二善を説いて教化した苦労を阿弥陀如来の悲願を通して位置づけることができ、如来の願海の中で濁世の凡夫として有縁の他者に関わることがどのような事実かを明らかにすることができると思われる。

◉註

＊1　源空は「とくとく浄土にうまれて、さとりをひらきてのち、いそぎこの世界に返りきたりて、神通方便をもて、結縁の人をも無縁のものをも、ほむるをもそしるをも、みなことごとく浄土へむかえとらんとちかいをおこして……」（『拾

遺語灯録』『昭和新修法然上人全集』五七六頁）などと述べていたと伝えられる。
＊2　『浄土論註』に「智恵なくして衆生のためにする時は顚倒に堕す」（『真聖全』一、三四二頁）とある。
＊3　たとえば『恵信尼消息』には、親鸞がみずからの教化意識について深く反省したエピソードが伝えられている。そこでは「よくよく案じみ」ると、「衆生利益のために」というみずからの思いと行為が、「人の執心、自力の心は、よくよく思慮あるべし」と内観反省され、「衆生利益」の事業は名号のはたらきであること、私たちにとっては「自信教人信」だけが「真の仏恩を報いたてまつる事」であると示されている。
＊4　『高僧和讃』曇鸞讃・『真典全』二・四二一～四二二頁。
＊5　この和讃の依拠となった原文には「我、無始より三界に循りて、虚妄輪のために回転せらる。一念一時に造るところの業、足、六道に繋がれ、三塗に滞まる。唯だ願わくは慈光、我を護念して、菩提心を失せざらしめたまえ。我、仏恵功徳の音を讃ず。願わくは十方の諸の有縁に聞かしめて、安楽に往生を得んと欲わん者、普く皆、意の如くに障碍なからしめん」（『真宗聖教全書』一・三六五頁）とある。
＊6　『真典全』二・六頁。
＊7　『真典全』二・九頁。
＊8　親鸞の著述では、第二十二願の成就文は『浄土文類聚鈔』のみに引用される。
＊9　『真典全』二・一四〇頁。
＊10　『真典全』二・一五〇頁。
＊11　信楽峻麿『真宗学概論』あとがき、法蔵館、一九九九頁。
＊12　信楽『真宗学概論』三〇〇頁。
＊13　信楽『真宗学概論』二八五頁、二九三頁、二九五頁。
＊14　寺川は浄土の菩薩と師との関係について次のように述べている。「還相の回向とは最も具体的には、恩厚なる師教の教化に賜る恩徳と了解されるべきであろう。そしてもちろんその師父は、教化の恩徳を蒙った者からすれば、如来の還相回向の願に乗じて、穢土に応化して、無碍自在の教化を行ずる浄土の菩薩の恩徳を湛えた方と仰がれる存在である。」（『真宗の大綱』五九頁）
＊15　存覚（一二九〇－一三七三）は、『教行信証』六巻を回向の前四巻と身土の後二巻とに分けて、能帰の機と所帰の身

土との関係であると指摘する（『真聖全』二・三四七頁）。また「然るに往生の後に見る所の身土は、解行の異なるに依りて真化ありといえども、総じて証の中に摂す」（『真聖全』二・二一二頁）と、仏身仏土とは行者の帰す世界であり、同時に行者に展開する世界であると、二つの視点から押さえている。この指摘は重要である。しかし残念ながら、真実証と還相回向との関係や、還相回向と身土との関係については論じられてはいない。

＊16　たとえば「従如来生」がもともと『大無量寿経』では浄土の菩薩の内容であることなどから、「弥陀如来」とあるけれども、真実証が「主伴不二」とか「生仏一如」ということをあらわすのであり、「従如来生」を弥陀如来のみならず行者の事実でもあるとする理解がある。

＊17　親鸞の和讃に出る「往相回向の利益には還相回向に回入せり」などによって「然れば弥陀如来」以下を「還相の回向」に当てる見解もある。それに対して「従如来生」はどこまでも真実証の内容であって、還相回向を見ることに否定的な見解もある。ちなみに皆往院頓慧は、「然弥陀如来」以下を「従本起末の釈」と釈し、「二示仏身仏土」と位置づけているが、「真仏土の仏身を建立する為めではなきなり」（『教行信証講義集成』七・二四八頁）、「義例（三右）此文を釈して示現報応化等を還相回向と真仏土化身土にかけてみるなり。……是も末学の推義の説なり。全体樹心や義例略説は報応化を果後の三身と見るなり。私には従本起末の釈と見る」（同二九四頁）と批判し、還相回向釈や仏身仏土巻との関係を認めていない。

＊18　ここでは還相回向釈の展開を詳細に検討することはできないが、還相回向の証文として引用される『浄土論』や『浄土論註』にあらわれるさまざまな身の表現が、この『唯信鈔文意』の表現と呼応しているのではないかと思う。たとえば「然者弥陀如来」は「すなわち阿弥陀如来とまふす也」に、「従如来生」は「この一如よりかたちをあらわして、方便法身とまふすその御すがたに」に、「示現」は「なのりたまひて」「あらわれたまへる」「あらわして」に、「報」は「この如来すなわち誓願の業因にむくひたまひて報身如来とまふすなり、」「この報身より」に、そして「応化種種身」は「応・化等の无量无数の身を」と対応していると考えることができる。

＊19　真仏土・化身土を還相回向の展開とする見解は『相伝義書』において明示されるが、近年においても何人かの先人によって注目されている。たとえば稲葉秀賢は、証巻の還相回向釈を「還相回向の直接的表現」、真仏土巻を「還相回向の根源的表現」、化身土巻を「還相回向の具体的表現」に配当している（『教行信証の諸問題』法蔵館、一九七〇年）。また池田勇諦『真実證の回向成就—『顕浄土真実證文類』述要—』、広瀬惺『本願の仏道』、小川一乗『『顕浄土真仏土文類』解釈』などがこの説を展開している。

＊20　この図の①から⑤で示した箇所に、左記の補記がある。
①「弥陀如来は如より来生して報応化種種身を示現したまふ文／従如とは真如よりとまふす」、②証巻の初より「夫按真宗教行信証者如来大悲廻向之利益故若因若果無有一事非阿弥陀如来清浄願心之所廻向成就因浄故果亦浄也応知」、③「来生とはきたり生すとまふす／証巻中巻云二言還相廻向者則是利他教化地益より巻尽すまで即其相貌を開かば還相科下に云々／文意のこの一如宝海よりかたちあらはして等已下を伺へし云々」、④「夫拠諸修多羅勘決真偽教誡外教邪偽異執者云々」、⑤「化身土の結文に曰く爾れば末代の道俗仰いで信敬す可き也　知る可し　華厳経偈に云か如し若し菩薩種々の行を修行するを見て善不善の心を起こす有りて菩薩皆摂取す已上　私に曰く証巻の種々身の言と今の種々行の言と首尾一貫を伺ひ合して中間真化種々身三巻の御意趣を伺い奉る可き也　故に今証果の上の相貌たること明かなり」

＊21　還相回向を大悲として理解する根拠は、親鸞の『正像末和讃』に「往相回向の大慈より還相回向の大悲をう」（『真典全』二、四九四頁）とあるによる。

＊22　『真典全』二、二五四頁。

＊23　金子大栄は「真実教の宗体を顕わす前四巻と、仏身仏土について真化を反省し自覚せしめる後二巻との対応、これに依りてわれらの宗教心が満足せしめられるのである」（『二部作『教行信証』』『金子大栄著作集』一二、一六頁）と述べている。

＊24　いわゆる「三願転入」の文を「入願海」の文と理解することについては、拙稿「入願海―方便化身化土を開顕する意義―」（『真宗研究』第五六輯、二〇一二年）を参照。

◉親鸞の著述については、『浄土真宗聖典全書二　宗祖篇上』（以下『真典全』二と略す）の頁を示すが、『真宗聖典』（東本願寺）などを参照して、原則として、原漢文は書き下し、旧漢字は通用体に、また仮名遣いは現代仮名遣いに改め、また片仮名文は漢字と平仮名に適宜書き改めた。

［第十三章］

親鸞とエンゲージド・ブディズム

「非僧非俗」の再解釈

大來尚順

要旨

Engaged Buddhism（以下、エンゲージド・ブディズム）という言葉は、ベトナムの臨済禅の僧侶 Thich Nhat Hanh（ティック・ナット・ハン、以下ナット・ハン）によって作られ、現在では世界中で見られる仏教徒や仏教諸団体がさまざまな社会問題、環境問題、政治活動等へ積極的に取り組む社会従事体系を表現するものとして理解されている。

しかし、ナット・ハンは、仏教の社会参画を促すことを目的にこの言葉を作ったのではない。この言葉の誕生背景には、一九六〇年代に起こったベトナム戦争時の伝統仏教の姿勢に対する疑念を持ち合わせていた。つまり、この言葉は仏教に生きる自己に「仏道（仏になる道）とは何か」という問いを投げかける概念として生まれたのである。そして、その先にあるのは「仏教再生」への希望である。

このナット・ハンのエンゲージド・ブディズムという言葉に託した「仏教再生」の概念は、親鸞の「愚禿」と「非僧非俗」の思想にも通じるものがある。親鸞は専修念仏の弾圧により流罪に処され僧籍を剝奪された。そして、仏教への理想と矛盾が混在する中世時代の現実に苦しむ中で、自らを律し信念に生きるためにこれら二つの言葉を生み出した。

この論文では、ナット・ハンのエンゲージド・ブディズムの概念と親鸞の愚禿、非僧非俗の思想を比較することで、これらの類似性を明らかにし、親鸞思想において主体性が不可欠であることを導き出す。

そのために、第一章ではナット・ハンのエンゲージド・ブディズムの解釈をベトナム戦争時の政治・歴史的背景から再考する。そして、第二章では親鸞の愚禿と非僧非俗の思想を専修念仏の弾圧を中心とした仏教史的立場から考察する。結論として、親鸞思想における主体的姿勢が、自ずと社会性、換言すれば社会参画へと繋がることが明らかになるであろう。

▼▼▼キーワード▼エンゲージド・ブディズム、非僧非俗、愚禿、専修念仏

序文

今日、エンゲージド・ブディズムという言葉の下、さまざまな社会問題に対して仏教的アプローチが世界中で展開されている。特にスリランカ、タイ、アメリカにおいては仏教の社会参加は、差別問題、ジェンダー問題、貧困問題等、多岐にわたっており、その広がりと影響は著しい。日本においては、貧困国への援助や災害支援事業を中心に活動が広がっている。[*1]

エンゲージド・ブディズムという言葉は、ベトナムの禅僧、ナット・ハンによって作られ、現在では仏教徒や仏教諸団体組織がさまざまな社会問題、環境問題、政治活動等に積極的に取り組む社会従事体系を表現すると理解されている。しかし、ナット・ハンは、（仏教の）社会参加を促す目的でこの言葉を作ったのではない。この言葉の誕生背景には、ナット・ハンのベトナム伝統仏教に対する疑念と希望という熟考があった。この言葉は、仏教に生きる自己を問う「仏教再生」の概念として生まれたのである。

この仏教に生きる自己を問う「仏教再生」の概念は、親鸞の内省を表す「愚禿」と「非僧非俗」の思想にも通じるのではないだろうか。親鸞自身、仏教への理想と矛盾が混在する中世時代の現実に苦しみながらこれらの思想に辿り着いたはずである。

この論文では、エンゲージド・ブディズムの概念と親鸞における非僧非俗の思想を比較したい。その為に、第一章ではナット・ハンのエンゲージド・ブディズムの解釈を再考する。第二章では親鸞の非僧非俗の思想を仏教史的立場から考察し、結論として親鸞思想に生きる人間にとってエンゲージド・ブディズムが何を意味するのか明らかにする。

第一章　ティック・ナット・ハンにおけるエンゲージド・ブディズムの概念

第一節　「エンゲージド・ブディズム」という言葉の誕生背景

ナット・ハンは、ベトナム出身の臨済禅の僧侶である。ベトナムでヴァン・ハン大学（Van Hanh University）、アン・クアング・仏塔（An Quang Buddhist Pagoda）、社会奉仕青年学校（The School of Youth for Social Service）等を建立し非暴力を基礎とする仏教平和教育の場を創設した人物である。一九六〇年代のベトナム戦争時、反戦運動を展開し一九六六年にベトナムから国外追放を余儀なくされフランスへ亡命している。フランス亡命後、世界で平和活動を展開し、現在はフランスに建立したプラム・ヴィレッジ（Plum Village）を本拠地として、欧州や北米の各地にリトリートセンターを創設し、心に傷を持つ難民や退役軍人に対し瞑想を主とした仏教伝道活動をしている。

「エンゲージド・ブッディズム」という言葉の誕生背景には、ベトナム戦争が存在する。ベトナム戦争時、ベトナム仏教はゴ・ディン・ジェム（Ngo Dinh Diem）政権と南ベトナムカトリック権力主義者によるベトナムの経済的独立の可能性を破壊する横暴権力下で抑圧されていた。[*2] 流布される情報も何もかもがコントロールされるなか、ベトナム国民の苦しみの現実を世界中に露呈したのが、一九六三年六月一一日に起こったベトナム僧ティック・クァン・ドック（Thich Quang Duc、以下クァン・ドック）の焼身自殺である。クァン・ドックに続き、三六人の仏教僧侶と信仰者がベトナムの平和を願って焼身自殺した。[*3]

しかし、このような状況下、ナット・ハンの批判の矛先は、ゴ・ディン・ジェム政権や南ベトナムカトリック権力主義者というよりも、ベトナム仏教徒に対してであった。ナット・ハンは、当時のベトナム仏教は継承されてきた伝統階級制度に依存しており、仏教本来の目的である「苦からの解放」／「抜苦」への視点が不十分であったことを指摘している。[*4] ナット・ハンの「エンゲージド・ブディズム」の概念は、ベトナム仏教界の現実に対する問題意識から形成されたのだ。[*5]

第二節　エンゲージド・ブディズムの概念

ナット・ハンは、一九六四年に『Engaged Buddhism』というタイトルで本を出版し、同時期に書いた「The Basic Ideal of Buddhist Youth for Social Service」というエッセイでは、戦争と社会悪が混沌する時代に仏教理念をどう反映させていくのか言及している。[*6] つまり、仏教理念をどう現実（の苦しみ）に具体的に反映させるか」ということがナット・ハンのいう「エンゲージド・ブディズム」の概念のキーポイントになっていることが分かる。ナット・ハンによれば「エンゲージド・ブディズム」について思考し始めたのは一九五〇年代のようだ。その原型は「私たちの個人の行における自己保護と自己治癒を説く仏の教え」と「その経験を世界へ（他の人へも）広めること」であるという。[*7] 言い換えれば、自己中心性の姿勢から解放された姿勢への変革という「自己内省」の過程である。これはナット・ハンの以下の言及からも読み取れる。

　私は幼少のころより、人々（特に農家の方々）の実生活を改善する為にも仏の教えに生き行じたいと強く思っていた。私を含め、多くの僧侶がこのような思いを所持し仏道を歩んだ。（その結果、）私たちにとって、「エンゲージド・ブディズム」という名の「慈悲心をもった正道」の活動こそが答えだった。[*8] エンゲージド・ブディズムは、ただ社会問題と政治問題の解決、反戦運動や社会的不平等への抗議に仏教を「盾にして」使うという意味ではない。まず、私たち自身が仏の教えを「生き方」に取り入れなければならない。[*9]

ナット・ハンは自己の煩悩を翻すことから生まれる慈悲心による仏道の重要性を述べている。「自己内省」とは「自己の煩悩を翻す」ことを意味するが、自己の煩悩を翻すことで生まれくる慈悲の心も含まれる。この過程を通してさまざまな活動が生み出される。*10 つまり、これが「エンゲージド・ブディズム」の概念である。仏教による社会的活動には、この「自己内省」の過程が不可欠なのである。*11

さらに、ナット・ハンは仏教を「盾」として社会活動をすることを禁じている。これは、「自己内省」という過程が十分でなければ、かえって社会活動を通して新たな暴力や苦しみが生まれる危険性もあることを示唆している。

第三節　エンゲージド・ブディズムの日本語訳

第一節と第二節より、ナット・ハンのエンゲージド・ブディズムの概念において「自己内省」が重要であり、この「自己内省」とは慈悲の心を生み出す自己の煩悩を転換することだと確認した。しかし、それは仏教に生きる自己を問うことだともいえないだろうか。

「エンゲージド・ブディズム」とは、仏教の教えと自己を照らし合わせて生まれる反省が、「他者への関心」と「苦に対する適切な行動と運動」を生む、一連の流れを促進する概念である。この理解に、ナット・ハンにより「エンゲージド・ブディズム」という概念の言葉が作られた背景を加えると、「エンゲージド・ブディズム」は「仏教の再生」（Revitalizing Buddhism）として解釈できないだろうか。そして、「仏教の再生」には「私」という主体性が必要であり、その「私」がこの現実に混在する苦に対し、自己を問い反省し、それに応える姿勢が、社会的伝統に縛られてしまった仏教に新たな活力を吹き込んでいくのではないだろうか。

第二章　親鸞における「仏教の再生」の意味

第一節　親鸞の時代の仏教

親鸞の生きた鎌倉時代、社会は飢饉や災害そして度重なる戦乱による混乱にあった。[12]当時、国家は僧尼令により仏教を自己のものとして教団を構成せしめ、それらを統制していた。[13]このことは、「たとひ功あり徳ありと雖《いえど》も、すべからく公家に奏して以て勅許を待つべし。私に一宗と号すること、甚《はなは》だ以て不当なり」という興福寺奏状の一部からもうかがえる。[14]つまり、僧侶は国家の管理下に置かれ、「権力への奉仕―守護祈禱」を使命としなければならなかった。[15]

これは王法仏法といわれ、顕密仏教（当時の既成仏教宗派）にとっては理想的な政教構造であった。[16]平雅行は次のように説明している。

天皇は転輪聖王、院は如来の化身とされ、王法仏法相依論のように国家の命運は仏法の盛衰と直結していると信じられていました。そして年貢の納入が宗教的善行とされるなど、世俗社会そのものが仏教に染め上げられて、顕密仏教の五穀豊穣の祈りは民衆生活と深く結びついていました。仏教が社会や国家をおおっていたのです。[17]

つまり、鎌倉時代の仏教と国家には深い結びつきがあった。当時、領主は神仏と一体化し、民衆は支配される存在であると同時に、神仏に救済されるべき衆生であるという二重構造を生み出し、民衆は年貢の強要に苦しんでいた。[18]

しかしながら、このような状況下、この政教構造を否定し、顕密仏教とは異なる仏教を形成し始めた僧侶たちがいた。彼らは、国家や顕密仏教の理想ではなく、民衆の尊厳性に目を向けたのだ。こうして鎌倉新仏教が生まれてきたのだ。

第二節　鎌倉新仏教における親鸞

法然そして親鸞を含む門弟により生まれた専修念仏は、新たな仏教出現の一つであった。しかし、神祇や性に関する戒律の軽視等が反映する教えは、既成仏教宗派から異端視された。また、これらの教えは朝廷が後ろ盾できる仏教でもなかった。特に、「神祇不拝」の教訓は神祇儀式を重視してきた日本中世国家の大罪とされた。

一二〇四年、既成仏教宗派より法然の教えに対する大々的な批判が始まった。この背景には、法然の門弟の一部の人間が教えを乱用し、非道徳的な問題が起きたということがある。法然は、既成仏教宗派による批判に対し「送山門起請文《きしょうもん》」や「七箇条起請文」を書して弁明した。

一二〇五年一〇月、法然の教えを禁制する興福寺奏状が朝廷に提出された。この奏状は、法相宗興福寺の貞慶（一一五五―一二一三）によって書かれた。その中では、法然の教えに関し以下の九つの失が挙げられている。「第一　新宗を立つる失。第二　新像を図する失。第三　釈尊を軽んずる失。第四　万善を妨ぐる失。第五　霊神に背く失。第六　浄土に暗き失。第七　念仏に誤る失。第八　釈衆を損ずる失。第九　国土を乱る失[*19]」。貞慶の観点から見れば、法然の教えは特に既成仏教の中心であった神祇儀式の伝統から逸脱したものであった。言い換えれば、法然の教えは二千年以上も続いた伝統と行を無視するものであり、社会の規律を乱すものであった。

しかし、朝廷はすぐにはこの奏状を認識しなかった。それは一二〇六年、法然の門弟である住蓮と安楽が後鳥羽院の宮女とスキャンダルを起こした後のことであった。このことが引き金となり、法然と貞慶の思想の相異、朝廷の不許という共通の批判が高まり念仏弾圧が始まった。

一二〇七年、専修念仏の門弟は迫害され処罰を科せられた。門弟のうち、スキャンダルを起こした住蓮と安楽を含め四名は処刑された。また別の八名は僧籍を剝奪され、代わりに俗名が与えられ、それぞれ流罪に処された。親鸞はその中の一人であった。この複雑な状況の中で自身に発したのが「非僧非俗」であり、「愚禿」であった。

第三節　親鸞の意図

鎌倉仏教と専修念仏弾圧の背景を踏まえた上で、親鸞の処罰に対する思いを考察したい。親鸞は次のように述べている。

ひそかにおもんみれば、聖道の諸教は行証久しく廃れ、浄土の真宗は証道はいま盛んなり。しかるに諸寺の釈門、教に昏くして真仮の門戸を知らず、洛都の儒林、行に迷ひて邪正の道路を弁ふることなし。ここをもつて、興福寺の学徒、太上天皇　後鳥羽院と号す、諱尊成　今上　土御門院と号す、諱為仁　聖暦承元丁卯の歳、仲春上旬の候に奏達す。主上臣下、法に背き義に違し、忿りを成し怨みを結ぶ。これによりて、真宗興隆の大祖源空法師ならびに門徒数輩、罪科を考へず、猥りがはしく死罪に坐す。あるいは僧儀を改めて姓名を賜うて遠流に処す。予はその一つなり。しかれば、すでに僧にあらず俗にあらず。*20

親鸞は、処罰の結果として自身を「僧にあらず俗にあらず（非僧非俗）」と呼ぶ。これは次のように解釈できる。国家の管理下に置かれる僧侶ではなく（非僧）、また俗名の受け取りを拒否した為、俗人でもない（非俗）。親鸞は専修念仏弾圧時に朝廷から罰された時、藤井善信という俗名を与えられ、越後（現在の新潟県）へ流罪に処された。[*21] しかし、親鸞は与えられた俗名を拒否し、自身の姓に「禿」という文字を取り入れた。これには逆説的な意味が含まれている。[*22]「禿」という字は他人を見下す時に使用されるが、仏教では僧侶が自身のことを謙虚に語る時に用いる。朝廷とその権力者達は間違いなく親鸞を見下す意味で「禿」という文字を理解していただろう。しかし、親鸞はこの「禿」という字の意味を逆手に取って、自身は権力者から独立し、自由の身になったことを宣言したのだ。つまり、国家権力が定義する僧侶や俗人にはあてはまらないという意味である。

弾圧時、社会は天皇と僧侶を含む取り巻きの権力者らによって支配されていた。つまり、社会倫理や規則も彼らにより支配されていた。このことからも親鸞が逆説的に「禿」の字を使用したと考えることも可能である。親鸞にとって、「禿」は如何なる権力者からも阻害を受けず、宗教の真理を求める真の僧侶になったことを意味したのだ。

親鸞は流罪の刑が解かれても「禿」という字を名前に使用し、さらに「愚」という字を自身の名前に加えた。蓮如は次のように記している。

親鸞、僧儀を改めて俗名を賜ふ。よつて僧にあらず俗にあらず、しかるあひだ、禿の字をもつて姓となして、奏聞を経られをはんぬ。かの御申し状、いまに外記庁に納まると云々。流罪以後、愚禿親鸞と書かしめたまふなり。[*23]

流罪の後、親鸞は自身を愚禿親鸞と呼び、逆説的な表現を助長し信仰の自由に生きる覚悟を示したと考えられる。しかし、当時の社会状況を考えると、逆説的に表現せざるを得なかったとも考えられ得る。
親鸞自身は「愚禿」を次のように捉えている。

賢者の信を聞きて、愚禿が心を顕す。賢者の信は、内は賢にして外は愚なり。
愚禿が心は、内は愚にして外は賢なり。*[24]

親鸞は自身の心そのものが「愚禿」であるといっている。つまり、親鸞の「愚禿」には社会における逆説的な観点と自身の人間性の示唆する観点が含まれている。この二つの観点は「非僧非俗」にも含まれているように考えられる。親鸞の「非僧非俗」はただ文字通りに解釈するだけではなく、その歴史的背景や「愚禿」が含む二つの観点を重ねると、「非僧非俗」は国家の管理下におかれた僧侶ではなく（非僧）、権力に平伏するのではなく（非俗）、信仰の自由に生きることを意味すると理解できる。親鸞の「非僧非俗」について信楽峻麿は「それは親鸞が、その生涯をかけて貫いたところの、自分の人生に対する基本の姿勢を意味するものであったともいいうる」と述べている。*[25]

ここでいう親鸞の人間性とは何であろうか。それは人間の尊厳性を追求することであった。自身を「非僧非俗」そして「愚禿」と呼ぶことで、権力者からどんな規制が下されようとも念仏に生きることのできる人間であることを宣言したのだ。これにより親鸞は長い間権力者によって奪われていた自身の人間としての尊厳性を回復した。親鸞は当時の伝統仏教を問い、人間の尊厳性を守る真実の教えに生きる人生を歩む為にこれらの言葉を発したのだ。これは仏教再生の精神ともいえないだろうか。

第四節　人間の尊厳性を求めて非僧非俗として生きること

「非僧非俗」として生きることで、親鸞は社会的地位を捨て、自ら「悪人」と呼ばれる社会的に身分の低い人々の一人となった。親鸞の時代、「悪人」は狩人、漁人、商人、犬神人、癩者等の差別を受けていた人々の総称を意味した。[*26] 親鸞は僧侶という地位を自身で剝ぎ取り、「悪人」と同じ地位に立つことができた。親鸞は次のように述べている。

れふし・あき人、さまざまのものはみな、いし・かはら・つぶてのごとくなるわれらなり。如来の御ちかひをふたごころなく信楽すれば、摂取のひかりのなかにをさめとられまゐらせて、かならず大涅槃のさとりをひらかしめたまふは、すなはちれふし・あき人などは、いし・かはら・つぶてなんどをよくこがねとなさしめんがごとしとたとへたまへるなり。[*27]

「悪人」として生きる中で、親鸞は自身を含む社会的に身分の低い人々は、社会的にも宗教的にも差別されている為、阿弥陀仏のはたらきに身を委ねるほか救われないことを知った。だからこそ親鸞は、例外なく差別された人々も含む一切衆生を救済する念仏の教えを自身の伝道を通して広めたのだ。これは親鸞の「念仏は無碍の一道」という言葉に表されている。[*28]

親鸞の「非僧非俗」としての生き方は、親鸞が如何なるものにも侵すことのできない真実の教え（念仏）に生きたことを意味する。親鸞の朝廷と社会権力者との関係は親鸞の姿勢に表されている。念仏に生きる人間として、その生き方が社会権力者によって侵されれば、それに服従することはできなかった。公式とされる既存仏教との対立後、親鸞は自身の信念と伝道活動において、権力者を頼ることを常に拒否した。この姿勢は親鸞と親鸞を慕う人々の関係の中で実践された。しかし、中には親鸞の姿勢を誤解し、権力者と手を組み念仏に生きようとした者もいた。親鸞はこのような誤解を次のように正している。

余のひとびとを縁として、念仏をひろめんと、はからひあはせたまふこと、ゆめゆめあるべからず候ふ。……慈信坊が申し候ふことをたのみおぼしめして、これよりは余の人を強縁として念仏ひろめよと申すこと、ゆめゆめ申したること候はず。きはまれるひがごとにて候ふ。[*29]

親鸞は念仏を弾圧するような権力者の力に屈服し頼るような念仏の生活を拒否している。親鸞は念仏の「ため」に生きるのではなく、念仏「に」生きることができるように生きることを説いている。親鸞にとって、念仏だけが生き方、モラル(倫理)、物事の考え方を左右する基準であった。この思考は、親鸞の念仏の意義に関する書物にも見られる。

しかれば、名を称するに、よく衆生の一切の無明を破し、よく衆生の一切の志願を満てたまふ。称名はすなはちこれ最勝真妙の正業なり。正業はすなはちこれ念仏なり。念仏はすなはちこれ南無阿弥陀仏なり。南無阿弥陀仏はすなはちこれ正念なりと、知るべしと。[*30]

親鸞は、念仏は「よく衆生の一切の無明を破し、よく衆生の一切の志願を満てたまふ」と説く。しかし、親鸞が念仏を称えることを重要視する理由は、親鸞が理解する仏教に生きることへの強い信念と関係している。つまり、無明を破すことは、自身の自己中心性を翻し他を利することにある。よって、正業は念仏であり、念仏は南無阿弥陀仏であり、南無阿弥陀仏は正業なのである。「念仏に生きる」とは、阿弥陀の誓願を受け取り、仏法（真実）を拠り所として生きていくことである。この念仏と信仰生活の考え方は、親鸞の現代社会に対する考え方にも通ずるところがある。親鸞は次のように述べている。

　世間のことにも、さることのさふらふぞかし、領家・地頭・名主のひがごとすればと、百姓をまどはすことはさふらはねぞかし。佛法をばやぶるひとなし、佛法者のやぶるにたとへるには、師子《しし》の身中の蟲のししをくらふがごとしとさふらへば念佛者をば佛法者のやぶりさまたげさふらふなり。よくよくこころえたまふべし。[*31]

親鸞は、権力者である領家・地頭・名主たちの念仏弾圧は、念仏者である百姓を惑わすことはないと述べている。つまり、人間が「念仏に生きる」ことは権力者には妨げられないことである。ここにも親鸞の「念仏者は無碍の一道なり」という根拠が存在する。では仏法を破るのは何なのかということになるが、仏法を破るのは権力者ではなく、念仏者自身であるということが師子の身中の蟲が師子の肉を食べる比喩を用いて説明している。つまり、念仏者の誤った「念仏に生きる」在りようによって仏法が破られるということが分かる。換言すれば、念仏者の強堅な念仏への「信」がなければ、自身で仏法は破られてしまうことになる。ここに親鸞の社会的在りようの難しさがある。親鸞はさらに警告する。

　詮じ候ふところは、御身にかぎらず念仏申さんひとびとは、わが御身の料はおぼしめさずとも、朝家の御ため国民のために念仏を申しあはせたまひ候はば、めでたう候ふべし。[*32]

つまり、念仏者は権力者・弱者を含む良き民のためにも念仏に生きるべきであるということなのだが、ここには親鸞の同朋社会への願いが推察される。権力者は念仏者の妨げをしなかった。むしろ、彼らこそ自己の執着によって「念仏に生きる」ことを妨げられていたともいえる。

　親鸞の権力への強い拒否とすべての人々への平等性は中世社会そして宗教において大きな刺激となった。親鸞自身、人間の自由や尊厳性のような近代的概念は使用しなかったが、親鸞の人々、力、社会に対する視座には核としてこれらの人権が見受けられる。そして、親鸞にとって、個人の自由と社会の和の軸が念仏であった。

結論：親鸞にとってのエンゲージド・ブディズム

　第一章と二章において、ナット・ハンのエンゲージド・ブディズムの概念と親鸞の「愚禿」と「非僧非俗」の概念の共通性は、「仏教の再生」であることを明らかにした。「仏教の再生」は単に概念を意味するのではなく、仏教に生きる人間としてどう生きるかを問うことも意味する。

　したがって、親鸞はすでにナット・ハンのエンゲージド・ブディズムの概念を自身の「愚禿」と「非僧非俗」の概念を通して議論していたことになる。換言すれば、「非僧非俗」として生きることがエンゲージド・ブディズムの始まりでもあるのだ。

　今日の浄土真宗においては、エンゲージド・ブディズムの思想的位置付けが議論されている。筆者は、議論発展の鍵として現代において「非僧非俗」として生きるということを考察することを提案したい。*33

◉註

＊1　二〇一一年三月一一日の東日本大震災以降、国内への社会活動が増えるようになった。さまざまな仏教団体が被災地でボランティア活動や行茶活動を展開したり、原発問題に取り組む僧侶も多い。また、浄土宗のひとさじの会（正式名称：社会慈業委員会）は、貧困に苦しむ人へ炊き出しを提供する等、地域社会やNPO団体と協働して社会的弱者の支援活動を行っている。

＊2　Thich Hhat Hanh, *Fragrant Palm Leaves*, 1966, p. 145.
例えば、ある晩、仏教のラジオ番組が予定されていたが、政府の圧力により放送が禁止された。これに対して、ラジオ局に多くの仏教信仰者が抗議に詰め寄った。政府はすぐに軍隊を送り、群衆の中に爆弾を投げ入れ八人が死亡した。この事件後、仏教僧侶および仏教信仰者はカトリック教会と共同で「信仰の自由」を要求し、ゴ・ディン・ジェム首相に被害者の責任を取るよう抗議したが、抗議者は逮捕された。

＊3　この出来事に関しては、小説が存在する。宮内勝典『焼身』集英社、二〇〇五年。現在、焼身自殺が起こった道路の交差点の側には、クァン・ドックの慰霊公園が建立され、碑石には当時の情景が彫刻されている。

撮影：筆者

＊4　ナット・ハンは当時のベトナム仏教について次のように述べている。「知識人や学生は仏教の階級制度に幻滅を隠せないでいる。二〇〇〇年にも及ぶベトナム仏教は、南ベトナムとの戦争で苦しむ人々に導きの手すらださない。」（註2に同じ）P. 139.「長い間、ベトナムで私は人々の「苦しみ」に対応できる人道主義的仏教と仏教教団の必要性を説いてきた。」（註2に同じP. 50.）

＊5　ベトナム戦争時のベトナム国民や僧侶の状況について、ナット・ハンは一冊の本にまとめている。Thich Nhat Hanh, *Vietnam: Lotus in a Sea of Fire* (New York: Hill and Wang, Inc., 1967).

＊6　Thich Nhat Hanh, *Creating True Peace: Ending Violence in Yourself, Your Family, Your Community* (New York: Ree Press, 2003), p. 94.「The Basic Ideal of Buddhist Youth for Social Service」というエッセイについては、*Vietnamese Buddhism* (Phat Giao Viet Nam) という雑誌に掲載されているようだが、筆者は未読。

＊7　註6に同じ。p. 95.

＊8　註6に同じ。p. 94. 翻訳は筆者による。原文は以下の通り。なお、(　) および「　」は筆者によって付け加えた。（以下、同じ）

From a very young age, I had a strong desire to put the Buddha's teaching into practice in order to improve the lives of the people around me, especially those of the poor peasants. Many monks, including myself, had a deep desire to bring Buddhism into every walk of life. For us, taking action according to the principles of what I called Engaged Buddhism—Right action based in compassion—was the answer.

＊9　Thich Nhat Hanh, *Being Peace* (Berkeley: Parallax Press, 1987), p. 53. 翻訳は筆者による。原文は以下の通り。"Engaged Buddhism does not only mean to use Buddhism to solve social and political, problems, protesting against bombs, and protesting against social injustice. First of all we have to bring Buddhism into our daily lives."

＊10　Kenneth Kraft は「エンゲージド・ブディズムは、内なる作用と外への作用を含意している」と指摘する。また、「私たちは世界を変えなければならない、私たちは私たち自身を変えなければならない。そして、私たちは世界を変えるために、私たち自身を変えなければならない」と述べ、自己内省と慈悲心からの行動の双方の繋がり (Interrelatedness) の認識の重要性を主張している。Kenneth Kraft, *The Wheel of Engaged Buddhism: A New Map of the Path* (New York: Weatherhill, Inc., 1999), p. 10.

＊11　Salie B. Kingは「ナット・ハンの最も根源的な社会活動思想は、自己内省の強調」であると考察している。Sallie B. King, "Thich Nhat Hanh and the Unified Church of Vietnam: Nondualism in Action," in *Engaged Buddhism: Buddhist Liberation Movemnets in Asia*, eds. Christopher S.Queen and Sallie B.King (Albany:State University of New York,(1996),P.342.
＊12　井原今朝夫『中世時代と民衆』臨川書店、二〇〇四年、二四三頁。
＊13　二葉憲香　松尾博仁　福島寛隆『歴史のなかの親鸞』永田文昌堂、一九九八年、一二四頁。僧尼令とは、『養老令』の篇目の一つであり、その第七篇で二十七条により構成されている。具体的には、仏教教国の僧尼を統制する法典を意味する。日本令の母法である唐令には僧尼を統制するための道僧格があった。日本僧尼令は、唐道僧格から道教統制の要素を除いた部分を令の一篇としたと考えられている。
＊14　「興福寺奏状」『鎌倉旧仏教』岩波書店、一九七一年、三三頁。
＊15　註13に同じ。一二五頁。
＊16　顕密仏教とは、五穀豊穣や鎮護国家の祈願によって、「仏法」の興隆を背後から支える「王法」、すなわち、みずからを支援する国家権力の安寧とさらなる繁栄の実現に従事した旧仏教諸勢力を指す。
＊17　平雅行『親鸞とその時代』法蔵館、二〇〇一年、五二頁。王法仏法相依論について、黒田俊雄は次のように説明している。「王法仏法相依論とは、単に仏教が政治権力に奉仕することをいうのではなく、仏教が社会的・政治的に独自性を帯びた勢力を形成しながら国家全体の秩序の構成原理の中に入りこんでいる政治と宗教との独特の癒着のしかたを意味していたのである。」黒田俊雄『王法と仏法―中世史の構図』（増補新版）法蔵館、二〇〇一年、二七―二八頁。
＊18　註17に同じ。三五頁。
＊19　『鎌倉旧仏教』岩波書店、一九八一年、三二頁。
＊20　『顕浄土真実教行証文類』（『浄土真宗聖典〈註釈版第二版〉』）、四七一頁。
＊21　法然は藤井元彦という俗名が与えられ、土佐（現在の高知県）へ流罪にあった。
＊22　デニス・ヒロタ『親鸞―宗教言語の革命者』法蔵館、一九九八年、参照。
＊23　『歎異抄』（『浄土真宗聖典〈註釈版〉』）、八五六頁。
＊24　『愚禿鈔』（『浄土真宗聖典〈註釈版第二版〉』）、五〇一頁。

＊25　信楽峻麿『真宗の大意』法藏館、二〇〇〇年、一七七―一七八頁。
＊26　河田光夫『親鸞と被差別民衆』明石書店、一九九四年、参照。
＊27　『唯信鈔文意』（『浄土真宗聖典〈註釈版第二版〉』）、七〇八頁。
＊28　註23に同じ。八三六頁。「念仏者は無碍の一道なり」は異なる表現もされている。「善悪のふたつ、総じてもつて存知せざるなり。そのゆゑは、如来の御こころに善しとおぼしめすほどにしりとほしたらばこそ、悪しさをしりたるにてもあらめど、煩悩具足の凡夫、火宅無常の世界は、よろづのこと、みなもつてそらごとたはごと、まことあることなきに、ただ念仏のみぞまことにておはします」。註23に同じ。八五四―八五六頁。
＊29　『親鸞聖人御消息』（『浄土真宗聖典〈註釈版第二版〉』）、七七二頁―七七三頁。
＊30　註20に同じ。一四六頁。
＊31　『御消息集』（『真宗聖教全書』二）、七〇五頁。
＊32　註31に同じ。七八四頁。
＊33　ケネス田中は常行大悲としての理解を展開している。Kenneth K.Tanaka,"Concern for Others in Pure Land Soteriological and Ethical Considerations:A Case of Jōgyō daihi in Jōodo Shinshū Buddhism," in *Engaged Pure Land Buddhism: Challenges Facing Jōdo Shinshū in the Contemporary World*,eds.Kenneth K.Tanaka and Eisho Nasu (Berkeley:Wisdom Ocean Publications,1998),pp.87-110. また、島津恵正は三業惑乱の立場からエンゲージド・ブディズムを考察している。Esho Shimazu,"The Sangōwakuran Incident and its Significance for Engaged Buddism,"*The Pure Land*, New Series,No.21(2004):PP.88-127.

編著者の「抜粋的まとめ」

ケネス・タナカ

ここでは、序論で問題定義となったテーマなどを念頭に置き、本書の執筆者の見解を述べることにする。この「抜粋的まとめ」が鳥瞰図の役割となり、本論文集が意図する「新しい水平線」がより鮮明になることを目指す。

どの文章を選ぶかは、編著者としての私が決め、執筆者とは相談もしておらず、合意も得ていない。従って、この「まとめ」の内容は私の意見を反映したものであるが、執筆者の諸先生からの異論はないと確信している。

このまとめでは、端的な説明文の後に選抜した見解を示す文章が配列されている。この方式をとることで、執筆者が主張する点をそのまま記述することができ、なおかつ、本論文集の趣旨の全体像をより明らかにすることができたと思う。諸見解をより詳しく知りたいと思われる読者には、抜粋文の最後に記述されているページ番号に沿って各論文を参照してくださるようお願いする。

1

仏教の特徴は、「目覚め」と「智慧」にある。

［一］　仏教は「目覚めの宗教」と「目覚めた者と成る宗教」であり、キリスト教と異なる。

〔二〕 その目覚めは智慧をもたらす。

〔三〕 親鸞は、その智慧を「証（覚り）」として解明した。

「仏陀（目覚めた者）と成った釈尊を教主とする仏教は、「目覚めの宗教」であると同時に、私たちが「目覚めた者と成る宗教」である。神の真実在を前提にイエスの復活を信仰するキリスト教は「信じる宗教」であり、私たちが「神と成る宗教」ではない。……その「目覚め」によってもたらされるのが「智慧」であり、親鸞はそれを「証（覚り）」として解明しているそれが『教行信証』「証巻」である。」（小川、二四頁）

2

「他力」とは、衆生・求道者が何もしないということではない。

〔一〕 従来の「行信論」は、考え直す必要がある。

〔二〕 阿弥陀仏が、一人で行じ、信じ、自己内完結することではないであろう。

「また、「行」と「信」の問題も、もう一度考え直す必要がある。公式的に言われるように、「行」は弥陀がすべて果たしてくれて、衆生はそれを信ずればよく、その信もまた、すべて弥陀が与えた他力であるというのであれば、要するに弥陀が行じ、弥陀が信ずるということになり、弥陀一人で自己内完結していることになってしまう。まさかそうではあるまい。」（末木、二八一頁）

3

「自力」の否定と「他力」の肯定は、主体性や社会性の否定とはならない。

〔一〕 親鸞の「自力」とは、一般社会で言われる「主体性や社会性」を指すものではない。

〔二〕 親鸞の「他力本願」も、この主体性や社会性を否定するものではない。

「すなわち、親鸞浄土教における特徴ある「自力」概念の考察をもって、あらためて社会一般において、「他力本願」は「[他者の力]によって[自らの願いや目的・欲望]をかなえること」つまりは「[自分の力(行為)・主体性・主体的努力]の否定」と理解されやすい、その「誤解」を紐解く端緒としてみたい。」(渡邊、二二一頁)

4 一般社会における「他力本願」の誤解は、真宗者の責任でもあろう。

[一]「阿弥陀如来の本願力」と「他者の力・神さまの力」は異なる。

[二]この違いを明らかにしなければ、一般社会が「他力本願」を誤解していると、いくら我々真宗者が抗議しても、正しく理解してはもらえない。

「〝一般〟的な「他力本願」理解へと世俗を導いたのは、ほかならぬ真宗者自身の責任でもある、という視点を忘れてはならない。真宗者自身・真宗の教化者自身が、あらためて、これらの点を仏教思想・真宗教義において再度確認、整理した上で、明確に「阿弥陀如来の本願力」と「他者の力・神さまの力」(マナ的なパワー論)等との思想的概念の差異を強く語らなければ、いくら社会に対して「言葉の使用方法が違うから改めるように」と抗議主張を繰り返しても、結局は「他人の力じゃなくて、阿弥陀さまのお力なら文句はないんだろ〜」との了解だけにとどまり、依然として「ネガティブ」=「他力本願」という一般的な誤解が社会に蔓延していくこととなろう。」(渡邊、二三二頁)

5 親鸞浄土教は、大乗仏教を継承する「智慧」の論理構造を有する。

「ゆえにこの親鸞思想は、大乗空説における、約理の二諦（世親の立場）と約教の二諦（曇鸞の立場）に基づく論理であり、まさに親鸞浄土教は、一般仏教と異質のものではなく、大乗仏教の'Theology'の一つといえる「智慧」の思想構造を、仏身仏土論のうえに還元して説示していくものである。したがって、親鸞の「智慧」の構造とそれに基づく仏身仏土論は、世親・曇鸞が明かした、大乗空説の'Theology'による浄土教を継承し、発展していくものであるから、まさに「Shinshu Theology」の一つといえる。」（田中、一二〇頁）

6 真宗教学において、求道者の体験的な視点が足らなくなった。

［一］ その理由は、三業惑乱という歴史的できごとにある。

［二］ その結果として、智慧に関する概念化や浄土真宗の「救済道」的性格が高まった。すなわち、「目覚める宗教」より「信じる宗教」となった。

［三］ 今後の課題として、「信心の智慧」を現実的・実態的に捉え直す必要が急務となっている。

「しかし、三業惑乱（一七九八〜一八〇六）以降、本願寺教団内において衆生の側の主体性と自覚という捉え方が弱まったため、智慧の理解に関する観念化が進み、「信心の智慧」が現実的・実態的に捉えられなくなった。その結果浄土真宗は、「救済道」としての性格をより強めることになった。今後、浄土真宗を現代社会に復興させ、人々のさまざまな苦悩に応えるためには、「信心の智慧」を現実的・実態的に捉え直し、親鸞思想の言葉や概念を体験に基づいて解釈していく必要がある。そこにこそ、ありのままの親鸞思想が現れ

るであろう。」（藤、四六頁）

7 親鸞の信心には、智慧の側面が顕著に存在する。

［一］信心の主な英訳が「entrusting（委託）」となっていることは、再検討されるべきである。

［二］一方、「awakening（目覚め）」なども妥当な訳として検討されるべきである。

［三］親鸞の教えは、「信じる宗教」ではなく、「目覚める宗教」であると見ることができる。

「以上のように、信心を体験的な視点から見れば、智慧の側面はかなり濃厚である。従って、信心の英語訳としては、今主流となっているentrusting（委託）よりも、本発表の智慧の意味を含むrealization（気づき）、awareness（自覚、意識）、またはawakening（目覚め）のほうがより妥当であると考える。それによってこそ、親鸞の教えが「信じる宗教」ではなく、「目覚める宗教」であることがより鮮明になるのである。」（ケネス、一四二〜一四三頁）

8 信心の体得者（獲信者）には、智慧が顕われる。

［一］この智慧は、如来大慈悲によって現れる（生起する）。

［二］そしてこの智慧によって、平等心を得ることができる。

「なお、「信巻」では信楽の一念転釈において、「仏道の正因」となるのは如来が大慈悲であるが故に、この心は平等であり、「無量光明慧」によって生じると説いている。衆生が如来の大悲心である平等心を得ることができるのは、衆生に智慧が生起するからである。」（前田、八一頁）

9
信心の智慧を体得(獲得)するということは、いくつかの変化がある。

[一] 煩悩を断じずに涅槃を得る身となったことを知る。
[二] 常に浄土に根ざした心が開かれ、平等心が得られる。
[三] 智慧を習い学び、念仏を信じる心が得られる。
[四] 少欲知足や和顔愛語や先意承問は、徹底できないが、生きる指針となる。

「阿弥陀仏の誓願は智慧であるから、この願心を領受した者は、信心の智慧を獲得することとなる。獲信とは、煩悩を断じえずに、涅槃を得る身になり得ているという事実を知ることである。これによって凡夫の心には常に浄土に根差した心が開かれ、平等心が得られ、阿弥陀仏の願心である智慧を習い学ぶこととなる。智慧を習い学ぶことで、念仏を信じる心が得られ、愚痴を離れる自覚を持つようになる。また、少欲知足や和顔愛語、先意承問は、煩悩具足の凡夫の行として徹底することはできないが、智慧を獲得した者の心にはたらきつづけ、自身の生きる指針として繰り返し省みることになると考えられる。」(前田、六八頁)

10
「証」によって覚醒せしめられた時、「愚」の自覚がある。

[一] この自覚とは、「煩悩成就の凡夫、生死罪濁の群萌」という身であるという事実である。
[二] この愚の自覚は、「証」の真実に出遇うことによってしかフルに体験できない。

「ところで、釈尊の「証」によって示された縁起・空という、すべての存在の真実に覚醒せしめられたとき、その「証」に向き合っている我が身の現実が照らし出されてくる。そこに自覚されるのが、「煩悩成就の凡夫、生死罪濁の群萌」という身の事実であり、それが「愚」の自覚である。仏教における「愚」の自覚とは、あくまでも、釈尊によって知見された「証」の真実に出遇うことによってしかありえない。親鸞も法然上人に出遇うに先立って、比叡山において「証」を知見していたはずである。」（小川、三八頁）

11

信心の体得者は、「歓喜」を自覚する。

［一］ **この「歓喜」は、身体的と精神的な喜びを表す全人格的に自覚されるものである。**

［二］ **歓喜に伴う「踊躍」とは、喜びには極まりがないことを示す。**

「……よろこびを示す「歓喜」の「歓」については身体的なよろこびをあらわすものであり、また「喜」は精神的なよろこびをあらわすものであると示している。「慶楽」については、時間的に「さきだち」と「のち」に区別して喜びを明かしている。そして喜びの姿である「踊躍」については、喜びが極まりないものであることが示される。このような理解からいえることは喜びとは全人格的なものであり、また感情的な喜びは時間的前後があるものとして理解しているということができる。」（川添、二〇五頁）

12

信心の体得者は、ある程度の智慧を体験すると言える。

［一］ **聖者の初段階に価する。**

［二］ **具体的には、歓喜地と預流果に匹敵する。**

「上記のように体得者は、ある程度の智慧を体験すると言える。その有力な根拠として挙げられるのは、親鸞が『教行信証』で述べている箇所である。それは、真実の行信（信心）を得れば、大乗仏教で説かれる十地中の歓喜地、また、初期仏教や上座部仏教で説く預流果（srotāppana）という初果の聖者に値するという箇所である。」（ケネス、一三九頁）

13

社会性の欠如が鮮明となっている。

［一］**他力信心のみ重視してきたことが社会活動の障害となっている。**
［二］**ボランティアなどの社会的活動も「自力」と見ることもおかしい。**

「近代的な世界観が崩壊し、仏教に関しても、近代的、合理的な解釈ではもはや通用しないことが明らかになってきた。鎌倉新仏教中心論が崩壊した今日、親鸞を新仏教の代表として、その近代性を誇ることはできなくなった。他力の信のみ重視する近代的解釈は、真宗者が現実に社会的な活動を行なおうという際にかえって障害となって、教学上の問題を惹き起こしている。即ち、従来の親鸞解釈では、ボランティアなどの社会的活動も自力とされて認められないのではないか、という深刻な問題が提起されている。しかし、それはどう考えてもおかしい。それでは、どう考えたらよいのであろうか。」（末木、二六八頁）

14

真宗では、絶対的主体の成立が認められる。

［一］**自己が絶対主体となる時、はじめて阿弥陀如来はリアルとなる。**
［二］**絶対的主体の自己は如来と等しい自己と見なされる。**
［三］**この絶対的主体の自覚的自己は、「妙好人」または「真の仏弟子」と捉えられた。**

「我々の自己が歴史的世界の絶対的主体となる場においてはじめて阿弥陀如来はリアルとなる。逆にいうならば、阿弥陀如来が問題となるような仕方で真の人格的個としての我々の自己の在処が問われる。弥陀の絶対無限なる本願力に帰した信一念の時刻の極促が「絶対現在」であり、そこに真の人格的自己が形成され、「絶対現在」の自己限定として歴史的個となった絶対主体の自己が成立する。

そのような絶対主体の自己は如来と等しき自己、弥陀如来の無限生命に生きるという意味において如来と等しい自己と見なされる。かかる真実なる絶対主体の自覚的自己を善導は「妙好人」・「上上人」・「希有人」・「最勝人」と呼び、親鸞は「真の仏弟子」ととらえた。」(武田、一四八頁)

15

還相回向は、凡夫の現世での活動全体にはたらいている。

[一]　従来の解釈によれば、還相回向は来世に往生してから後のことである。

[二]　この還相回向のはたらきは、「信」だけに留まらない。

[三]　社会性と主体性を持った活動にもはたらくと、理解されるべきである。

「本稿では、それに対して往相・還相の二種回向を中心として『教行信証』の証巻を中心に検討する。従来の解釈では、現世の衆生は往相しかなく、それも阿弥陀仏の他力の回向で成り立つものであり、自分の意向は入らないとされ、それに対して、還相回向は往生してから後のことであるから、現世で考えるべきことではないと主張されてきた。しかし、仏の還相回向の力が凡夫にもはたらくことを認めるとすれば、「信」という問題だけにとどまらず、凡夫の活動全体にその力がはたらいているはずである。仏壇に向かっている時だけに仏の還相の力がはたらくわけではない。そうなれば、凡夫の活動すべてが念仏であるということもできよう。そうであれば、社会性、主体性を持った活動もまた、弥陀の還相の力を受けた念仏として理解される。」(末木、二六八頁)

16 主体性と社会性は、死後ではなくこの世で、この社会において成就される。

［一］ 主体性は、「往相回向」によって如来の智慧に目覚めて実現する。

［二］ 社会性は、「還相回向」によって社会の他者とともに生きることで実現する。

［三］ 「往相回向」によって如来の願海に生き、そのこと自体が還相回向としての「利他教化地の益」を具体化することである。

［四］ 還相回向は、死後のみにおいて成就するのではなく、この穢土社会においても他者との関わりを通して実現するのである。

「本論文は、『相伝義書』などが、還相回向を「従如来生」とおさえ、その具体的はたらきを仏身仏土（真仏土・方便化身土）とする見解に注目する。つまり往相回向によって真実の教行信証を実現すれば、私たちは如来の願海のなかに、つまり如来の智慧による摂化のなかに生きるものとされる。この摂化の事実こそが還相回向としての「利他教化地の益」の具体性ではないか。この理解を発展させれば、私たちは還相回向の成就を、死後に追いやる必要もなく、また自分とは異なる他者の事業とみなす必要もなく、如来の摂化によってこの穢土において他者とともに仏道を歩むという、わが身の具体的な事実として活き活きと受けとめることができる。

浄土真宗における主体性は、往相回向によって如来の智慧に目覚める「我一心」を賜ることであり、その社会性は、還相回向によって如来の願海のなかにこの時代社会を他者とともに生きていく意味を賜ることである。」（加来、二八四頁）

「還相回向の展開として実現する仏身仏土という視点は、還相回向による衆生教化を、死後・来世の問題とするのでもなく、私以外の他者の事柄として押しやるのでもなく、また抽象的な理念に終わらせるのでもなく、今、この身においてさまざまな他者とともに如来の利他教化を生きるとはどのようなことかとして受けとめることを可能にする。」（加来、三〇二頁）

17 親鸞の主体性は、「三哉」に見られる。

［一］「三哉」とは、念仏・信心の具体的な宗教的表現である。

［二］その「三哉」とは、「悲哉」「慶哉」「誠哉」の三つである。

「親鸞の主体性の象徴的な表現は、念仏といわれ、信心といわれるものであろうが、より具体的には念仏、信心の具体的な宗教的表現である「三哉」において見ることができるであろう。すなわち「悲哉」「慶哉」「誠哉」の三つの言葉である。それは「悲」は、現実の自身の実相《じっそう》を直視することによって、自己の過去が現出するということであり、そこには無慚無愧《むざんむぎ》の姿があるということである。また「慶」とは、現在における自身の念仏者としての意味を見いだすということであり、それは同時に未来が顕現するということであり、そこには究極としての成仏を見るということである。そしてさらに「誠」とは、法然教示の念仏に値遇することによって、その念仏を通して真如、一如としての真理を信知することができたということである。親鸞の示した「三哉」は、法然との値遇によって「誠」を信知することができ、そのことによって「悲」も「慶」も生起《しょうき》するものでもあったのである。」（川添、一九六頁）

18

信心獲得には、革新的な自覚がある。

［一］**それは、「自己」と「世界」や「仏」との新たな関係の自覚である。**
［二］**しかし、それは単なる主観的決断や精神作用ではない。**

「つまり、世界の中心に立つ主体とその対象となる客体の二分法に基づいた把握の仕方や、過去、現在、未来という、一直線に流れてしまう時間の把握の仕方において、転換が生じるということでもある。親鸞にとって信心獲得とは、自己の主観的決断や精神作用ではなく、自己と世界、自己と仏が共に新たに出現し自覚されることである。我が「愚者になる」といい、「世界はよろつのことみなもてそらごとたわごと」であるといい、「弥陀仏は自然のやうをしらせん料《レウ》」であるなどという。」（ヒロタ、一七三頁）

19

主体性は、親鸞没後、変容され弱まった。

［一］**この変容は、本願寺教団を設立した覚如によっておこなわれた。**
［二］**その一例として、信心の体得者が「如来と等しい」という親鸞の考えが喪失された。**
［三］**また、正定聚を「平生業成」という通俗的な考え方に変容された。**

「親鸞が「悪人正機」説を唱えたことはよく知られているが、「如来等同」思想を説いたことは、あまり知られていない。「如来等同」思想は信仰主体のあり方を説いたもので、それゆえに「如来等同」思想の喪失は真宗史における主体の変容という問題と密接に関係している。本論文は、「如来等同」思想を軸に親鸞没後における信仰主体の変容という問題を、覚如を対象に据えて考察したものである。

真宗を大乗の至極と位置づける親鸞は、現生で菩薩たろうという課題を重視していた。念仏者が「弥勒とおなじ」「如来とひとし」とされたのは、煩悩具足の凡夫でありながらも、信心によって必ず仏に成ることが現生で定まり、弥陀の大悲を担う新しい主体を成立させるからであった。菩薩としての念仏者は煩悩具足の凡夫であるにもかかわらず、煩悩を抑制し、この身の悪を厭い棄てようとする「しるし」を示す。たとえば、神祇崇拝や祈禱などを一切おこなわないという主体的な決断を下すようになる。このように親鸞の「如来等同」思想は、「ただの凡夫」を「凡夫の菩薩」へと転身させ、新たな主体性を発揮させるものであった。

一方、「信心正因・称名報恩」を強調する覚如の真宗は、堕地獄を回避して来世の浄土往生を願う欲望充足を基調としており、信心を浄土往生のための条件という側面で理解していた。そして、現生での正定聚を「平生業成」と読み換え、浄土往生が臨終ではなく平生に成就するという意味に限定した。こうした覚如の真宗理解からは、菩薩としての主体の成立を求めることはできない。実際、覚如も真宗受容後に新たな主体性を発揮することはなく、一貫して通俗的な生き方を続けた。（斎藤、二四〇頁）

20

社会性は、親鸞思想に現れている。

［一］**具体的には、「愚禿」と「非僧非俗」の思想に見ることができる。**

［二］**これらの思想は、ナット・ハンのエンゲージド・ブディズムと通じるところがある。**

［三］**この社会性は、親鸞思想の主体的姿勢に基づくものである。**

「このナット・ハンのエンゲージド・ブディズムという言葉に託した「仏教再生」の概念は、親鸞の「愚禿」と「非僧非俗」の思想にも通じるものがある。親鸞は専修念仏の弾圧により流罪に処され僧籍を剝奪された。そして、仏教への理想と矛盾が混在する中世時代の現実に苦しむ中で、自らを律し信念に生きるためにこれら二つの言葉を生み出した。

この論文では、ナット・ハンのエンゲージド・ブディズムの概念と親鸞の愚禿、非僧非俗の思想を比較することで、これらの類似性を明らかにし、親鸞思想において主体性が不可欠であることを導き出す。……結論として、親鸞思想における主体的姿勢が、自ずと社会性、換言すれば社会参画へと繋がることが明らかになるであろう。」（大來、三〇八頁）

以上をもって、「抜粋的まとめ」の終了とする。

著者紹介

ケネス・タナカ（けねす たなか）

●編、序論、第五章、抜粋的まとめ

武蔵野大学仏教文化研究所所長、武蔵野大学教授。1947年山口県生まれ、アメリカ育ち、米国国籍。東京大学（修士、インド哲学）、カリフォルニア大学バークレー校（Ph.D.、仏教学）。専門分野：浄土教、アメリカ仏教、仏教キリスト教対話。主な著作：The Dawn of Chinese Pure Land Doctrine（『中国浄土教教義の曙』、ニューヨーク大学出版）、『真宗入門』（島津恵正訳、法藏館）、『アメリカ仏教』（武蔵野大学出版会）

小川一乗（おがわ いちじょう）

●第一章

大谷大学名誉教授。1936年北海道生まれ。大谷大学（文学博士）。専門分野：インド・チベット仏教。主な著作：『インド大乗仏教における如来蔵・仏性の研究』（文栄堂）、『大乗仏教の根本思想』『親鸞と大乗仏教』『仏教のさとりとは―釈尊から親鸞へ』（以上、法藏館）、『親鸞が出遇った釈尊』（シリーズ「親鸞」第二巻、筑摩書房）

藤能成（ふじ よしなり）

●第二章

龍谷大学特任教授。1957年福岡県生まれ。東国大学校（Ph.D・仏教学）。専門分野：真宗学、韓国仏教、比較宗教。主な著作：『元暁の浄土思想研究』（韓国・民族社）、『信の仏道―元暁と親鸞』（本願寺国際センター）、『現代社会の無明を超える―親鸞浄土教の可能性』（法藏館）

前田壽雄（まえだ ひさお）

●第三章

武蔵野大学仏教文化研究所研究員、武蔵野大学非常勤講師。1974年北海道生まれ。龍谷大学（文学修士）、龍谷大学大学

院文学研究科博士課程単位取得満期退学。専門分野：真宗学、鎌倉浄土教思想。主な著作：『書いて味わう讃仏偈 重誓偈』（本願寺出版社）、『仏事Q＆A 浄土真宗本願寺派』（国書刊行会）、「科学と仏教の共通性から見た浄土教理解」（『武田龍精博士退職記念論集 科学時代における人間と宗教』、法蔵館）

田中無量（たなか むりょう）

●**第四章**

武蔵野大学仏教文化研究所研究員、龍谷大学元非常勤講師。1981年東京都生まれ。龍谷大学（博士、文学）。専門分野：真宗学、中国浄土教。主な著作：「『往生論註』所説の平等法身と未証浄心の二菩薩の関係―曇鸞の「名義摂対」の論理からの考察」（『眞宗研究（眞宗連合學會研究紀要）』五八、二〇一四年）、「曇鸞における智慧と名号―親鸞における「智慧の名号」の基礎的考察―」（『印度學佛教學研究』六三―二、二〇一五年）

武田龍精（たけだ りゅうせい）

●**第六章**

龍谷大学名誉教授。1940年広島県生まれ 。龍谷大学（大学院、真宗学、文学博士）、米国加州クレアモント神学院（Rel.M ホワイトヘッド哲学）。専門分野：親鸞浄土仏教思想、曇鸞浄土仏教哲学、比較思想。

主な著作：『親鸞浄土教と西田哲学』、『親鸞と蓮如』、『真宗百論題の研究』

デニス・ヒロタ（でにす ひろた）

●**第七章**

龍谷大学名誉教授。1946米国カリフォルニア州生まれ、米国国籍。名古屋大学（文学博士、東洋哲学）。

専門分野：親鸞浄土教、比較思想、日本芸道思想。主な著作：『親鸞―宗教言語の革命者』（法蔵館）、「中世浄土思想と和歌―一遍・親鸞の一考察―」、『日本思想史』（ぺりかん社）52号、19～43頁、1998年、「親鸞の言語観」、『思想』（岩波書店）871号、54～80頁、1997年1月。

川添泰信（かわそえ たいしん）

●**第八章**

龍谷大学教授。1949年宮崎県生まれ。龍谷大学大学院文学研究科修士課程真宗学専攻修了、同博士課程単位取得依願退学。専門分野：浄土教理史、真宗教義学、真宗伝道学。主な著作：『高僧和讃講讃』（永田文昌堂）、『親鸞浄土教と師弟像』（自照社出版）、『半身の死を生きる』（共編著、自照社出版）

渡邊了生（わたなべ のりお）

●**第九章**

武蔵野大学仏教文化研究員、龍谷大学・相愛大学非常勤講師。1966年京都府生まれ。龍谷大学大学院文学研究科博士課

程　真宗学専攻　単位修得　満期退学。専門分野：親鸞思想、中国浄土教思想。主な著作：『親鸞の弥陀身土観―阿弥陀如来・浄土とは―』（興正寺出版部）、「倶会一処の浄土観と親鸞の弥陀身土思想」（『日本浄土教と親鸞教学』永田文昌堂）、「『論註』願生問答説示の相続にいう大乗空説の原理」（『曇鸞浄土教思想の研究』永田文昌堂）

斎藤信行（さいとう しんぎょう）

●第十章

武蔵野大学仏教文化研究所研究員、龍谷大学特任講師。1980年神奈川県生まれ。龍谷大学（修士、文学）。専門分野：真宗史、日本仏教史。主な著作：『真宗の歴史的研究』（共編、永田文昌堂）、「初期真宗における教団と信仰―性信と横曾根門弟を通して―」（光華会編『親鸞と人間』光華会宗教研究論集第4巻）、「「寛正の法難」再考―蓮如の真宗とその社会性―」（『真宗研究』第58輯）

末木文美士（すえき ふみひこ）

●第十一章

国際日本文化研究センター名誉教授・東京大学名誉教授。1949年、山梨県生まれ。東京大学、博士（文学）。専門分野：仏教学、日本思想史。主な著作：『日本の思想をよむ』（角川書店）、『親鸞』（ミネルヴァ書房）、『浄土思想論』（春秋社）

加来雄之（かく たけし）

●第十二章

大谷大学教授。1955年京都生まれ。大谷大学（修士）。専門分野：真宗学、近代親鸞教学。主な著作：『『大無量寿経』の讃歌と問答―曇鸞撰『讃阿弥陀仏偈并論』を読む―』（安居次講）、『仏弟子論としての歎異抄』（真宗興正派宗務所教務部）、「天命に安んじて人事を尽くす―清澤満之の求道における自己と他者―」（碧南市清沢満之記念館）

大來尚順（おおぎ なおゆき）

●第十三章

武蔵野大学仏教文化研究員。1982年　山口県生まれ。Graduate Theological Union/Institute of Buddhist Studies（修士、仏教学）。専門分野：Engaged Buddhism（エンゲージド・ブディズム）、近代日本仏教、グローバル仏教。主な著作：『端楽』（アルファポリス）、『超カンタン英語で仏教がよくわかる』（扶桑社）、訳書『西洋の希望 仏教の希望』（サンガ）

◉本書は
学校法人武蔵野大学学院特別研究費・武蔵野大学図書出版助成
により刊行されたものである。

智慧《ちえ》の潮《うしお》——親鸞《しんらん》の智慧《ちえ》・主体性《しゅたいせい》・社会性《しゃかいせい》
Shinshu Theologyから見《み》えてくる新《あたら》しい水平線《すいへいせん》

発行日　2017年1月25日　初版第1刷
　　　　2017年6月25日　初版第2刷

編著者　ケネス・タナカ

発行　武蔵野大学出版会
〒202-8585 東京都西東京市新町 1-1-20 武蔵野大学構内
Tel. 042-468-3003 Fax. 042-468-3004

印刷　株式会社 ルナテック

ISBN 978-4-903281-31-5

武蔵野大学ホームページ
http://www.musashino-u.ac.jp/shuppan/